面向中国制造 2025 的产业知识创新研究：结构、能力和发展

卢　锐　赵佳宝　等著

东南大学出版社
SOUTHEAST UNIVERSITY PRESS

图书在版编目(CIP)数据

面向中国制造 2025 的产业知识创新研究:结构、能力和发展/卢锐,赵佳宝,等著. —南京:东南大学出版社,2017.9

ISBN 978-7-5641-7504-7

Ⅰ. ①面… Ⅱ. ①卢…②赵… Ⅲ. ①制造工业—工业发展—研究—中国 Ⅳ. ①F426.4

中国版本图书馆 CIP 数据核字(2017)第 296009 号

面向中国制造 2025 的产业知识创新研究:结构、能力和发展

出版发行	东南大学出版社
社　　址	南京市四牌楼 2 号　　邮编　210096
出 版 人	江建中
网　　址	http://www.seupress.com
电子邮箱	press@seupress.com
经　　销	全国各地新华书店
印　　刷	虎彩印艺股份有限公司
开　　本	700 mm×1 000 mm　1/16
印　　张	14.75
字　　数	330 千字
版　　次	2017 年 9 月第 1 版
印　　次	2017 年 9 月第 1 次印刷
书　　号	ISBN 978-7-5641-7504-7
定　　价	58.00 元

本社图书若有印装质量问题,请直接与营销部联系,电话:025-83791830

前　言

　　天地玄黄，宇宙洪荒，人类自出现在地球上起，就开始了探索大自然、适应大自然和改造大自然的征程。而社会的进步，是一个螺旋式上升的过程，呈现出不同的结构变化。当前，产业创新环境发生着剧烈的变化，不确定性、复杂性和模糊性进一步增强，产业知识创新理论和实践一直在面临新挑战。

　　区域发展上，从 2009 年到 2011 年，再到 2015 年，美国先后在三版《美国国家创新战略》中，从国家发展战略上重视创新，从国家发展路径上强化创新。2010 年欧盟通过《欧洲 2020 战略》，致力于成为最具国际竞争力的国家联合体。2009 年日本发布《数字日本创新计划》，逐步进入科学技术立国与战略调整阶段。此时的中国，是追赶还是超越，成为一个全球瞩目的时代命题。2006 年《国家中长期科学和技术发展规划纲要（2006—2020 年）》提出，把提高自主创新能力摆在全部科技工作的突出位置。而 2006 年中国经济规模超过英国，成为仅次于美国、日本和德国的世界第四大经济体。2016 年，中国稳居世界第二大经济体，创新和发展愈发紧密地联系在一起。而 2017 年公布的《国家创新驱动发展战略纲要》进一步提出，把创新驱动发展作为国家的优先战略。当前中国的发展要素从传统要素主导发展向创新要素主导发展转变；创新能力从"跟踪、并行、领跑"并存、"跟踪"为主向"并行""领跑"为主转变；创新群体从以科技人员的小众为主向大众创新创业生态系统转变。如果把传统的产业技术政策和创新体系范式比喻为致力于调整准确度、精密度和生产率的生产"丛林"，那么可以把产业知识创新比拟为创造全新且不可预料的知识"雨林"。

　　创新驱动发展，知识引领未来。中国制造崛起，短短若干年内，中国在很多领域的创新是全世界最快的，比如高速铁路、移动支付、二维码扫描等，这些技术的应用与迭代能力都是全世界领先的。以前都是我们到硅谷等地学习技术与商业模式，而在《财富》500 强（2017）的名单中，中国公司已增加到了 115 家，其中，有 4 家进入了前 10 大的行列。人是产业知识创新的主体，知识活动最重要的因素在于人。以互联网为基础性平台的生态被视为新的世界，它以更高的效率和新的消费者互动关系，重构了知识创新的新逻辑。而中国制造 2025 战略的提出，可能会让部分产业的知识竞争优势逐渐耗损，那么如何重塑中国制造的新知识优势呢？本书从产业知识创新的结构、能力和发展研究入手，选取策略、作业与环境的相互关系探讨产业知识结构变化与适应，通过组织学习研究产业能力演化，而部分产业知识创新及其平台分析等则通过不同层面展现其发展。研究面向中国制造 2025 战略的产业组织场域与竞争优势，一是讨论产业知识结构与研究行动者间的互动关系，一是建立能领先竞争对手，同时支持获利的策略行动。尝试采用动态、系统、复杂来诠释在组织场域机制下，产业知识与策略的结构变化以及如何建立知识竞争优势，研究发现产业知识与策略是相互"建构的结构化"与"被结构的结构化"的嵌套关系，进而归纳出策略、作业、环境与知识适配和累积多阶段等的论点。最后以部分产业为例，研究产业知识创新的发展路径，通过建立特有的产业知识创新生态系统，同时兼具产业知识创新能力，是中国制造业竞争优势建立的必然选择。

本书历时多年，合作者为赵佳宝（南京大学）、张学东（杭州师范大学）、丁荣余（江苏省工商联）、马军杰（同济大学）、王亚利（江苏省专利信息中心）、李荣（江苏理工学院）、谢海（江苏冠军科技集团）。我是一个笛卡尔主义者，一直想构造中国管理的系统结构理论，但一直没有突破口。本书只是一次尝试，离理想还有不少距离，所以文责我负。再想说明的是，本书 2016 年原拟作为太原理工大学经济管理学院院长身份发表，虽然没有实现，但非常感谢太原理工大学黄庆学院士、王永祯、陈正路等的友谊。感谢国家自然科学基金（70973088）、国家知识产权局软科学项目（SS16－B－06）和江苏省科技公益项目（BM2015014）和杭州师范大学科研启动资金（PD02009002034）等在不同时期不同程度上对研究工作的支持。最后，还要感谢东南大学出版社张丽萍等编辑的辛勤劳动。

卢　　锐

2016 年秋初稿于太原云海酒店

2017 年秋修改于南京莫愁湖畔

目　录

第 1 章

导　言

1.1　研究背景

1.1.1　研究的现实背景

进入 21 世纪以来,知识管理的蓬勃发展、自主创新的角色转换和智能制造的重新焕发均成为我国产业知识创新的现实背景,主要包括以下几方面:

1. 产业对知识创新的要求越来越高

随着信息技术的迅猛发展和经济全球化进程的加快,人类社会正由工业经济时代迈向知识经济时代。随着知识经济的兴起,许多产业转变为知识导向,知识等无形资产已经取代传统有形资产(如土地、石油等天然资源),以及传统生产要素(如劳力、资本和土地),成为改变社会结构、提升组织竞争力的关键。在新的经济体系内,知识并不是和人才、资本、土地并列的社会生产资源之一,而是唯一有意义的资源,其独到之处,正是由于知识是资源的本身,而非资源的一种(Peter F. Drucker,1988)。

从表 1-1 可以看出,在世界主要制造业国家中,德国的单位劳动力成本一直是最高的,高于同时期的任何一个其他国家,中国的单位劳动力成本一直是最低的,就 2010 年的数据比较而言,中国单位劳动力成本是美国的 24%、德国的 13%、荷兰的 21%、墨西哥的 41%、菲律宾的 84%、泰国的 95% 和越南的 37%。无论是相对于发达国家还是发展中国家而言,我国在制造业领域,至少在劳动密集型产业、劳动密集型生产工序方面仍然具有十分显著的优势。近年来,我国制造业单位劳动力成本增长速度快于其他发展中大国和亚洲新兴发展中国家。目前,中国的小时劳动报酬已经超过了菲律宾、泰国、越南和印度尼西亚,这将对我国制造业特别是劳动密集型制造业的国际竞争力、出口规模、出口结构产生重要影响。而且值得注意的是,虽然中国在全球制造业增加值比重上占有的比例较高,如 2013 年中国制造业增加值占世界制造业总增加值的比例最高,为 24.46%,超越第二大占比国美国 8 个百分点,但从全球制造业价值链和产业分布上来看,中国制造业还主要居于中低端附加值的环节和行业。

表 1-1　世界不同发展水平国家制造业单位劳动力成本比较

国家 年份	中国	美国	德国	荷兰	墨西哥	菲律宾	泰国	越南
2001	0.115	0.704	1.037	0.790	0.418	0.124	0.201	0.135
2002	0.121	0.691	1.060	0.790	0.427	0.124	0.224	0.140
2003	0.069	0.659	1.053	0.805	0.387	0.119	0.190	0.159
2004	0.068	0.616	1.006	0.777	0.376	0.126	0.175	0.183
2005	0.069	0.588	0.986	0.761	0.375	0.128	0.167	0.191
2006	0.074	0.584	0.970	0.746	0.347	0.133	0.161	0.208
2007	0.076	0.589	0.965	0.684	0.351	0.151	0.155	0.216
2008	0.106	0.609	1.031	0.701	0.366	0.152	0.156	0.267
2009	0.109	0.586	1.150	0.711	0.312	0.152	0.161	0.294
2010	0.135	0.556	1.034	0.644	0.333	0.160	0.142	0.364

在当代，企业的生产重心由传统的生产要素转变为知识性资源，使得"知识工作者"成为组织中最重要的资产。生产方式也由工业经济时代偏向实体的机器设备，转变为注重员工的知识创新。产品的策划者、开发者和推广者所具备的知识和创意，对企业的价值创造起着支配性的作用。在知识经济体系里，不但员工变为"知识工作者"，产品也成为融合众多信息和知识的"知识性商品"，知识成为产品附加值的主要来源。

正由于知识已经成为企业竞争优势的主导性来源，甚至可能是唯一的来源，越来越多的企业认识到知识的重要性，创建知识驱动型企业已成为企业新的追求。产业知识管理是企业等组织利用其内部的无形资产（尤其是知识）不断创造价值的过程，近年约有 50%～90% 的价值创造来自于企业的知识资产管理，仅有 10%～50% 的价值创造来自于传统有形资产的管理。在企业知识管理的全过程中，对知识等无形资产的收集、共享、应用固然重要，但在不确定是唯一可确定的因素时，客户需求变化越来越快，且越来越倾向于多样化与个性化，导致产品的生命周期日益缩短，对企业的创新能力和速度都提出了更高要求，只有不断创造新知识才能保持竞争优势，知识创新成为企业知识管理的核心（Nonaka & Takeuchi，1995）。

2. 中国制造 2025 创新战略要求越来越高

创新已成为经济社会发展的主要驱动力，创新能力已成为国家竞争力的核心要素，各国纷纷将实现创新驱动发展作为战略选择，并将之列为国家发展战略。中国的传统产业升级、城市化、生态文明建设等，特别是工业化、信息化、城镇化和农业现代化的"并联"实施，为中国的技术创新提供了强大动力。然而，中国经济的持续增长以及经济增长质量的提升，必须坚持企业的技术创新工作。技术创新要得到进一步进展，必须强调企业技术创新的管理工作。

中国制造 2025 的颁布，给出了中国实施制造强国的战略性行动纲领。那么，如何借鉴和运用先进国家制造业技术创新的经验，形成科学的具有中国特色的制造业技术创新战略就显得至关重要。工业4.0所代表的德国制造的典型特点是智能与环保,代表企业是西门子。西门子为客户生活的重要方面提供高附加值的创新技术和解决方案,在智能控制系统、医疗保健和绿色建筑方面均处于世界领先地位。例如,西门子正在研发的智能传感器网络可以自动控制制造系统,将能源效率提高30%;医疗保健方面,西门子通过信息技术和诊断学共同提高效率;绿色建筑方面,西门子着力提供实现气候友好型的建筑技术。然而,来自其他国家企业的技术创新模式仍具有鲜明特色。美国制造始终关注科学基础,在工程科学方面投入大量的资源。欧洲许多国家在复杂产品系统方面的创新具有显著的优势。日本制造业创新的优势则在于精益和美学,丰田的"优雅革新"则是典型代表。丰田始终坚信"普通"员工具有解决复杂问题的能力,这就在根本上增强了其持续改善的能力。印度制造业具有独特的"朴素式创新"特质。依赖于该思想,印度企业以当地的用户需求和市场特征为出发点,重新构架产品概念并减少不必要的产品设计,不仅降低了产品的生产成本,还维持了产品的耐用性和易用性,最终获得了巨大的成功。

中国制造2025进一步要求有中国特色的技术创新战略,既强调智能制造的深入落实,又积极关注基于科学、面向复杂、关注精益、实现简朴等新的技术创新战略。在波士顿矩阵的坐标图上,以纵轴表示先进制造业贡献占比(0~30%),以横轴表示先进制造业比例系数(0~100%)。2015年先进制造业贡献占比以及先进制造业比例系数的波士顿矩阵研究结论显示,先进制造业贡献占比以及先进制造业比例系数同时较高的大类行业依旧是计算机、通信和其他电子设备制造业,电气机械和器材制造业、仪器仪表医药制造业、通用设备制造业,位于四象限的右上角(图1-1)。应该分类关注其创新问题,多方位、多层次促进先进制造业的发展,加快制造业的转型升级。根据不同象限内的行业,应实行不同的产业政策。

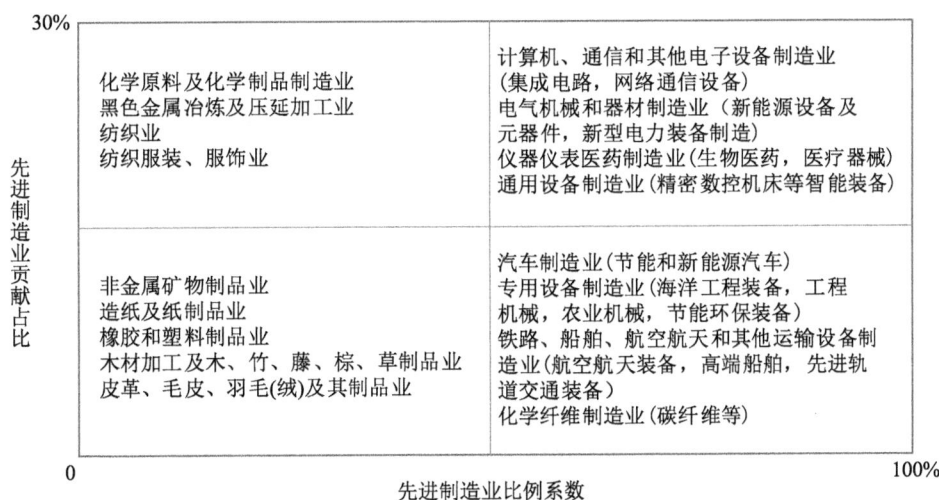

图1-1 2015年测算的制造业波士顿矩阵图

3. 企业在知识驱动发展方面的要求越来越高

全球性产业科技创新中心的形成与变迁主要发生在历次重大技术革命时期,也与经济波动和制度变革等因素紧密相关。近现代以来,英国、法国、德国、美国、日本等国家抓住重大技术革命及产业变革带来的历史机遇,先后形成了全球性产业科技创新中心,占据了世界科技创新的领先地位和经济主导地位,知识创新是其优势的核心(图1-2)。传统的观点认为,跨国公司母公司是知识发展与扩散的承担者,企业的专有优势只存在于母公司,海外子公司只是母公司专有技术转移的接受者。随着知识经济的兴起、经济全球化的加速和国际竞争环境的深刻变化,企业的全球生产和销售网络不再构成全球经营的竞争优势,单一国内市场的需求不再是许多产业的主导力量,企业仅利用从母国市场上建立起来的垄断知识和诀窍已不足以在全球竞争中取胜,一些有价值的知识可能深深地隐藏在远距离和不熟悉的环境当中。因此,企业发展逐步从产业空间转换的外向转移,变为产业价值链的内外分割转移,从单纯依靠自身的技术、资金、管理优势转变为与东道国的科技、人才、产业资源进行广泛的合作,从单向的知识输出转变为识别、获取、转移分散在全球各地的知识并加以整合和创造,企业专有优势的产生与维持正由原来单一的企业创新导向转变成为整个企业创新网络的集体责任(Birkinshaw & Hood,1998)。

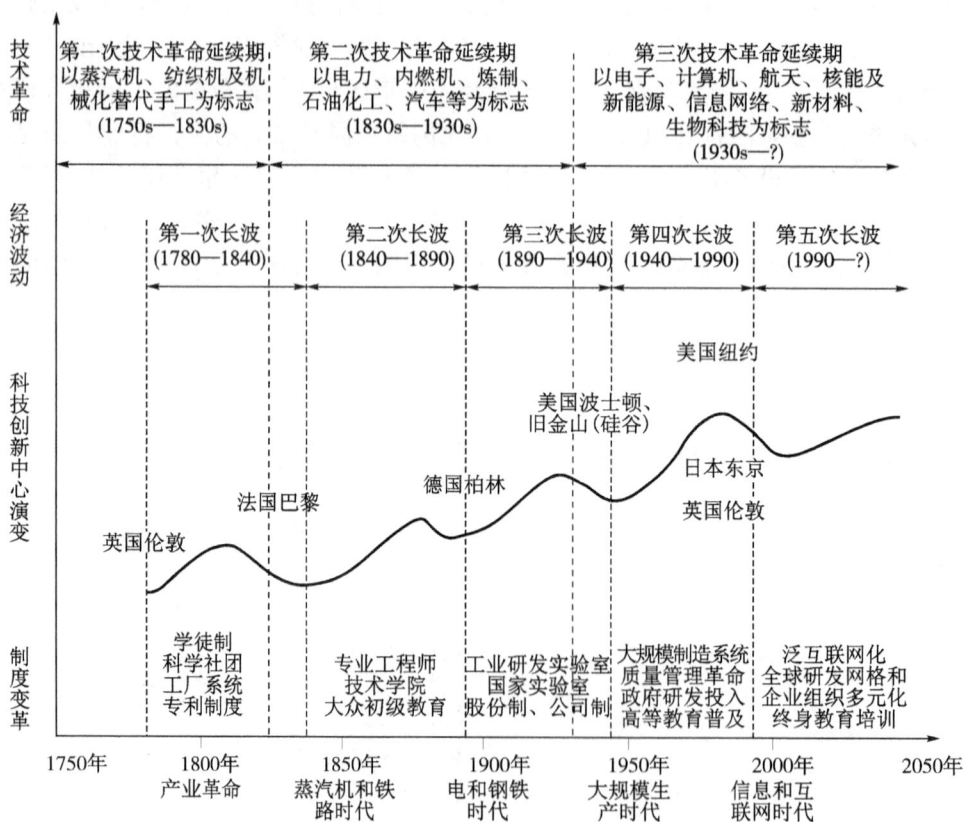

图1-2　全球产业科技创新中心变迁图

企业发展战略的演进使得其角色正发生着根本性变化,企业由单纯的知识的"接受者"转变为经营环境知识的"获取者"、新知识的"创造者"和向其他企业输出知识的"转移者"。全球化企业正成为企业知识网络体系中重要的学习者和知识贡献者,并在知识创新方面发挥着越来越重要的作用。鉴于企业在全球经济发展、知识创造与扩散等方面的重要作用,对知识驱动型企业的研究已成为研究热点,知识创新研究是其中的一个重要方面。

以专利为重要组成部分的知识产权是反映创新能力直接和具体的体现,是一个国家或地区经济社会发展重要的内在动力和决定性因素。拥有知识产权的数量和质量,以及运用知识产权的能力和水平已成为衡量一个国家和地区创新水平、经济发展实力以及综合竞争能力的重要指标。所谓专利密集型产业,就是要通过产业的专利密集度界定,参考美国专利商标局报告《知识产权和美国经济:产业聚焦》,欧洲专利局、欧盟内部市场协调局发布的报告《知识产权密集型产业对欧盟经济及就业的贡献》中采用的方法,将专利密集度高于平均专利密集度的产业(行业)界定为专利密集型产业。专利密集度就是发明专利密集度,按照一个产业(行业)中每 5 年的发明专利授权总数,除以该产业(行业)5 年的平均就业人员数。2010—2014 年,国民经济行业平均专利密集度为 7.91 件/万人,工业专利密集度为59.55 件/万人。根据该原则,界定出专利密集度高于平均水平的 68 个工业中类行业和1 个服务业大类行业。2010—2014 年,我国专利密集型产业增加值合计为 26.3 万亿元,年均实际增长达到 16.6%,明显高于 GDP 的年均实际增长速度(8%)。从专利密集型产业对GDP 的贡献来看,2010—2014 年专利密集型产业增加值占当期 GDP 的比重为 10.9%,由2010 年的 9.1% 逐年增加至 2014 年的 12.3%。从专利密集型产业对 GDP 增长的贡献率来看,2014 年达到 21.1%,并且全部专利密集型产业对 GDP 增长的贡献率均为正值。从专利密集型产业对就业的贡献看,我国专利密集型产业平均每年可创造 2 602 万个就业机会,占全社会年平均就业人员比重的 3.4%。从专利密集型产业的劳动者报酬看,我国专利密集型产业劳动者报酬占全社会劳动者报酬的比重呈上升态势。从专利密集型产业占 GDP、就业人员、劳动者报酬的比重之间的关系看,我国专利密集型产业具有明显的总体劳动成本支出少、单位就业人员报酬高、产业经济产出高的优势。

1.1.2　研究的理论渊源

1. 制造战略的发展

伴随人类文明的发展过程,起主导作用的是制造业的发展。蒸汽机的发明,为机器大生产提供了动力,引发了一场工业革命,促进了近代制造业的革新与发展。17 世纪至 1830年,在专业化协作分工、蒸汽动力和工具机的基础上,出现了制造企业的雏形——工场式的制造厂,人类社会的生产率相比手工制造有很大提高。1851—1900 年"化工革命"又推动了制造业的发展,但限于技术,其时的生产模式是"少品种单件小批量生产"。在 E. Whitney"大批量生产"、Oliver Evans 把传送带引入制造系统和 F. Taylor 的"科学管理"支撑下,与当时的电气化、标准化和系列化相结合,20 世纪 20 年代 Henry Ford 开创了"少品种大批量生产"的模式。这种模式推动了工业化的进程和经济的高速发展,主要特征是:少品种大批量生产、塔形多层次的垂直领导和严格的生产节拍控制。从 50 年代开始,人们已逐步认识

"少品种大批量生产"的优缺点,在政府的干预与调控下有针对性地探索改进方式。例如日本大力进行企业技术和管理改革,大量引进和采用高技术成果,发挥企业中人的作用,开展企业竞争与合作,尤其在汽车、家电、钢铁及微电子器件等大的行业,利用技术优势和企业国际化发展道路而居于世界前列。特别要提出的是,从技术角度形成成组技术和计算机与系统技术为基础的制造自动化方向,成为探索中的一大进步,但由于没有摆脱原有模式的框架,同市场需求变化间的矛盾越来越明朗。

进入 20 世纪 80 年代,顾客(用户)对产品的要求不断提高,加上技术进步及竞争市场的不断增加,企业的一切活动开始转化为以满足顾客要求为核心的竞争。于是,计算机集成制造系统(CIMS)、智能制造系统(IMS)、精良生产(LP)、灵捷技术(AT)和企业经营重构(BPR)等开始了企业技术和生产模式的变革,取得了一系列的成果。不仅是从战术、策略和技艺方法上对市场的响应,而且从战略的全局考虑,故而可以实现企业的战略性改变。技术与管理的变革参见表 1-2。生产经营一体化则要求企业将原来相对独立的管理职能,如产品设计开发、加工制造、采购供应、销售服务、资金筹划、成本核算等环节组织成为联系紧密、协调一致的生产经营统一体。一旦市场环境发生变化,企业将会有效地指挥各职能部门协同一致地调整其资源配置,改变其生产经营方式,缩短应变所需要的时间,而时间已成为瞬息万变的环境中市场竞争的焦点。以并行工程为例,它打破了传统的流水作业式的管理体制,突破了时间和空间先后顺序的限制,强调企业要以客户的要求和公司的发展为目标,以信息共享的一体化开发环境为基础,按产品和部件组成含有各种专业的有责有权的并行实体,进行同步性的工作,通过技术融合开发综合性的新产品。它要求研究、设计、产品研制、工艺开发和销售等各部门进行非线性的、相互联系的发展,企业的创新可以从任何一个环节,任何一个地方开始。一旦哪里提出新的思想,其他部门应立即响应,相互配合。如此,可以有效地加速新产品投放市场的速度,显著提高企业对市场需求的快速响应能力。

先进制造技术是制造业为了适应时代要求以提高竞争力,对制造技术不断优化及推陈出新而形成的。它是一个相对的、动态的概念,具有鲜明的时代感。由于制造业不断吸收机械、电子、信息、材料、能源及现代管理等方面的成果,可以说是实现优质、高效、低耗、清洁、灵活生产,取得理想技术经济效果的制造技术的总称。先进制造技术具有以下特征:①先进性。先进制造技术的核心和基础必须是优质、高效、低耗、清洁工艺,从传统技术发展而来,并与新制造技术实现了局部或系统集成。②通用性。先进制造技术不是单独分割在制造过程的某一环节,而是覆盖了产品设计、生产设备、加工制造、销售使用、维修服务,甚至回收再生的整个过程。③系统性。随着计算机技术的扩张,先进制造技术能驾驭信息生成、采集、传递、反馈和调整的信息流动过程,可以看作生产过程的物质流、能量流的系统工程。④集成性。由于先进制造技术涉及学科领域多,专业间的不断渗透、交叉、融合,界限逐渐淡化甚至消失,技术趋于系统化、集成化,对科学技术自身的发展亦有促进作用。⑤技术与管理紧密化。对市场变化作出更灵捷的反应及对最佳技术经济效益的追求,使先进制造技术十分重视生产过程组织管理体制的合理化和最佳化,是技术管理关系紧密的必然体现。

表 1-2　技术与管理的变革

生产需求	作坊—机器生产	批量生产	低成本大批量生产	高质量生产	柔性生产	面向市场的生产	面向顾客的生产
机器数量	3	50	150	150	50	30	
最小规模（人数）	40	150	300	300	30	30	
间接/直接劳动比率	0∶40	20∶130	60∶240	100∶200	50∶50	20∶10	
生产率增加比率	4∶1	3∶1	3∶1	3∶2	3∶1	3∶1	无穷
产品品种	无穷	3	10	15	100	无穷	无穷
生产技术管理	早期制造技术	传统制造技术	科学管理（泰勒）	工艺控制	数控	CIMS、FMS、IMS etc.	AT、BPR
控制重点	产品功能	产品一致性	过程一致性	过程能力	产品/过程集成	过程智能化	智能
工艺重点	精度	重复能力	再生产能力	稳定性	适应性	通用性	灵捷性
哲理	完美	满足	重复生产	监督	控制	开发	灵捷
组织变化	行会	劳动分工	功能规范	成组技术	单元控制	功能集成	过程集成
工程重点	机械	制造	工业工程	质量	系统	知识信息	
所需技能	机械技艺	部分技能	部分技能	诊断能力	经验	学习、创造	智能

根据 R.Jaikumar(1988)整理。

　　先进制造技术是在市场需求及科技发展这两个车轮的带动下逐步发展起来的。在市场需求不断变化的驱动下,制造业的生产规模沿着"小批量—少品种大批量—多品种变批量"的方向发展;在科技发展的推动下,制造业的资源配置沿着"劳动密集—设备密集—信息密集"的方向发展。相应的,制造技术的生产方式沿着"手工—机械化—智能化"的方向发展。由于不同技术体现不同的生产状况,其运行机制也不一致。

　　2. 知识成为企业理论中的核心概念

　　对企业竞争优势根源的理论分析可以发现,一方面,企业竞争优势不是由企业所处的市场结构与市场机会等外在于企业的因素外生地决定,因为对于某一个行业而言,该行业所有的企业所面临的市场结构、市场机会等在客观上都是同质的,在较为充分的市场竞争条件下,市场机会不可能被某个企业长期独占;另一方面,企业竞争优势也不是由企业所拥有的一般资源简单地内生,因为在竞争较充分的市场上,资源是可以通过市场交易获得的。由此可见,竞争优势同大多数企业都具有普遍性意义的资源间不可能存在因果关系。进一步的理论探讨认为,企业的竞争优势是由企业配置资源的能力决定的,即隐藏在资源背后的,企业配置、开发和保护资源的能力才是企业竞争优势的深层来源。然而,究竟又是什么决定了企业配置、开发与保护资源的能力?也就是说,隐藏在能力背后的又是什么?研究表明，隐藏在能力背后，决定企业能力的是企业的知识以及与知识密切相关的认知学习。测度企业竞争优势的基本尺度包括创新能力、难以模仿、可持续性以及学习能力。知识是企业竞争优势的根源，这不仅因为企业的内在知识，尤其是一些默会知识难以被竞争对手所模仿，还在于企业本身就是一个知识的集合体，从一定意义上讲，创新不过是企业现有知识存量的排列组合，知识的存量决定了企业的创新能力。更进一步地说，当前的知识存量所形成的知识结构决定了企业发现未来机会、配置资源的方法，企业内各种资源效用发挥程度上的差别都是由企业现有的知识所决定的。在经过20世纪80年代早期以资源为基础和90年代早期以能力为基础的企业观点以后，通过逐层剥离笼罩在企业竞争优势根源的外围因素，发现知识是最为核心的因素。企业理论的核心概念是知识，90年代中期以来，以知识为基础的企业理论应运而生，并首先考察了企业理论所关注的基本问题。

企业知识理论试图从知识的角度来重新阐释企业理论中的核心问题，或对主流企业理论没有解释的问题给予说明。企业知识理论从分析知识的性质出发，认为知识所具有的一个典型特征就是知识的默会性，正是这一无法言说的默会知识在实践中以我们难以察觉的方式发挥着重要作用。与知识的默会性相伴生的还有知识的分布性、转移性、可占用性等，它们共同构成了企业知识分析的基础。在这里知识作为一种分析工具，依据知识所具有的不同特征，对企业的特征和行为进行解释和预期。它不仅有效地解释了企业的存在、企业的边界等企业理论所关注的一般问题，还探讨了一般企业理论所没有完全回答的问题。

1) 企业的存在。企业知识理论将企业视为知识一体化的制度。在企业知识理论看来，生产过程中最重要的投入是知识，但知识又由个人掌握，并专业化于某一特殊领域，企业作为一个"队生产"组织，要使其生产功能得以顺利完成，就需要拥有各种不同类型知识的个别专家的共同协作和努力，从而需要一个能使更多个人集中使用其各自拥有专业知识的环境和条件。这就是知识的交流、转移与共享等所需要的环境与条件。而默会知识的交流、转移与共享等需要组织内频繁的接触。这经常是通过发展一种独特的语言或表达方式进行的。组织的功能之一就是用共同表达的方式进行交流，使得知识的交流、转移与共享更为经济。

2) 知识的内部转移。在企业内部将某个部门的最好做法转移到其他部门以增进知识的应用是企业取得优良绩效所必需的。但是，知识的内部转移受到多种因素的制约，主要包括：所转移知识的默会性、因果关系不明确、知识作用的未证实性、缺乏吸收能力、组织环境的障碍、知识源与接受者之间交流的困难以及缺乏激励等。传统的观点将知识转移困难的产生完全归因于激励因素。现实中的实践者也总是将部门之间缺乏激励、接受者拒绝听命、抵抗变革、缺乏承诺、地盘保护等视作知识转移的障碍。从知识的角度来分析内部转移问题，除了考虑传统的激励制度因素外，更着重考察与知识性有关的障碍。减轻知识内部转移的困难途径在于开发组织单位的学习能力，培育组织单位的紧密关系以及系统地理解和交流知识，而不是仅仅强调激励制度的安排。

3) 知识的转化与共享。知识可以分为明晰知识和默会知识，而默会知识是高度个人化的，难以交流，同时深深地植根于行动之中。认识企业知识活动的微观机理，其根本目标是为实现明晰知识和默会知识的共享和有效转换提供新途径。Nonaka(1995)指出,由于知识系统中同样存在着不稳定性和不确定性,为了把知识作为创新的源泉,就必须建立起一种机制能使两类知识相互转换,而这种转换实质上为企业知识的共享提供了途径。他提出了明晰知识与默会知识相互作用构成的 SECI 模型——社会化、外部化、整合化、内在化,认为知识管理是明晰知识与默会知识之间交互作用的一个螺旋式上升过程。Nonaka(2000)进一步提出了"Ba"(场)的概念,知识转化的四种模式分别对应四场,认为场提供了知识螺旋过程中特定阶段知识转化与创新的操作平台,每一种场支撑一个特定的转化过程,从而加速了知识转化与创造的进程。

4) 知识的吸收与学习。个体或组织获得知识的过程就是一个知识吸收的过程。企业要获得并维持其竞争优势,必须不断地吸纳外部知识。吸收外部知识的能力即吸收能力是构成创新能力的一个关键因素。个体的知识存量有利于新的相关知识的学习,这种观点可进一步延伸到企业。也就是说,企业需要具有相关的知识才能消化并应用新知识。吸收外部知识的能力在很大程度上就是已有的相关知识水平的一个函数。这一观点认为学习是个积累的过程,当要学习的东西与已知的东西发生联系时,才能达到学习的最佳状态。

1.2　研究目标与研究意义

1.2.1　研究目标

产业知识管理是一个系统问题,一方面是通过激励机制设计或者组织文化建设来提高知识创新的积极性;另一方面是创造知识创新的条件(如技术系统支持、设计合适的组织、加强认知学习等)。实际上,现实中的知识管理活动往往是二者兼而有之,缠结在一起,加大了知识创新的难度。因此,应从组织、学习、文化等方面系统地构造产业知识管理体系(而不是单纯地依赖基于信息技术的知识管理系统),并从细微处入手。如在组织方面,不仅要在组织结构上使知识与决策权匹配,而且要考虑人员结构设计上的异质性思维与同质性群体的比例结构,以增强部门/团队成员的创造性摩擦,有利于知识创新。

基于知识对企业生存和发展的重要性,中国制造 2025 对产业知识创新方面的要求非常高,因此很有必要对其知识创新进行深入研究。研究目标是通过对产业不同类型知识创新活动的研究,围绕企业知识创造、扩散等问题,试图回答下面问题:①产业知识创新活动与绩效之间关系如何?其绩效如何表征?其主要影响因素有哪些?②产业知识创新的结构、能力有何特点?③不同产业知识创新的转型路径呈现什么规律?在上述分析的基础上,将提出知识驱动在中国制造 2025 中的战略意义及推动产业创新的对策措施。

1.2.2　研究意义

首先,对产业知识创新的研究可以丰富知识理论的相关研究。企业知识理论将企业视为一个知识的集合体,企业内部所特有的知识结构和知识体系成为企业竞争优势的根本来源,动态能力的获得有赖于组织知识的不断创新与发展。产业各种异质性知识流量的增加有利于增强产业对知识的吸收能力,降低知识创新的路径依赖程度。产业知识通过结构、能力的整合,可以提高企业的知识存量和反应能力,从而形成产业的知识优势。

其次,对产业知识创新的研究,通过明确产业知识创造过程、知识库、知识场等概念界定并进行量化分析,可以进一步验证和修正知识创新模型,可以弥补目前对发展中国家产业转型、知识创新研究的不足。近年来,中国等经济转型国家的知识创新活动日益增多,其对世界经济的影响正日益增强,而对这方面的研究还很少。

再次,基于不同的知识类型对企业的知识创新进行研究,有助于不同企业制定相应的知识创新策略。本书通过对企业的知识分类,探索不同类型知识创新过程中的影响因素的差异性,为企业的知识创新提供相关建议,从而提高企业的创新绩效。对于我国企业而言,了解企业知识创新过程中的主要影响因素,有助于我国企业借鉴发达国家的经验,增强自身的自主知识创造和国际化能力。

1.3 研究方法和创新之处

1.3.1 研究方法

本书采用逻辑推演与实证研究相结合的研究方法,首先回顾和评述相关文献,通过逻辑推演的方法,对产业知识创新理论和机制进行分析,从而构建起知识创新影响因素的总体分析框架,并提出本研究的基本假设。再通过调查研究的方式,对初步设计的调查问卷进行修改和调整。然后,采用问卷调查和访谈相结合的方式,对选取的产业样本的知识创新情况进行调查。基于收集到的数据,用因子分析等方法,验证所提出的假设,分析产业知识在创新中的关键因素及其相对影响程度方面的差异。结合理论推演和实证研究的结果,得出本研究的主要结论,并就产业知识创新对中国制造 2025 的影响提出建议。

1.3.2 可能的创新之处

第一,基于产业知识的新分类研究,了解不同类型的知识在知识创新方面的差异,有助于针对不同知识类型在知识创新中的不同特点提出知识创新的策略建议。将综合知识创造、知识管理、组织学习等理论,构建一个包含知识创新活动及活动前置变量的相对完整的产业知识创新体系。在产业内外部知识网络的共同作用、双向强化下进行知识创新,对知识创新模型进行扩展。

第二,研究面向中国制造 2025 战略的组织场域与竞争优势,一是讨论产业知识结构与研究行动者间的互动关系,一是建立能领先竞争对手,同时支持获利的策略行动。尝试以案例与文献研究方法,来思索策略、能力作为嵌入到组织场域中形成产业知识竞争优势的过程,并采用动态复杂来诠释知识与策略的关联性以及如何建立知识竞争优势。研究发现,产业知识与策略是相互"建构的结构化"与"被结构的结构化"的嵌套关系,进而归纳得到策略、作业、环境与知识适配性与累积多阶段性知识优势等产业知识竞争优势的论点。

第三,对知识创新模型进行量化研究。尽管目前国内外有一些文献对知识创造的过程和影响因素进行了研究,但这些研究绝大多数是理论推演和定性研究,定量的统计分析较为缺乏。在综合相关研究的基础上,对理论模型中的知识创造绩效、知识创造活动、知识库、知识场等概念进行了深入的分析和明确的界定,在此基础上对产业知识创新进行实证调研并进行量化分析,进一步深化和细化对知识创新机理的研究。

第 2 章
相关文献回顾

2.1 知识的概念

《辞海》中将知识定义为"人类认识的成果或结晶",并指出人的一切知识都是"后天在社会实践中形成的,是对现实的能动反映"。古希腊时期,所有知识都被认为来自于个人的经验,知识是因人而异的,没有绝对意义的知识。到了苏格拉底和柏拉图时代,这种论点被否定了,柏拉图认为知识是经过证实的正确的认识,苏格拉底强调唯有一般的知识才是真知识,强调知识的客观性、确定性。17 世纪,培根认为人类所有的知识都来源于感觉经验,是从特定的感官实践中归纳得出的对外部世界各种联系的反映。笛卡尔认为,由感观获得的知识是混乱的,只有由思想获得的知识才是清晰可靠的,是人类所独有的。康德认为知识是先天知性范畴对后天经验材料加工整理的命题形式,即先验综合命题。我国的王阳明则认为知识是一种决断,知行合一,"知是行的主意,行是知的功夫;知是行之始,行是知之成"。目前,管理学领域对知识的定义也是众说纷纭,但在以下几方面达成共识:

1. 知识(knowledge)、信息(information)及数据(data)三者的关系

数据是指对观察到的事件所作的记录,是未经过处理的原始数据或事实,以数字、文本、图画等离散的方式表达了事物的状态和变化。信息是指经过处理后具有意义的数据,数据通过和其他数据联系和组织起来而变成信息,表现为书籍、光盘等形式。知识是人类思考信息的能力,是可靠且正确的信息。知识是包括了认识主体对所取得的数据、信息(已经经过上一个知识主体的编码)的解码和接收的过程。知识是认识了的认识,而且内在包含着被重新认识的现实可能性。数据处于混沌状态,信息达到有序,但还处于 know-what 的层次,知识则能达到 know-why 和 know-how 的层次。

2. 知识与人或组织紧密结合

Davenport & Prusak(1998)认为知识需由客观分析与主观认知才能形成,且与人有密不可分的关系;Churchman(1998)将知识设想或看作一种对信息集合的观点,事实上已经将知识这一概念从其全部生活之中剥离了出去;知识只存在于其使用者身上。使用者对信息集合的反应才是最为重要的。同时,知识的概念开始和组织的概念结合起来,产生了组织知识的概念。Brooking(1996)认为组织知识是以人为中心的资产、知识产权资产、基础设施资产和市场资产的集合物。Myers(1996)提出,组织知识是嵌入到过程和程序中的经过处理的信息,它也是组织的制度、过程、程序、产品、规则和文化所蕴涵的知识。

3. 知识的结构化、系统化及存在形式的多样性

Nonaka(1994)认为,知识可以信息、经验心得、抽象的观念、标准作业程序、系统化的文件、具体的技术等方式呈现。Davenport & Prusak(1998)把知识定义为一种信息流动的综合体,含有许多不同的元素,其中包括结构化的经验、价值、文字化的信息、专家独特的见解以及新经验与信息的整合等。在组织中,知识不仅存在于文件与存储系统中,也蕴涵于日常及例行的工作过程与规范中。

4. 知识是正确的、真实的,能够创造价值的信念

Badaracco(1991)认为知识是从人类活动中所获得的真理、原则、思想及信息,它包含了企业所创造和采用的各种形式,并且可以用来销售或改良现有的产品、创造新产品或改变生产过程乃至改变管理方式。Nonaka & Takeuchi(1995)认为知识是一种辩证的信念,可增加个体产生有效行动的能力。在此,个体指的是个人或集合体(如组织),行动则包括实际的技能、认知的能力或前述两者能力的结合。Drucker(1999)认为,知识是一种能够改变某些人或某些事务的信息,这既包括使信息成为行动的基础的方法,也包括通过对信息的运用使某个个体(或机构)有能力进行改变或进行更有效的行为方式。

因此,知识的定义是被企业及其成员所结合和同化的,并且原则上可以再现的观念化、符号化的,能在使用中创造价值的有序信息结合,是结构性经验、价值观念、关联信息及专家知识的流动组合,并为评估和吸纳新经验和信息提供了框架;组织机构里,知识往往不仅仅存在于文件或存储系统中,也根植于组织机构的日常工作、程序、惯例及规范之中。

2.2 知识分类相关研究

1. 知识的特性

知识具有真理性、相对性、可记忆性、可传递性、因果模糊性、复杂性、共享性、分布性等方面的特性。

Polanyi(1967)首先揭示出知识的默会性,认为默会知识是存在于个人身上的,且与个别情境经验有关,具有主观、独特、难以具体化与共同化的特性。

Zack(1999)认为知识具有不易模仿性,也不易通过投资的增加而缩短知识取得的时间。

Birkinshaw(2002)认为知识具有两种特性,分别是可观察性和系统镶嵌性。可观察性指知识由观察便可学习的程度,系统镶嵌性指知识依存在相关网络中而不能被完整抽离或分割的程度。

Simon(1979)认为知识的复杂性可以用系统中不可分解单元的数目来衡量。

Tyre(1991)认为用特征及观念的数目、新奇程度等来测量知识的复杂度。

Lippman & Rumelt(1982)认为知识具有因果模糊性,因果模糊性就是关于行为和结果之间的因果联系的模糊性。

Mosakowski(1997)认为模糊性的定义有一个关键假设,即产生结果的基本过程具有内在的随机性,同时强调了一个决策者无法确定本企业或竞争企业中,哪些行为更可能产生成功的绩效。因此,因果模糊性可以界定为某类知识中所蕴含的关于行为和结果之间的因果联系的不确定性和不可表达性程度。

知识还具有非独占性和收益递增性。知识具有非独占性,即可以在不放弃它的同时传递给他人,虽然知识产权会形成某种程度的独占,但这种独占是短期的。知识的非独占性正是知识收益递增的基础。

2. 知识的分类

从某种意义上说,对知识进行分类是建立在对知识内涵的理解之上的,分类原则本身也在一定程度上体现出人类在不同社会经济形态下对知识作用的不同认识。管理学研究从研究企业知识的角度,对知识作了如下分类:

1) 知识的两分法

① 默会知识与明晰知识

Polanyi(1967)和 Nonaka & Takeuchi(1995)将人类知识分为两类:明晰知识(explicit or codified knowledge)和默会知识(implicit/tacit knowledge)。

明晰知识或显性知识、编码化知识是指经过人的整理和组织后,可以编码化和度量,能够用正式的言语、文字或数字清楚表达的知识。典型的明晰知识主要是以专利、科学发明等形式存在的知识,存在于书籍、计算机数据库、CD-ROM 等物质载体中。

默会知识、隐性知识是与人结合在一起的、高度个性化、情景化和难以编码化、文字化或者公式化的经验性知识。默会知识来源于个体对外部世界的判断和感知,是主体与客体长期相互作用中的主观感受。因此,默会知识的编码、传播和共享是比较困难的。在默会知识逐渐能够脱离个体经验与感知而独立存在的时候,它们逐渐被编码,成为能够与其他社会成员共享的精神财富。

明晰知识与默会知识的划分突破了过去人们对知识的认识。从数量上看,明晰知识只占人类知识的一小部分。如果说明晰知识是"冰山的尖端",那么默会知识则是冰山隐藏在水面以下的大部分。虽然默会知识比明晰知识难发觉,却更能创造价值,对于企业的竞争优势至关重要。因此,默会知识是学术界研究的重点。明晰知识与默会知识的比较参见表 2-1。

表 2-1　明晰知识与默会知识的比较

知识类别	默会知识	明晰知识
根本区别	主观的	客观的
具体特点	难以用图文记录和传播的知识	通过图文可以记录和传播的知识
	经验的	理性的
	即时的	顺序的
	模拟的	数字的
	实践的	理论的

资料来源:张润彤,等.2005.知识管理概论[M].北京:首都经济贸易大学出版社.

② 独立知识和黏着知识

按照知识是否独立,可以将知识划分为独立知识和黏着知识(Garud & Nayyar,1994)。若知识被嵌入在一个大系统里,就难以被分离出来,为获取这类知识,必须先获取整个系统或通过多次试错,组织就得花费更多资源。希伯尔(1988)把这类知识称为黏着知识。黏着知识是具有组织特性的知识,其存在环境往往具有自己特有的文化背景,且在组织长期运行过程中形成特有的对问题的解决方式和表达方式,这类知识不易于转移或为其他组织获取,因而对构成组织的核心能力具有特殊的价值。

③ 描述性知识和过程性知识

Zhao & Luo(2005)认为组织知识包括描述性知识(declarative knowledge)和过程性知识(procedural knowledge)。描述性知识主要指显性的事实类知识,例如数据和事实类信息(类似 know-what 知识);而过程性知识主要指那些反映事情是如何发生和进行的知识(类似 know-how 知识)。

④ 专用知识和一般知识

Garud(1994)指出根据知识的集合能力,可以在一般知识(non-specific knowledge)之外,划分出专门知识(specific knowledge)。一般知识指无需高昂代价即可传播的知识,这类知识由于对组织资源的依赖性很弱,因而能比较容易地在不同组织间进行传递和扩散。而专用知识高度依赖于组织资源,在组织间的传递过程中需要较高成本,从而成为企业独一无二的资源与资产,在管理理论和实践中,受到人们越来越多的重视。

2) 知识的三分法

Nielsen(1997)认为知识分为特殊性知识(specific knowledge)、整合性知识(integrative knowledge)及配置性知识(deployment knowledge)。特殊性知识是指企业所具有的关于某个领域的知识,如技术或者科学原理,它存在于企业的内部与外部,表现为清楚的文字形式。同时,企业能力需要能够将许多领域的特殊性知识整合起来的整合性知识。如果特殊性知识以及整合性知识不被用来创造经济上或者商业上的价值,它们是没有任何价值的。因此,一种有价值的企业能力需要能够开采、使用以上两种知识的知识——配置性知识。特殊性知识与配置性知识都以缄默的形式存在于企业内部,并只能在组织内部扩散与分享。

Stewart(1997)将知识视为资本,是指每个人能为组织带来竞争优势的一切知识与能力的总和,可分为人力资本、结构资本、顾客资本。

Zack(1999)将知识依功能分为营销管理知识、制造知识、科技知识等。

汪丁丁(2001)提出了知识动力学,认为其由知识过程的三个维度之间的六种作用力构成。三个知识维度物的秩序、人际关系、价值判断之间存在着如下的关系:物的秩序对人际关系的影响、人际关系对物的秩序的影响、人际关系对价值判断的影响、价值判断对人际关系的影响、价值判断对物的秩序的影响、物的秩序对价值判断的影响。

Nonaka(1994)根据知识主体的不同,将知识分为个体知识、团队知识和组织知识。

3) 知识的四分法

Lux & Ray(1966)将人类的知识区分为描述性知识(description knowledge)、过程性

知识(prescription knowledge)、实用性知识(praxiological knowledge)与形式性知识(formal knowledge)。

OECD 从经济学的视角把知识分成四种类型：①知道是什么的知识(know-what)：也称为事实知识，是关于事实方面的知识。②知道为什么的知识(know-why)：也称为原理知识，是指自然原理和规律方面的科学理论。③知道怎样做的知识(know-how)：也称为技能知识，是指做某些事的技艺与能力。④知道是谁的知识(know-who)：也称人力知识，涉及谁知道和谁知道如何做某些事的信息，它包含了特定社会关系的形成，即有可能接触有关专家并有效地利用他们的知识。前两类知识属于明晰知识，后两类知识属于默会知识。

Leonard-Barton(1995) 依核心能力观点分类，分成四个层面：员工知识和技能(employee knowledge & skill)；实体系统(physical system)；管理系统(management system)；价值观和规范(value & norm)。

Quinn(1992)把知识分成认知知识、高级技能、系统理解和自我激励的创造力四种。

左美云等(2000)从企业知识的存在方式把企业知识分为四类：物化在机器设备上的知识；体现在书本、资料、说明书、报告中的编码的知识；存在员工头脑中的意会知识；固化在组织制度、管理形式、企业文化中的知识。

Anderson(2001)把知识分为：事实知识(factual knowledge)、理性知识(conceptual knowledge)、过程性知识(procedural knowledge)、认识之上的知识(metacognitive knowledge)。

Nonaka(2000)将知识分为四类：①经验的知识资产：经过实际动手操作的经验，将默会知识累积而形成。②概念的知识资产：经过影像、符号与语言明示化而得的明晰知识。③系统的知识资产：具有系统性且有关联的知识资产。④惯例的知识资产：包含已经惯例化的默会知识和体现于组织行动与实作中的默会知识。

4) 知识的其他分类方法：

Collins(1993)和 Blackler(1995)按知识存储的客体，将知识分为五类：①内含于员工的观念型知识(embrained knowledge)，是指内含于员工心智模式内的一些知觉能力、概念性知识(conceptual knowledge)等；②内含于员工的经验型知识(embodied knowledge)，是指员工主要通过"干中学"的训练和练习而获得的知识；③内含于组织文化的知识(encultured knowledge)，是指经过长期积累所形成的组织文化、共识和价值观，这些都是内含在组织中的知识，例如优良的团队精神、顾客至上、开明、创新等文化体系，这种知识经常伴随组织文化的形成而逐渐成形；④内含于组织运作的知识(embedded knowledge)，主要指内含于组织例行作业流程内的分工、协调和合作的知识；⑤可编码的知识(encoded knowledge)，是指可以用语言、文字或符号等表示出来的知识。

Natarajan(2000)将知识分为五类：声明性知识(关于什么)、程序性知识(知道如何去做)、原因性知识(知道为什么)、条件性知识(知道在什么情况下发生)、关系性知识(知道与谁有关)。

喻金田(2002)根据企业内部的业务流程，将企业的知识分为七大类：研究与开发类、原料供应类、产品生产类、市场营销类、人力资源管理类、财务管理类、基础结构类，并认为这种分类方法有助于我们从企业经济活动与知识的对应关系出发,考察企业知识的构成,进而提出应对策略和对知识进行分类管理。

以上知识分类法分别从知识的特性、知识的拥有者、知识的功能、知识对组织的贡献、知识的存在方式、内容和作用对象等方面对知识进行了划分,如表 2-2 所示:

表 2-2　知识的分类及分类标准

类　别	内　容	学　者
特性	描述性知识、规律性知识、实用性知识、形式性知识	Lux & Ray(1966)
	明晰知识、默会知识	Polanyi(1967),Nonaka & Takeuchi(1995)
	独立知识、黏着知识	R. Garud & P. R. Nayyar(1994)
	事实知识、原理知识、技能知识、人力知识	OECD(1996)
	经验的知识资产、概念的知识资产、系统的知识资产、惯例的知识资产	Nonaka(2000)
	描述性知识、过程性知识	Zhao & Luo(2005)
拥有者	个体知识、团队知识和组织知识	Nonaka(1994)
	内含于员工的观念型知识,内含于员工的经验型知识,内含于组织文化的知识,内含于组织运作的知识、可编码的知识	Collins(1993) Blackler(1995)
功能	认知知识、高级技能、系统理解和自我激励的创造力	James B. Quinn(1992)
	员工知识和技能、实体系统、管理系统、价值观和规范	Leonard-Barton(1995)
	特殊性知识、整合性知识、配置性知识	Nielsen(1997)
	人力资本、结构资本、顾客资本	Edvinsson & Malone (1997),Stewart(1997)
	营销管理知识、制造知识、科技知识	Zack (1999)
对组织的贡献	专用知识和一般知识	R. Garud(1994)
存在方式	物化在机器设备上的知识;体现在书本、资料、说明书、报告中的编码的知识;存在员工头脑中的意会知识;固化在组织制度、管理形式、企业文化中的知识	左美云等(2000)
内容	声明性知识、程序性知识、原因性知识、条件性知识、关系性知识	G. Natarajan(2000)
	事实知识、理性知识、过程性知识、认识之上的知识	Anderson(2001)
	研究与开发类;原料供应类;产品生产类;市场营销类;人力资源管理类;财务管理类;基础结构类	喻金田(2002)
作用对象	物的秩序、人际关系、价值判断	汪丁丁(2001)

事实上,对知识的划分是与研究目的紧密联系的。例如,Nielsen(1997)在研究企业能力时,根据知识在企业能力中的作用,将知识分为特殊性知识、整合性知识、配置性知识。Nonaka(2000)在研究知识创造过程时,为对应知识创造的四个环节,将知识资产也分为四种:即经验的知识资产、概念的知识资产、系统的知识资产和惯例的知识资产。知识分类方法与管理实践的紧密结合,有利于研究成果的实际应用。如将知识分为研究与开发类、原料供应类、产品生产类、市场营销类、人力资源管理类、财务管理类、基础结构类知识,就比较容易分辨各类知识之间的区别,研究得出的结论也比较容易应用于管理实践。

2.3 企业知识理论

企业知识理论是在关于企业竞争优势根源的探讨过程中产生、发展起来的一种全新的企业理论。传统的观点将企业竞争优势归结于企业所处的市场结构与市场机会等,即企业竞争优势外生论,主要表现在SCP和波特的竞争战略理论之中。对于某一个行业而言,该行业中所有企业所面临的市场结构、市场机会等在客观上是同质的,该产业内所有企业的赢利状况应该是基本一致的。20世纪80年代早期的实证研究结果引发了人们对这一理论的质疑,产业内长期利润率的分散程度比产业间的分散程度要大得多。事实上,产业内的分散程度比产业间的分散程度要大3～5倍。由此引发了人们对于传统战略理论将竞争优势完全归功于行业结构和市场力量的质疑,研究者们将探索竞争优势的着眼点转移到了企业内部,最终产生了资源基础理论、企业能力理论、核心能力理论、动态能力理论和企业知识理论。

以资源为基础的企业理论(Resource-based View of Firm,简称资源基础理论)认为,企业是由一系列资源束组成的集合,每种资源都有多种不同的用途,企业的竞争优势源自企业所拥有的资源。然而,并非所有资源都可以成为企业竞争优势或高额利润率的源泉,因为在竞争较充分的市场上,资源是可以通过市场交易获得的。当我们通过这些具体的资源作进一步观察时,就可以认识到隐藏在资源背后的企业配置、开发和保护资源的能力才是企业竞争优势的深层来源,由此产生了企业能力理论(Capability-based View of Firm)。

企业能力理论认为,企业是"能力的独特集合体",能力是以人为载体的,是配置、开发、保护、使用和整合资源的主体能力。Prahalad & Hamel(1990)提出了核心能力理论,这是对企业能力理论的进一步发展,进一步强调了能力的独特性、稀缺性和不可模仿性等特征。由于外部环境是不断变化的,并且这种变化的速度正不断加快,企业如果固守原来的核心知识和能力,就会产生核心刚性,甚至会走向衰亡。Teece,Pisano & Shuen(1990)提出了动态能力理论(Dynamic Capability Theory),指出动态能力是指企业组织长期形成的学习、适应、变化、变革的能力,企业只有发展其动态能力,不断更新自身能力,发展新的能力,才能适应不断变化的外部环境。随着对能力理论研究的不断深化,越来越多的人认识到隐藏在企业能力背后并决定企业竞争优势的关键是企业掌握的知识,尤其是很难被竞争对手所模仿的默会知识以及与知识密切相关的认识学习。正是企业所拥有的难以交易和模仿的知识,从而产生了企业知识理论。

企业知识理论认为,企业是一个知识的集合体,企业现有的知识存量决定了企业发现市场和配置资源的能力,并表现为企业的竞争优势;同时,知识尤其是默会知识具有难以模仿性,必须通过具有路径依赖性的积累过程才能获得,新的知识逐渐融入企业之中,成为企业决定未来知识积累的重要力量。企业的知识存量和认识结构又进一步决定了企业配置、开发和保护资源的能力,从而最终在企业产出及市场力量上体现出企业的竞争优势。因此,知识,也只有知识,才是企业独特、持久的竞争优势的深层次根源。

企业知识理论是对 Penrose(1959)的企业成长论,Simon(1969)的行为论,Hayek(1945)的知识论以及 Nelson & Winter(1982)的企业进化论的继承和发展,它试图从知识的角度对企业的基本特征和行为做出全新的解释,并试图对主流企业理论未能解释的问题给予说明。企业知识理论是从分析知识的特性开始的。一般说来,知识具有默会性、分布性、转移性和可占用性等特征。通过分析知识的这些特征,可以很好地解释企业理论的一些基本问题。

企业知识理论将企业视为知识一体化的制度。企业生产中最重要的、最能决定产品价值的要素是知识。由于知识是由个人所掌握的,且不同的个人专注于某些特定领域,生产活动需要拥有不同类型知识的各类人员的共同协作和努力。企业要顺利完成其生产功能,就需要创造一个能使不同知识背景的员工交流、转移与共享各自专业知识尤其是默会知识的环境和条件。企业组织的优势就在于能发展一种独特的语言或表达方式,使得知识的交流、转移与共享更为顺畅和经济。

企业知识理论认为,企业的异质性来源于企业在生产过程中的知识积累和知识水平的差异。由于各个企业拥有员工的知识背景和专业方向不相同,员工之间的交流方式不相同,将个人知识转化为组织知识的数量和结构也就不同,从而导致各个企业积聚的知识和能力的不同,使得企业资源配置的效率和生产的经营结果各有差异;同时,个人知识存量和知识结构不同所导致的个体认知能力的差异及个人认知行为的路径依赖性,使得企业之间的差异性不断延续甚至扩大。

企业知识理论认为,企业除了要协调解决因组织内目标不一致而导致的机会主义等问题外,更重要的是要协调众多组织成员之间知识的一体化。由于知识本身的专业性、默会性和分布性,即使企业的成员目标一致,也有共享和交流知识的愿望,要有效进行知识一体化、维持企业正常的生产和服务也是困难的,这就需要从组织结构、企业文化、沟通渠道等方面建立良好的知识协调机制。

企业要获得并维持其竞争优势,就必须不断吸纳外部知识;吸收外部知识的能力即吸收能力是构成创新能力的一个关键因素;在有限理性的条件下,企业行为具有边际搜寻倾向和路径依赖性,而且路径取向决定于企业的知识存量;吸收能力在很大程度上就是知识存量的一个函数,当企业的存量知识与学习对象相耦合时,才能达到学习的最佳状态。企业对知识存量的利用,要求企业跨越时间保持知识;企业知识的保持受到知识的默会性、复杂性及系统程度的影响,默会性、复杂性和系统程度越高的知识越难以保持。企业内部的

19

知识转移受到所转移知识的特征、知识源的特征、接受者的特征和知识转移发生的环境特征四组因素的影响，知识内部转移困难性的根本原因在于知识的默会性；减轻知识内部转移的困难的途径在于开发组织单位的学习能力，培育组织单位的紧密关系以及系统地理解和交流知识。知识共享是企业创新的源泉，企业知识只有通过交流对话以及相互转化，被其他人所共享，成为企业共享的知识，才能最大限度地发挥知识的作用。由于默会知识高度个人化、难以交流，而且深深地植根于行动和流程中，必须建立一种机制能使明晰知识和默会知识两类知识相互转换，这种转换实质上为企业知识的共享和创造提供了途径。

企业知识理论中有关企业知识的性质、知识的微观机理以及认知学习等理论为分析企业发展的基本问题如企业战略理论范式的转变、多元化发展及战略联盟的构建等提供了新的分析工具。

从资源基础理论、企业能力理论到企业知识理论的发展，是人们对于企业竞争优势根源的不断探索和深入了解的过程。独特的组织知识，尤其是默会知识是企业核心能力和竞争优势的深层次来源，企业保持持久的竞争优势的唯一途径就是不断地从组织内外学习新知识，与原有知识相融合以产生企业所需的新知识，然后将新知识转变为新的产品或服务。知识创造是在企业内部产生新知识的过程，其对企业知识创造进行深入研究是十分必要的。

2.4　组织学习理论

学习与企业知识具有天然的联系，学习结果即表现为知识。从系统认知角度看，任何个人的理性都取决于其知识存量与认知结构。通过学习，个人可以改变其知识存量和认知结构，从而相对地突破有限理性的约束。在组织中，单凭个人学习是不够的，必须提升至组织层面（Argyris & Schon，1978），当个人学习对组织其他成员发生影响力，产生扩散效果之后（Cohen，1994），才可称为组织学习，而组织学习则是创造与共享企业知识的有效途径。

对组织学习的研究可以追溯到 20 世纪 60 年代。Simon（1969）认为组织学习是个人在组织本身既定的结构性限制与过去的经验下，在执行组织所赋予的任务过程中，逐渐建立个人的洞察力并且成功将组织内的问题重新加以诠释及重新建构（Popper & Lipshitz，1998）。Meyers（1990）认为所谓的组织学习可以分成四种：维持性学习（maintenance learning）主要是学习对现行系统下的经验做渐进的改善，使其能更迅速、更具效率；适应性学习（adaptive learning）主要是学习建立一个正确的组织运作系统；变迁性学习（transitional learning）是指学习如何应对环境变迁所带来的刺激；创造性学习（creative learning）认为学习的焦点是发明或采用新技术，以迎接新的挑战。Hamel（1991）认为学习是有效率的吸收、同化知识，是组织模仿他人的技术和惯例并复制该技术的过程。Argyris & Schon（1996）认为组织学习是组织将其成员通过学习所得来的知识予以转化成组织的知识，用来改善组织活动并扩散、储存在组织内的过程。

组织学习是一个系统的、持续的、集体性的学习过程，是组织里的个体通过各种途径和方式,不断地获取知识、在组织内传递知识并创造出新知识,以增强组织自身能力,带来行为或绩效的改善的过程。从组织学习的定义可以看出,组织学习与知识创造之间有着密切的联系。组织学习过程中蕴含了知识创造。组织学习的主要目的是获取新知识并在本企业应用这种知识,而新知识的获取和应用必然伴随着新知识的产生。Nonaka(1995)指出:知识发展与学习有密切的关联,知识的取得、储存、应用与创造等活动皆为组织学习的一部分。同时,知识创造也离不开组织学习。以往的组织学习成果(组织现有的知识存量或知识基础)会对今后的知识创造产生影响。另外,组织学习理论和知识创造理论都强调新知识的产生是系统化的、集体性的过程。因此,研究知识创造问题就必须了解组织学习理论的观点和研究方法。

由于组织学习与知识创造的关联性,组织学习理论的一些研究成果至少可以从以下三个方面为知识创造研究提供直接的帮助:首先,对知识创造影响因素的研究可以借鉴组织学习的某些影响因素,例如企业的学习动机会影响企业对外部知识的吸收能力,进而影响知识创造的效果。Bennett(1994)认为学习型组织的企业文化中,具备持续且不断增强的能力去学习、适应与变革。另外,包括价值观、政策、训练、制度以及结构都可以加速其组织成员的学习,Berthoin, Lenhardt & Rosenbrock(2001)认为中断的学习过程、心理和文化的障碍,与组织结构和领导风格相关的障碍会影响组织学习的效果。其次,对组织学习内容和类型的研究也会对知识创造的研究提供借鉴。随着经济全球化、信息化、知识化进程的加快,企业面临的环境正在发生快速的变化,为了顺应这种变化,企业必须不断进行学习并对自身进行调整,不仅要对产品、过程或结构等外在的要素进行调整,还要对影响组织运行的各种内在因素,包括企业的价值观、思维模式、基本假设乃至根本目标进行改革。也就是说,组织学习的内容不仅包括技术、管理、营销等方面的知识,还应包括经营理念、价值规范等内容。Argyris(1978)认为两种情况会导致学习:第一种情况是当组织取得预期的成果,即在行动设计和行动结果之间有一个匹配时会发生学习;第二种情况是当发现并纠正预期结果与实际结果之间的不匹配时也会发生学习,即不匹配会转变为匹配。基于这两种情况,将组织学习分为单环学习(single-loop learning)和双环学习(double-loop learning)两种模式,认为只要在不质疑和改变系统的根本价值观的情况下,对错误的检测和纠正,学习都是单环的。当产生匹配,或者改变行动来纠正不匹配时,就发生了单环学习。当纠正不匹配时,首先检查和改变控制变量,然后才是行动的改变,这就发生了双环学习。正因为双环学习涉及对于组织的根本价值观或战略目标的改变,因此,双环学习的难度相对较大。可以类推:不同类型知识的创造也会呈现出不同的特点,相对于有关技术或产品知识而言,有关企业战略目标、经营理念、价值规范方面知识的创造的难度会更大,影响因素也会有一定的差异。再次,组织学习理论中对吸收能力概念的研究,可以应用于对知识创造的研究。吸收能力是企业对于新的外部信息的价值识别、消化和将它应用于商业目的的能力(Cohen & Levithal,1990)。Levinson & Asahi(1995)提出吸收能力不论是对组织学习或组织间学习都是重要的影响因素,甚至可说是学习的根基。Makhija & Ganesh(1997)认为企业吸收能力强,组织学习能力就强。基于上述对吸收能力与组织学习之间关系的研究,吸收能力对于知识创造的影响应是必须考虑的因素。

2.5 知识管理理论

知识管理不仅仅是为管理理论增加了一些新内容、新概念，还意味着管理模式的重大变革。Wiig(1997)将知识管理定义为，组织有系统、明确地对其知识资产进行充分的探索和利用，以提升组织内相关工作的绩效；Alle(1997)认为知识管理是把组织默会知识转化为明晰知识，以利于知识分享、更新及补充。换言之，知识管理主要在研究知识如何形成及人们如何学习利用知识，利用知识把现有知识最大限度地转化为生产力。O'Dell & Grayson (1998)提出知识管理是指适时地将正确的知识给予所需成员，以帮助成员采取正确行动来增进组织绩效的持续性过程。综合以上理论可以认为知识管理是指综合运用组织、文化、战略、流程、技术等手段，通过建立基于企业业务内容的知识挖掘和共享体系，对知识的获取、加工、存储、传播、应用和创造及与此相关的知识组织、知识设施、知识资产、知识活动、知识人员进行全方位和全过程的管理，以提高企业的应变和创新能力，从而最大化企业知识的价值及企业本身的价值。

知识共享是知识管理的重要环节，也是难点所在。知识共享(knowledge sharing)可以实现个人知识向集体知识的转化，以及知识在更大范围内被了解和应用。知识共享与知识转移(knowledge transfer)概念较接近，但知识共享更强调非正式(偶发性)、水平式(非组织主导)、自由式(无固定目标与对象)和个人平等式(无特定提供者与接受者)的知识流动。知识共享与知识创造也是紧密关联的，这两者的共性是都强调知识尤其是默会知识(主观且不易形式化的知识)在组织成员之间的交流互动；微妙差异是知识共享的侧重点是在组织中将最恰当的知识在最恰当的时间传递给最恰当的人，使他们能够作出最恰当的判断与决策，而知识创造的侧重点是通过组织成员之间的明晰知识和默会知识的传递和转换，产生出新的知识。实际上，知识共享与知识创造两者相互渗透，互为目的。对知识共享的研究尤其是知识共享障碍的研究显然可以为知识创造的研究提供帮助。

知识管理理论认为知识共享能够增加企业的价值，但在实践中员工之间不愿意共享知识是一个普遍的问题。究其原因，首先是员工自身的心理因素。知识经济条件下知识的地位显著提升，知识的拥有者与创造者将知识作为能够给自己带来独特优势的资本或个人财产。因此，员工往往不愿与他人共享自己所拥有的独特的知识。即使员工之间愿意共享知识，由于知识的交流、共享本身受限于共享双方的表达与理解能力以及双方的基础知识经验背景，加之共享过程本身也需要付出时间、精力的代价，知识共享效果会受到很大的影响。另外，还有一些主观因素如习惯于固守自己已有的知识而对来自他人的新知识持怀疑态度，因为惧怕被认为无知而不愿共享知识，也会使得知识共享难以达到令人满意的效果。其次，知识本身的特性也会给知识共享带来障碍。由于知识本身具有因果模糊性，给传递和理解知识带来难度。尤其是默会知识存在于人的脑海中，包含了人的价值观、信仰、思维方式、经验经历、视野、技能、能力等方面，含有文化、情感和认知因素，是无形的知识财富，不易被认识,不易衡量其价值,不易被他人所理解和掌握,限制了其积累和共享。再次,组织本身也会影响知识的共享。组织层级过多会影响知识共享的效果。一般情况下,组织层级过多,会使得知识交流共享渠道不畅、信息传递速度慢,信息衰退速度快,信息失真现象严重,缺乏足够的适应性和灵活性,不利于企业内部的沟通交流,必然极大地阻碍企业知识共享的有效实现。

Davenport(1998)指出,企业内部存在着一个特殊的知识交易市场,市场中有买方、卖方、中介方,也有交易价格和交易原则,知识运行的本质是知识的交易,对企业知识的管理实质上就是对知识市场的管理。由于知识是一种特殊的资源,知识市场也就具有不同于一般市场的特点。他认为组织中的个人需要知识以解决工作中的问题,就成为知识的买方;具备某些特殊知识的人,就有可能成为知识的卖方;企业中的信息中心或实践团体是有效的市场中介方;知识的卖方报酬不是由买方支付,而是由组织支付,价格包括互惠、声誉及利他主义;知识市场中的交易主要依靠组织成员之间的信任,信任是组织成员之间分享知识的必要条件,也是组织知识市场最核心的原则。当然,组织内的知识市场也会发生失灵的情况。如果组织需要的知识把持在少数人手中,就会产生知识的垄断;当组织过度精简人事,就会造成知识的供应不足;当知识买方故步自封,就会造成交易障碍;如果组织缺乏功能完备的内部网络系统,一方面知识不能有效地被存储,另一方面员工们不知道到何处去寻找所需要的知识,也会影响知识市场的运作。事实上,影响知识市场有效运作的因素同样会影响知识创造。

知识管理包括对明晰知识和默会知识的管理并注重这两者之间的转换,通常使用的策略是市场化策略、系统化策略和社会化策略。市场化策略的主要工具是知识地图,知识地图是在将企业内重要知识的形态和程度加以分类的基础上建立的知识索引系统,这一系统明确了每个特定职务所需要的知识种类和程度,以及何种知识被某个特定的组织成员所掌握,是组织成员之间进行知识交流尤其是默会知识交流的指南,便于组织内部知识市场的运作;系统化策略的主要工具是知识库,知识库是将企业的明晰知识进行收集、整理并进行结构化存储的知识索引系统,便于进行数据和文档的检索;社会化策略的主要工具是知识社区,知识社区是组织成员出于相互之间的信任和友情或共同的兴趣自发组成的"知识分享"团体,有利于知识的交流及明晰知识与默会知识的转换。在知识创造过程中,要组合使用上述三种策略,因此,对这三种管理策略的研究成果必然会为知识创造的研究提供借鉴,如知识创造所依存的知识存量在知识地图、知识库和知识社区中都存在;知识地图对于默会知识交流和创造的促进作用;知识社区这种非正式组织的运作环境、运作方式对剖析知识创造过程及影响因素的启发等。

2.6 知识创新的文献回顾

1. 个人知识创造的模式

个人知识创造是组织知识创造的基础。Merali(2001)提出个人知识创造分为新知识探索与现有知识的利用两部分。新知识的探索是指在分析中学习，可分为直觉与创意和逻辑分析两种方式。直觉与创意是经过启发或自由联想而产生新想法、新概念；逻辑的分析能力则属于理性分析方式，采用归纳与演绎这两种主要的知识产生方法。知识的利用是指员工在实践中学习现有的知识，通过学习曲线，使工作更有效率。

2. 组织知识创造的螺旋模型

Nonaka & Takeuchi(1995)敏锐地察觉到默会知识在企业知识创造中的重要性，提出了知识创造的螺旋模型(或称SECI模型)。该模型认为知识创造的关键在于默会知识的调用和转化，对企业重要的是组织知识创造，而不仅仅是个人的知识创造。

Nonaka的知识创造理论由认识论、本体论、时间与活动以及有利的组织情境等四个维度组成(Nonaka & Takeuchi,1995)。其中，认识论维度基于默会知识与明晰知识，以及随之组合而成的四种知识转换类型：社会化(socialization)、外化(externalization)、组合化(combination)、内化(internalization)；基于本体论的观点认为知识创造可以看作个体知识和群体知识在同一层面和不同层面的创造；时间与活动维度分为五个阶段：分享默会知识、创造观念、确认观念、建立原型、跨层次的知识扩展；而在有利的组织情境中，则提出五种有利于知识创造的状况：意图、自主权、波动/创造性混沌、重复、多样才能。这四个维度共同组成组织知识创造过程模式。

Nonaka & Takeuchi(1995)将组织内知识的创造概括为四种知识转化模式：①社会化，即默会知识向默会知识的转化。这种转化是通过人们之间的社会化过程实现的，如现场观察、共同的劳动，典型情况是传统的师徒关系。②外化，即默会知识向明晰知识的转化。这种转化是通过外部化过程实现的，即将默会知识总结、概括、表述为易于沟通的概念、理论、方法等。③组合化，即明晰知识向明晰知识的转化。这种转化是通过对现有明晰知识的组合实现的，具体表现为将明晰知识系统化的过程。例如，在企业内部，中层管理者将企业的使命、经营理念等具体化为对员工行为的要求及新产品开发的技术要求等。④内化，即明晰知识向默会知识的转化。这种转化模式具体表现为内部化过程，即人们将通过社会化、外化、组合化等过程学到的明晰知识转化为只能意会不可言传的个人默会知识，如新的思维方式和技术诀窍。组织通过社会化、外化、组合化与内化这样一个知识螺旋交互作用来持续进行知识创造。从主体上看，组织知识的创新不仅发生在个人层次上，而且发生在群体、组织、组织间等层次。组织知识的创造就是一个螺旋过程，从个人层次开始，并且逐渐扩大到组织层次，在不同的层次上都存在默会知识和明晰知识间的相互作用。默会知识与明晰知识的转化参见图2-1。

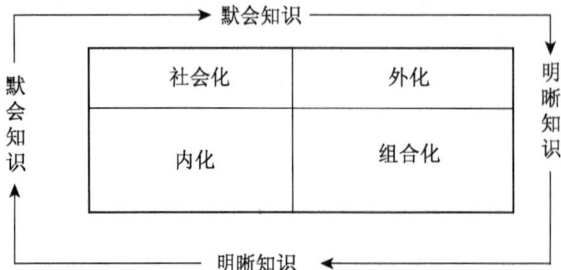

图2-1　默会知识与明晰知识的转化
资料来源：Nonaka & Takeuchi(1995)。

Nonaka & Takeuchi(1995)认为组织知识创造需要经历五个阶段的循环演化，这五个步骤分别是：①分享默会知识：将默会知识转换为另一默会知识，即知识的社会化，是一种通过观察、模仿、体会或练习来累积知识与分享经验的过程。在此阶段,重视的是知识的累积、分享与传递。②创造观念:将默会知识转化为明晰知识,即知识的外化,是一种通过模拟或隐喻将默会知识编码化与表达的过程,在这个阶段中,重视的是集思广益及知识的编码、演绎与归纳。③确认观念:评估与判断新知识的价值,即知识的内部化,过滤并确认具有附加价值的明晰知识,并将其概念化成为个人的知识。在这个阶段中,重视的是知识的过滤、识别与判断。④建立原型:将明晰知识加以系统化形成另一种知识体系或操作型原型,并加以验证,即知识的组合化,是一种由已知的知识转化为系统知识的过程。在这个阶段中,重视的是知识的应用与整合。⑤跨层次知识扩展:将个人或组织所创造的知识,在组织内部或组织间作横向或纵向的扩展,是一种知识创造的循环过程。在这个阶段中,重视的是知识的扩散与组织学习。组织知识管理的五阶段模式参见图 2-2。

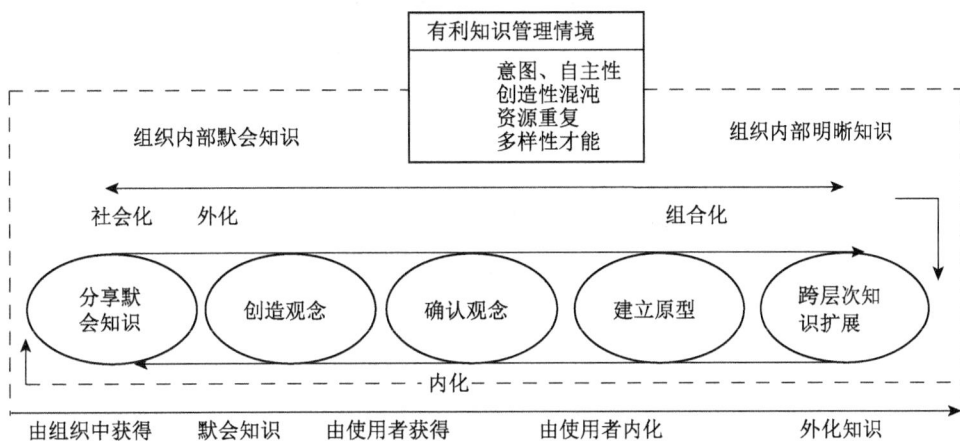

图 2-2　组织知识管理的五阶段模式
资料来源:Nonaka & Takeuchi(1995)。

3. 对组织知识创造螺旋模型的改进和扩充

Nonaka(1995)的 SECI 模型虽然对知识在企业内的动态演化有很好的解释力,但忽略了外部环境力量。耿新(2003)认为企业知识的创造既包括内部知识的转换,又包括外部知识的吸收与转化。他从知识的分类与分布角度出发,以 SECI 为基础,提出了知识创造的 IDE-SECI 模型。该模型认为知识创造必须吸收企业外部的知识。企业外部知识可分为外部个人明晰知识、外部个人默会知识、外部组织明晰知识和外部组织默会知识,但其输入组织的方式却只有三种,即外部个人或组织默会知识的潜移默化、外部个人明晰知识的直接引入和外部组织明晰知识的直接引入。在引入外部知识输入这一因素后,企业知识的转化与创造链条被延长了,其完整的过程包含了外部引入、传播共享、解释内化、潜移默化(即社会化)、外部明示(即外化)、汇总组合(即组合化)和内部升华(即内化)这七个阶段,称之为 IDE-SECI 模型。该模型扩充并丰富了 Nonaka 的知识螺旋模型。

党兴华等(2005)提出了基于知识位势的知识创造模型,将个人或组织之间的知识差异定义为知识位势,将个人、团队和企业视为具有特定知识位势的知识主体。该研究从知识位势角度出发,以 Nonaka 的 SECI 模型的认识论、本体论为基础,修正与改进了 SECI 模型,构造了知识创造 O-KP-PK 模型。该模型分别以 O、KP 和 PK 为三个维度。其中,O 分为个人、团队、企业和企业网络几个层次。KP 分为 LKP 和 HKP,是从知识主体所具有知识位势高低的角度来描述的。PK 分为 IPK 和 EPK,是从知识主体知识存量的来源(内部还是外部)来进行描述的。在每个平面内部基于知识位势差进行 SECI 知识转化过程的同时,各个平面之间存在着交互的基于知识位势差的知识创造活动,在组织中形成众多的环型知识流,企业的知识库也随着知识创造进程的发展,不断充实新的知识。

元利兴等(2002)对知识创造过程从认识论和本体论的角度进行研究,建立了基于认识论和本体论的知识创造模型(E-O-SECI);芮明杰等(2004)在评价 Nonaka 知识创造模型的基础上,引入动态知识价值链,提出了高技术企业的知识创新模式,并指出了高技术企业知识创新与一般企业的主要差异,然后进一步对这一模式运行所需的知识场和知识库进行了描述,形成了一个完整的高技术企业知识创新的理论体系。

任庆涛、王蔷(2003)通过对知识型企业的崛起及其主要特征的描述,探讨了知识型企业的主要资源要素——知识的特征,在修正 SECI 模型的基础上,提出了知识型企业知识创造的动态模式,如图 2-3 所示。该模式认为知识创造除了 Nonaka 所描述的知识螺旋外,还包括知识的输入、知识的积累和知识的嵌入等环节。

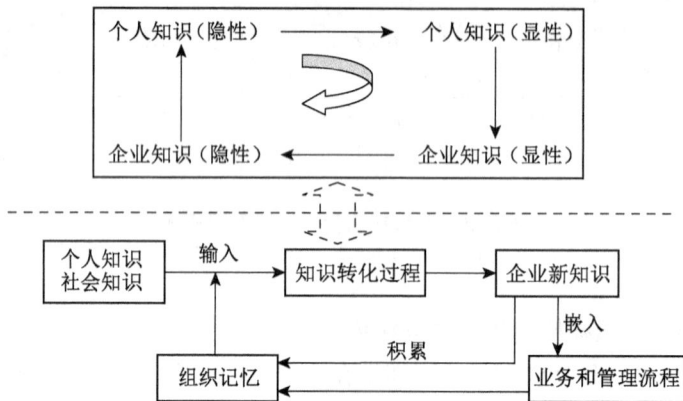

图 2-3　企业完整的知识创造过程

资料来源:任庆涛,王蔷. 2003.知识型企业知识创造的动态模式[J].上海管理科学,(6):7-9.

完整的知识创造过程应该包括:通过知识转化过程对无序的企业内部个人知识和外部社会知识进行辨别和筛选,使之有序化、流程化,形成新的企业明晰知识和默会知识。这些知识一方面嵌入企业的业务和管理流程,另一方面直接进入"组织记忆"即企业的知识库,组织记忆中的知识积累又随同初始的个人和社会知识进入知识转化过程,由此形成知识创造的循环。

Leonard-Barton(1995)认为组织可以通过"问题解决、实验与原型设计、引进与吸收、实施与整合"四种方式来创造其核心知识。①问题解决:用组织内现有的知识来创新解决之道,经过不断地试误、学习后,便会开发出一套新的方法或知识。②实验与原型设计:实验是指组织利用现有的知识不断进行实验,来创造新知识的过程。原型设计是指组织通过快速、低成本建立产品原型的方法,对新产品进行的实验及开发,以建立研发新产品的能力。③引进与吸收:引进是指组织通过聘请专家、专利权的转移、员工的外部教育培训或在网络上获取外部新的知识并引进组织。吸收是指组织通过与外部科研机构、顾问公司或战略伙伴的共同合作项目或标杆学习吸收对方的知识。④实施与整合:组织可以通过项目的实施从实践中学习经验与新知识,也可以通过整合现有的各种知识而发现新知识。

von Krogh(1998)认为快速地创造新知识并且将新知识扩散到组织的各个角落,包含五个阶段:第一阶段为组织成员间分享各自的经验与知识。第二阶段为依据组织成员分享的知识,有效地创造新产品或新服务的概念。第三阶段为从公司的愿景、目标、战略以及市场调查来验证此概念是否符合市场需求。第四阶段为利用已经确认的概念开发产品或服务的原形。第五阶段为组织将所创造的新知识、新概念与新原形扩散到整个组织。

王毅等(2005)把复杂理论与知识创造相结合,提出了基于影子系统和合法系统矛盾作用的知识创造机理,研究了处于混沌边缘的创造性空间、创造性空间中的破坏及影子系统和合法系统的相互作用机制。该研究通过案例分析发现在影子系统和合法系统的作用下,企业能够占据创造性空间,获得知识创造;而不适应性学习的存在、影子系统和合法系统对创新的规避,致使企业不能占据创造性空间,从而抑制知识创造。

胡婉丽等(2003)将研发划分为五个阶段,建立了基于研发过程的知识价值链模型和知识转移模型,详细论述了研发中的知识创造和转移过程以及知识转移通道的建设。该模型认为知识的价值增加表现在两个方面:一是新的知识被创造出来,知识量增加;二是知识的扩散,知识使用范围的扩大。在知识的价值链模型中,知识增值通过知识的创造过程和知识的流动过程来实现知识的创造是指知识从无到有的过程,而知识的流动是知识已经存在,从知识源向知识接受点转移的过程。

刘洪伟等(2003)从知识发酵的角度研究创造,提出了知识发酵模型。该研究认为知识活动的核心环节与生物发酵过程具有很大的相似性。知识的获取、创造和传播都是在已有知识的基础上,通过人的一系列能动的思维逻辑活动所导致的某些局部的知识增长。该模型解释了知识螺旋模型中的要素构成,并吸收了基于愿景的知识创新理论和实践团队的思想,将组织战略或愿景引入到知识过程中。

Nonaka & Takeuchi(1995)的知识创造螺旋模型是迄今为止对知识创新研究最深入、最全面的一种理论。当然,该理论也存在缺陷:①没有区分"创造"与"创新"。创新与创造之间是存在差异的,知识创造是在组织内部产生全新的知识,而知识创新则包括采用新知识和创造新知识。Nonaka 实际上探讨的知识创造是知识创新的一个子集。②该模型尽管阐释了知识由隐性到显性、由个人到组织之间的转化过程,但并没有揭示这一转化是如何带来企业内在效率的差异,即企业是如何通过知识管理拥有竞争优势的。Nonaka 所阐释的仅仅是知识转化的一个常规过程而已。③该模型强调了企业内部高度个人化的默会知识。但实践中不难观察到,来自于企业外部的社会知识对于企业知识生产也有非同寻常的价值,所以该知识创造螺旋模型忽视了明晰知识在组织中的重要性。

综上，知识创新应具备如下特点：①知识创新是一个复杂的演化过程；②企业内部的知识创新是通过不同性质知识的相互转化产生的，如明晰知识和默会知识的相互转化，构架知识和元素知识的相互转化等；③个人知识创新是组织知识创新的基础，知识创新首先来源于个人的想法、直觉、经验、灵感，在此基础上利用大量的明晰知识（包括结构化和非结构化知识）和默会知识，在他人的帮助和某种环境的影响下，将那些想法、直觉、经验、灵感等具体化而产生新知识；④知识创新必须以一定的组织内部知识存量为基础，创造出来的新知识又增加了组织的知识存量，从而增强组织的知识创新能力；⑤知识创新必须在一定的条件下才能顺利进行，这些条件包括知识创新的硬件设施、组织结构、企业战略、愿景、文化等因素；⑥产业知识创新是一个开放的系统，必须从产业内外吸取必要的知识，并与企业内部的知识相融合，凸显高度的系统性和复杂性。

4. 关于知识创新绩效测度的研究

由于知识本身的复杂性及知识创造研究尚处于起步阶段，专门研究知识创新绩效的文献尚不多见，对于知识创新绩效的测度一般是用技术创新绩效、产品创新绩效、研发绩效、组织绩效、知识管理绩效等指标来近似或代替。

Mansfield(1982)认为技术是否成功应由三个维度来探讨：技术开发是否成功、商业实用化是否成功、经济效益是否成功。

Cooper(1984)则采用六个维度来测量产品创新绩效：销售额中新产品所占的百分比、新产品开发成功/失败率、新产品对公司的重要性、新产品的获利率、目标达成度、与竞争者比较的主观评价等。

Gobeli & Larson(1988)在探讨项目式结构与新产品绩效时，提出了衡量新产品项目成功的四个维度，分别为新产品项目引进的成功率、新产品项目成本控制的情形、新产品项目的技术绩效满意程度、公司对新产品项目整体绩效的满意程度。

Cordero(1990)认为创新绩效的衡量必须考虑资源投入的节省与产出量两个方向，并且区分成技术、销售与整体的绩效三部分，而且不同的衡量项目应由不同的部门负责，如技术绩效由R&D部门负责，市场绩效由销售或生产部门负责，整体绩效由公司高层主管或策略事业单位负责，并且重视如下指标：R&D费用以及与往年的比较；R&D费用与总销售金额的比率；新产品销售量比例以及与同业水准的比较。

Santarelli & Piergiovanni(1996)比较了六种知识创新绩效的测量方法，即专利数法、专利引用数法、创新案例收集法、经理评估企业创新数法、创新产品销售比例法、商业期刊中介绍的新产品数法，并认为计算某一年度选定的商业期刊中介绍的新产品数来计量知识创新绩效最为有效。

Caloghirou et al. (2004)认为采用当年企业新产品(在过去三年内创新的产品)占总销售额的比例来衡量创新绩效较为合理。

Hagedoorn & Cloodt(2003)研究发现采用R&D投入、专利数、专利引用数、新产品数这四个指标综合度量或只采用其中一个指标度量创新绩效无显著差别。

Venkatraman & Ramanujam(1986)对于组织绩效的衡量，提出绩效概念化的范围架构应包含有财务绩效、业务绩效与组织效能三部分,财务绩效指企业的经济目标,如销售成长、获利率、每股盈余等;业务绩效指市场占有率、新产品上市、产品品质、营销效能等非财务性指标;组织效能包含达成组织各种冲突的目标,以及满足各种内外利益相关者的目标。

Delaney & Huselid(1996)采用与同产业其他竞争者的相对绩效的衡量方式,利用两部分来衡量组织绩效:第一部分是认知的组织绩效,包括产品或服务的品质、新产品或新服务的开发、吸引员工的能力、顾客满意、管理者与员工关系、员工之间的关系;第二部分是认知到的市场绩效,包括营销能力、销售成长、市场占有率、获利能力等。

Lee & Choi(2003)利用与同行业其他公司的比较来衡量组织绩效,主要采用比其他公司成功、市场占有率、成长的速度、获利能力、创新程度等五个指标。他们提出了平衡记分卡,用财务、顾客、内部以及学习与成长这四个维度来衡量组织的整体绩效,以寻求短期与长期的目标之间、财务与非财务的度量之间、落后与领先的指标之间,以及外界和内部的绩效之间的平衡状态。

Amabile(1997)认为创造能力包含了三个构成要素,分别是专业技能、创意思考技能与工作动机。

综上,技术创新、研发或组织绩效的评估可有主观与客观方式、绝对或相对(与同行业企业相比)方式、单方面指标(如创新产品数、专利数)与综合指标(技术、财务、市场指标)方式等多种测度方式的组合。在研究过程中,可根据研究目标和数据的可得性对指标加以选取。

5. 关于知识创新影响因素的研究

组织知识创新需要适宜条件的支持,按照 Nonaka(1995)的观点,能够有效推动组织知识创新螺旋的组织应具备五个方面的特点:①组织意愿。这反映实现组织目标的抱负,组织要有明确的战略目标,确认出实现战略目标所需开发的知识,并愿意为知识的开发付出努力。②自主性。赋予员工和群体较大的自主性,能够容忍和允许人们失误,这样有利于激发人们的创造性,发现和把握新的意想不到的机会。③波动和创造性无序。波动是指一种事先无法准确预计其形态的秩序。创造性无序指组织内有利于激发创造力的"危机"或"混乱"状态。在组织中注入波动和创造性无序,意在鼓励人们对习惯的做事方法和原有的思维模式进行反思,刺激组织与环境间的交互作用。④重复性。这里的重复指组织内有关组织活动、管理职责等的信息公开化,由组织成员共享,以促进默会知识的转化。⑤必要的多样化。组织内部各单位间在信息的处理和解释、思维模式、技能和专长等方面应有所差异,这样有助于适应外部环境的多变性和复杂性。柔性的、灵活的组织结构是实现组织多样化的有效方式。

Nonaka et al.(2000)对知识创造螺旋模型进行了扩充,提出了知识创新的动态模式理论,对知识创新的影响因素进行了研究(图 2-4)。该模式认为知识创新的情境(Ba),以及知识资产这两项因素对知识创新有影响。

汪昭芬(2000)研究了知识创新条件(情境)对组织学习倾向、知识蕴蓄能力及组织创新绩效的影响。该研究认为知识创新条件(情境)包括创新意图、创新的自发性、环境的混沌

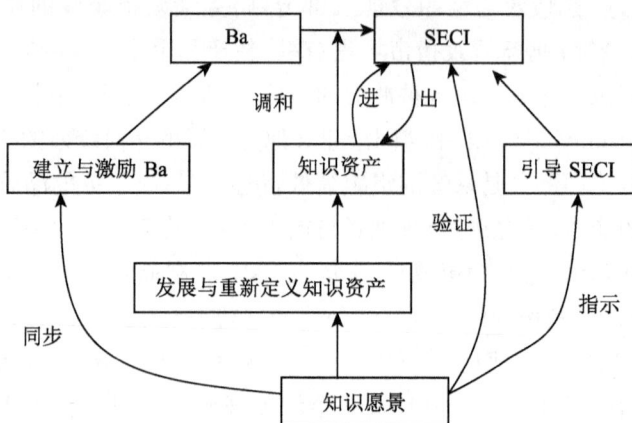

图 2-4　知识创新的动态模式
资料来源：Nonaka，Toyama & Konno(2000)。

性、资源的充裕性、知识的多样性等五个方面。知识创新条件(情境)对组织学习倾向及知识蕴蓄能力有正面的显著影响,组织学习倾向及知识蕴蓄能力对组织创新绩效有正面的显著影响。

　　汪素如(2002)研究发现,组织信息机制对组织知识创新具有正面的显著影响,而组织情境在组织信息机制对组织知识创新的影响过程中具有调节作用。组织学习机制由数据资源管理和组织学习机制两部分组成,组织情境由自中而上而下的管理模式、超链接的组织结构、奖励制度三部分组成。该研究对于从组织信息机制和组织情境两方面提高组织知识创新的成效提出了建议。

　　陈忠雄(2003)研究了组织学习能力及情境因素对知识创新的影响。组织学习能力由学习意图、知识吸收能力、知识整合能力三部分组成,情境因素包括创造意图、自主性、创造性混沌、知识重复性及多样性能力。该研究通过量化分析发现组织学习能力及情境因素对知识创新均有正面影响,而知识特性如可观察性、系统镶嵌性等在组织学习能力及情境因素对知识创新的影响过程中具有调节作用。

　　何明勇(2003)提出了知识创造、知识资产与信息科技的理论模型,并通过实证分析发现"信息科技整体性建设"与知识资产对组织知识创新具有正面的影响,同时验证知识资产对于特定知识创新过程的相关性:分别为"概念性知识资产"对于知识创新中的内化过程的影响较其他的知识资产为大;"常规性知识资产"对于知识创新中的社会化过程的影响较其他的知识资产为大。

　　Shih-Wei Chou & Su-Ju Wang(2003)从两个不同的视角考察知识创新的影响因素:信息管理战略即分布式数据应用与管理(DDAA)和组织学习机制(OLM)。通过实证分析发现,信息管理战略、组织学习机制及组织信息机制对知识创新的成效具有正向的显著影响。

　　Lee & Choi(2003)提出了一个研究架构,认为知识创新活动有许多的促动因子,包括组织文化、组织结构、人的因素及信息科技等,这些促动因子可以使组织内的知识创新活动更为有效。另外,知识创新活动亦能提升组织创造力,进而影响到组织绩效。

Shih-Wei Chou & Yu-Hung Tsai(2004)综合了个人和组织的视角,建立了一个包含用户介入、知识识别和组织机制三个因素的知识创新理论模型。量化分析研究证实用户介入、知识识别和组织机制三个因素对知识创新的成效有显著影响。

Nonaka,Vesal & Hisao(2005)通过对公司的案例研究发现,知识愿景、令人鼓舞的目标、深度会谈、创造性的例程、共享的互动场景(Ba)等因素对战略知识创新均有显著的影响。

杨德林等(2005)通过对 R&D 研发项目组的知识创新的研究发现,内部交流、知识库以及自治程度对知识创新水平的影响最大。研发组织领导的作用对于整个组织的知识创造绩效也有很大影响,正确发挥领导作用是研发管理的一个重要组成部分,组织领导的一个最主要作用是创造一个促进知识共享、内部交流和高自治程度环境的 Ba 的概念,这里指连接着时间和空间的知识创造场所,既可以是物理的场所,也可以是虚拟的场所和精神的场所。

Malhotra(2005)等在基于供应链的组织知识创新时,将吸收能力作为中间变量,建立了市场知识创新理论模型。

综上,知识创新的影响因素有 Ba、知识资产、组织学习能力、情境因素、吸收能力、信息系统建设、组织文化等。

1)关于知识创新情境(Ba)的研究

Nonaka 认为组织知识创新的社会化、内化、组合化、外化等四个过程需要很多人共同合作才能完成,并且促进知识创造四个过程的是沟通环境或场所,从而引出了 Ba(场)的概念。Ba 的概念是指连接着时间和空间的知识创造场所,是知识创造过程中交流思想、信息和知识的场所,知识转换和提升的环境,Ba 既可以是物理的场所,也可以是虚拟的场所和精神的场所。Nonaka & Konno 认为 Ba 有助于知识螺旋的实现,对应知识创造螺旋的四个环节,Ba 可分为四种类型,即创出场、对话场、系统场和实践场。社会化过程需要创出场,外化过程需要对话场的作用,组合化过程需要系统场的支持,内化过程则需要实践场。①创出场(Originating Ba):创出场是提供传播、转移、扩散和共享个人默会知识的场所,提供了同一时间与地点的面对面知识的分享与沟通。有些知识的转化与传达可能必须通过面对面的沟通才会比较有效,例如,社会化以默会知识的传达并转换成默会知识为核心,因此除了知识交流外,还需要带有人际关系的互动,在自由轻松的交流过程中互相了解相互信赖。创出场是能够面对面进行交流的一种物理意义上的场地,如会议室、办公室、车间、研究室、餐厅、酒吧等。②对话场(Interacting Ba):对话场是把个人的想法和思路用文字、语言、符号等形式表达出来,转化为供组织使用的概念或图表等形式知识的过程中,提供激烈争论和交流意见的场所。借助提供互动与合作的机制,组织成员可以分享知识,使得将默会知识转化为明晰知识的外化行为得以实现。③系统场(Cyber Ba):系统场是共享在对话场中产生的新概念、新知识并与其他概念重新组合或融合的场所。利用计算机、网络等技术,组织成员可以通过同步或异步的沟通方式,使得组织各部门及组织成员的知识相互连接,从而将自身的明晰知识转化、融合为其他类型的明晰知识。④实践场(Exercising Ba):实践场是检验和吸收所创造的知识,并把它变成个人、部门和组织的默会知识的场所。实践场提供具有个人或组织层级学习的环境,通过验证、训练和反复练习,使得内化知识(即将显性转化成默会知识)的工作得以完成。与知识创造的四个过程对应,Ba的四个环节也是一个无限循环螺旋上升的过程。

芮明杰、陈娟(2004)在其提出的高技术企业知识体系概念框架及其内部互动模型中对知识场的内涵进行了重新的定义。该模型借用物理学场的概念,结合知识点以及知识的特征,将知识场界定为知识载体周围的客观存在的一种由知识载体发散出来的特殊物质。知识场可分为共享的知识场、对话的知识场、系统的知识场以及演练的知识场。

上述几种理论从不同角度提出不同含义的"场"的概念,这些理论之间有很多内在的关联之处。首先,这"四种场"理论都是描述的知识交流、共享、转化、提炼、创造的环境,都很注重挖掘、共享和利用组织内部的默会知识。其次,这些理论都很注重环境对组织成员创造性的影响及组织成员主观能动性的发挥。在知识创造过程中通过"场",增强组织成员参与知识创造的积极性,使组织内部的每一个人都自愿、自觉和自发地参与知识创造,个人和组织的知识不断得到增长和升华,组织成员创造知识的能量不断得到提高,从而使组织成为具有持久竞争能力的学习型、创造性组织。再次,"场"能够提高知识创造的效率。在"场"的作用下,组织成员之间的物理和心理距离缩短了,知识转移、扩散和利用的速度加快了,知识共享的范围扩大了,从而加速了组织内部的知识创新。

当然,这"四种场"理论之间也存在着一些差异。相对而言,Nonaka对于"场"的分类更细致一些,对知识创新过程的描述更全面系统,揭示了在"场"的作用下知识的转换机理;"信息场"理论中的"场"可以理解为Nonaka理论中的"创出场"和"对话场"合二为一的场;而芮明杰、陈娟提出的"知识场"基本涵盖了Nonaka理论所述的四个过程,但知识场与Ba的首要区别在于知识场是知识载体发散出来的知识构成的一种氛围,不是物质的空间,也不仅仅是"精神的空间"。其次,Ba是"被创造出来,发挥作用,然后消失"的知识创新的空间,Ba实际上主要是一种主观建立和加强的存在;而知识场是一种静态的客观存在。另外,Nonaka对Ba的研究主要侧重于其对知识创新的促进作用,而芮明杰等认为知识场对于知识创新既有促进作用,也有阻碍作用。

2) 关于知识存量(知识库、知识资产、组织记忆)的研究

知识存量是指企业内部拥有的知识数量、质量和结构的总和及其价值,知识存量与知识库、知识资产、组织记忆等概念相近,可以理解为企业建立的知识库,以存储组织所累积的各类知识,并促使这些资产增进知识密集的工作流程的效能和效率。知识存量不仅指明晰知识,更多指组织的默会知识。知识存量是知识创造的基础,也是知识吸收和知识创新的结果。

Melone(1997)认为由于知识资本的贡献在于增强企业的竞争力,只要能把知识资本对企业的贡献用一系列指标表示出来,就能估算出知识资产的价值。从财务、顾客、流程、更新与发展、人力五个方面列出了100多项指标,如公司市值、顾客满意指数、信息技术开发费用比例等来表示知识资本的贡献。瑞典Scandia集团参照该方法编制出了世界上第一份较

为完整的知识资本报表。

Edvinsson & Malone(1997)及 Stewart(1997)将组织所蕴含的知识视为组织所拥有的知识资本,认为知识资本是组织的无形资产,是指个人与团队能为公司带来竞争优势的一切知识与能力的总和。这些学者将知识资本分为三大部分,分别为人力资本、结构资本以及顾客资本。人力资本是指个人的能力,包括技能、教育、经验及社交能力,也包含了公司所有员工与管理者的个人能力、知识、技术、经验及创造能力;结构资本为整个组织所拥有,可以复制也可以分享,如技术、发明、流程、专利、著作权、策略、文化、构造、体系、组织的日常业务和处理程序、信息系统、资料库、公司制度等;顾客资本又可称为企业的外部结构资本,主要包括企业和上游供货商与下游企业以及顾客群的互动关系、商品或公司品牌、商标、商誉或企业形象。

Nonaka et al.(2000)将企业的知识存量(知识资本)分为四种类型:经验性知识资产(Experiential Knowledge Assets)、概念性知识资产(Conceptual Knowledge Assets)、系统性知识资产(Systemic Knowledge Assets)和常规性知识资产(Routine Knowledge Assets)。经验性知识资产是通过经验传递而共享的模糊知识,主要通过社会化过程建立。通过在特殊背景中工作的经验而获得并积累的个人技能就是典型的经验性知识资产。经验性知识资产的例子还有特定的专业技能(know-how),关爱、信任、团队精神等情感知识,面部表情与手势等形体知识,强调个人价值、工作热诚等有关工作潜能的知识,即兴发挥与按部就班等节律知识。经验性知识资产与人紧密相关,其来源包括组织内部员工、公司客户、供货商、贸易伙伴等。概念性知识资产是用语言、符号与共同的理念作为概念清楚表述的明晰知识,主要通过外化过程建立。概念性知识资产的例子有品牌价值、产品概念、产品设计等。概念性知识资产传达的是某种观念与看法,比经验性知识资产更为具体,更容易掌握。系统性知识资产是加以系统化、制度化、整合化的明晰知识,主要通过组合化过程建立。专利、许可证、产品说明书都是典型的系统性知识资产。系统性知识资产的应用范围超越了组织中的个人,以整个组织分享知识和整合明晰知识为目标,是四类知识资产中最容易管理、维护、传播和被组织成员理解的知识。常规性知识资产是指已融合于组织工作流程与组织活动中的惯例化的默会知识,主要通过内化过程建立。组织商务活动的程序、操作规程等是典型的常规性知识资产。常规性知识资产与经验性知识资产的差异在于前者强调组织整体性对默会知识的创造,并将默会知识转化为另类的默会知识,而经验性知识资产则是以组织中的个人处理的默会知识为重点。

3)关于吸收能力的研究

从外界吸收新知识对于知识创新是非常重要的,因此,组织的知识吸收能力对知识创新也有一定的影响。Cohen & Levinthal(1990)认为吸收能力由三个方面的能力组成:第一个方面的能力是对于组织外部新知识价值的认知能力;第二个方面的能力是对于有价值的组织外部新知识的理解与消化能力;第三个方面的能力是将有价值且经消化过的组织外部新知识应用于商品化过程的能力。

吸收能力受到众多因素的影响,Cohen & Levinthal(1990)认为个人知识的存量会影响个人的吸收能力。而组织吸收能力建立在组织成员的吸收能力上，组织吸收能力便是组织前期相关知识的函数。除了既有已累积的相关知识外，影响组织吸收能力的其他重要因素还有研发投资、教育训练、制造活动和组织对内、对外的沟通机制。产业组织结构对于知识的吸取、转化、利用有显著影响，Welsh，Liao ＆ Stoica(2001)研究发现组织规模对吸收能力有显著影响。Prusak(1998)提出组织的人力资源管理模式(招聘、轮岗、奖励系统)对知识吸收能力有较大影响。

6. 产业知识创新的演化建构

柏拉图早在公元前380年就论述了专业化、分工对增进社会福利的意义，认为市场和货币的基础是分工。Petty(1690)在17世纪末也认识到专业化对生产力进步的意义，指出荷兰人之所以有较高的商业效率，是因为他们使用专用的商船运输不同的货物。斯密(1776)一直认为劳动分工以及由此带来的专业化经济是提高经济效率、节约资源的前提，分工和专业化的发展是经济增长的源泉。李嘉图(1817)采用了不同方法来研究专业化与分工，强调外生比较优势与分工的关系。外生比较优势源自人们做决策之前的天生差异。如在李嘉图的国际贸易理论中，英格兰和葡萄牙的贸易往来被解释为两个国家在生产上的分工，这种分工实际上也可以说是一种能力上的分工。Babbage(1833)指出，由于机械化和标准化的出现，劳动分工使企业的各项功能相互区别并走向专业化进而提高了生产效率，促进了经济增长。他进一步指出，分工可以减少重复学习来提高整个社会的学习能力。Wallker(1874)仔细研究了学校、教堂、杂志中的分工，指出分工对新工具和新技术发明的作用。他认为，分工产生的协调费用是限制分工发展的关键因素。

马歇尔(1920)将职能工作连续分解为新的次级职能单元，不同的次级职能单元产生出一系列不同的专门技能和知识。但是，分工与专业化的增加导致了新的协调问题，因此需要产生全新的内部专门组织来进行各原有的核心的各专业职能的协调与整合。新知识的接受是通过将非公开的和关联的知识转化为正式的关联知识，新知识通过联合化的过程得到积累，在这一过程中，非公开的知识被转化为清楚而明确的知识。马歇尔认为特定工作职能分解成能够逐渐为机器所取代的简单而标准化的工序是分工的要求。这样原先包含知识因素的在本质上相当模糊的复杂职能被转换成为一系列具有清楚和系统知识特征的专门职能。

Young(1928)的迂回生产理论也以劳动分工作为理论基石，用三个概念来描述分工。第一个是每个人的专业化水平，这种专业化水平随每个人活动范围的缩小而提高。第二个是间接生产链条的长度。第三个是此链条上每个环节中的产品种类数。大规模生产的概念忽视了分工和专业化改进生产力的效果。

20世纪50年代，数学家发展了线性规划和非线性规划等方法，为处理分工与专业化问题涉及的角点解提供了有力的武器。80年代，以Rosen、Becker、Yang、Borland和黄有光等为代表的经济学家，用超边际分析的方法，重新将古典经济学中关于分工和专业化的思想变成决策和均衡模型，掀起了一股用现代分析工具复活古典经济学的思潮。他们发现，一旦用超边际分析方法内生个人选择专业化水平的决策，然后来分析市场和价格制度如何决定全社会分工水平，马歇尔新古典经济学的缺点就可以被彻底克服。他们以超边际分析发展出新兴古典经济学,可以将很多发展和贸易现象解释为分工演进的不同侧面,可以解释企业的出现和企业内部组织的均衡意义,可以解释交易费用和制度对分工和生产力演进的意义,还可以解释货币出现、景气循环等宏观现象。

Penrose(1959)对马歇尔的企业内专业化进行了继续深入的研究,集中于描述单个企业的成长过程。企业不仅是一个管理单位,而且是在一个管理框架组织下的生产性资源的集合。每个企业都是不同的,其独特性源自每个企业所拥有的资源及其资源所能产生的服务之间的差异。企业的产品/服务取决于企业所特有的经验、团队工作和目的,这是一个知识和经验创造的过程。因此,特别要重视企业固有的能够逐渐拓展其生产机会的知识积累倾向。尤其是对促进企业积累知识的分析更为深入,主要集中于研究企业新知识促进机制和紧随其后的知识积累机制。

Richardson(1972)首先区分了互替活动和互补活动。那些依存于同一能力的活动称为互替活动,而那些以一定的规模和专业化程度为条件,与其他活动相匹配的叫作互补活动。这些活动由三种基本方式来协调——市场交易、合作和指令。这三种方式替代了企业理论中对企业和市场的两分法,认为存在着一直被人们忽视的第三种组织经济活动的制度形式——组织间协调。在企业的成长上,企业产品市场的不断开拓不仅带来了单个企业纯粹的数量扩张和同质成长,而且导致了企业质的变化。市场的扩张将导致单个企业更多的同质性活动专业化,同时企业更加依赖于市场和组织间的关系协调。他从活动的互补性去分析企业间制度安排的理论基础的同时,企业间协调问题得到了广泛的讨论。人们开始认为在开放系统中,企业为了获得和保有资源,必须与环境交互作用。

Pfeffer & Salancid(1978)进一步发挥了这种思想,认为企业间的市场关系是一种网络结构,企业的战略网络不仅有助于管理竞争的不确定性如资源的相互依赖,也有助于信息沟通和控制收益(Burt,1992)。由于企业是从事生产和服务过程中某种阶段的工作,企业间分工创造了企业相互依赖的网络,因此,企业间活动需要协调,这既不是通过政府计划或企业科层来协调,也不是通过传统市场模型中的价格机制来协调。相反,时间和努力放在能建立交换关系的网络结构上,以便获取所需外部资源,并有效地培育和扩大其产品的市场。

Hakansson & Snehota(1995)提出了影响网络组织结构的基本变量(活动、行为者和资源)和网络的构成关系(企业、关系和网络)。企业关系是多层次的,它们把活动连接在一起,使行为者相结合,并形成资源纽带。这种多层次性既反映在企业内,又是网络的基本特征。关系契约使两个企业的组织结构结合在一起,形成行为者之网,并且,活动结构连接成活动形态,资源搜寻结成整体的资源星座。这些关系由企业自发地创造,形成对相关企业的约束力量,网络形成是一个自组织过程,其演进带有路径依赖特征,因为企业间关系不仅塑造了个别企业的行为,个别企业反过来又对网络的集体行动产生影响,网络组织中的个别企业行为不能逃脱它自己过去发展所创造的网络约束,所以网络既是企业实施战略规划及其调整的工具,同时又是它深陷其中的监牢。网络构成中的企业在某些方面具有选择权,但它又可能在其他方面锁定于现存的网络结构之中。然而,正是这种处于市场与企业边缘之处的网络关系承担了企业家创造性演化的组织功能。

Collin & Larsson(1993)把影响规制结构的三要素(不确定性、交易频率和资产专用性)与资源依赖的观点结合起来,并用特定资源依赖替代资产专用性,提出了命题:第一,在较低的内在化成本和行为者之间的信任程度低的情况下,不确定性、交易频率和特定资源依赖程度越高,这些资源依赖越可能由企业看得见的手所协调;第二,在较低的外在化成本情况下,不确定性、交易频率和特定资源依赖程度越低,这些资源依赖越可能采用市场看不见的手之方式;第三,在较低的召集成本和较高的内在化成本或行为者之间信任程度高的情况下,不确定性、交易频率和特定资源依赖程度越高,资源依赖的协调越可能由企业间网络(握手)来协调。

以知识为基础的企业理论(Grant,1996)认为知识的整合是企业最为核心的能力。Nonaka & Takeuchi(1995)认为组织不断获得新知识的能力是竞争环境下企业的核心能力。Teece & Pisano(1994)认为组织的动态的技术发展与知识改进能力是企业具有竞争能力的关键,而组织学习是一种知识在组织外部和内部交流、互动的过程。因此,能力本身是一种知识,是一种关于如何综合使用知识,如何对知识进行协调与整合的知识,佳能对光学技术知识的综合运用形成了其在这一领域的独特能力。而对于企业来说,核心能力作为最具战略性的要素,是一种对知识进行协调与整合的能力。

企业能力的动态发展从总体上而言是一种知识的不断更新的过程。这种资源整合过程可以体现在经理联合不同的技能和知识背景以创造新的产品与服务的产品开发程序中。Clark & Fujimoto(1991)研究证明,丰田汽车公司使用其卓越的产品开发技能在汽车产业获得了竞争优势。丰田在推出新车型时所进行的协调工作与其他汽车生产企业有着显著不同,这种协调能力上的不同对发展成本、技术领先时间和产品质量有强烈的影响。路风等(2002)对于上海宝钢进入汽车冷轧钢板市场并赢得竞争优势的分析支持了产品开发以及其后的市场运作过程作为一种动态能力的观点。Imai et al.(1985)研究了5个日本企业中的7个产品开发案例,产品涉及著名的富士施乐 FX-3500 型复印机,本田"城市"厢式轿车以及佳能"神枪手"相机。他们按照产品开发的速度和柔性对开发绩效进行了测度,结果表明,跨部门团队对于取得良好绩效起着关键的作用。使用跨部门团队增加了知识的获得范围,有效弥补了设计、制造与市场营销之间的鸿沟。以知识创新的外部联系为例,Allen(1977)的研究显示出电子领域的高新技术企业与其他企业的科学家、政府实验室和大学保持着密切的联系,而Powell(1996)发现生物技术企业通常通过联盟来实现卓越的研发绩效。

Prahalad & Hamel(1990)对 NEC、佳能等日本企业的研究发现,日本企业之所以在"二战"后能够实现高效率低成本扩张的原因在于日本的企业不是以单个"原子企业"的状态活动的,而是很多上下游企业及其他相关企业组成一个个相互依赖的关系网络,实现知识共享。Jarillo(1988)首先提出了战略网络的概念,将战略网络定义为在有独特性但又相互联系的逐利组织之间的长期性、目的性的组织安排,以使在网络内部的组织获得或保持竞争优势,这一定义着重强调了企业网络在战略中的核心地位,并认为战略网络是企业竞争优势的来源所在。Nohria(1992)则认为企业网络是社会网络的重要组成部分,一个企业的网络环境是其他组织的网络,企业的战略制定必须以所在的网络和企业在这个网络中的地位为依据,即网络对企业既是机遇也是约束,企业的行为和绩效受所在的网络限制,但企业对网络的贡献促进了网络的进化,而网络的进化反过来又使企业受益。这种进化的思想可以成为企业能力在网络中得到动态发展的依据之一。Burt(1992)从竞争的社会结构出发,认为企业网络结构是一种社会资本,这种网络关系是企业拥有的资源,不同的网络结构具有不同的报酬率。

当企业面对的是一个陌生、多变且难以预料的网络时,它一般不会将大量的知识向该网络中转移。产业知识网络构建可以采取多种方式,从松散的知识联盟到设立参股合资企业、控股合资企业甚至是实行内部一体化,其所有权控制不断加强。对知识网络构建方式的错误调整通常会增加企业经营中的不确定性,同时减少从这些能力的利用中获得的收益。采取内部一体化和设立控股合资企业的构建模式可以更好地保护企业的默会知识、战略资源与核心能力,在确保不泄露给合作者和东道国企业的前提下,使企业的知识得到最好的转移,同时提高企业在新的市场上从知识转移中获得的收益。在高控制的构建模式中,选择内部一体化的形式还是选择控股合资企业的方式取决于组织对对方知识的需要程度。企业在网络中获取知识的特殊性在于需要区分三类相关的问题:首先,企业的独特知识必然与某类知识相联系,这要求企业考虑如何构建知识网络以获得互补性的知识;其次,网络具有更大的内外部的复杂性,企业必须学习如何控制知识网络;最后,也是最重要的一点,企业知识网络不仅是使用知识的工具,同时也是能够产生知识的组织,知识的创新需要不同知识之间的交流与沟通、需要不同知识之间的相互补充与整合,通过合作,组织间形成网络知识(Nonaka & Takeuchi,1995),这种网络知识对参与各方而言都是新知识,这样一来,知识的创新过程就在企业合作中得以实现。网络中的知识转化不仅与企业的知识基础和以往的经验有关,也涉及企业之间知识的相似程度,这是因为新的知识有可能与企业原有的惯例之间存在冲突。知识和能力在网络各节点之间的有效传递和学习,是企业能力发展的重要一环,也是动态环境中企业维持和增强竞争优势的有效途径。如果核心企业与网络节点可以开展上述连续的几个过程的活动,并形成良性循环,则可以在整个网络内部实现知识和能力的创建与共享,继而获得不断学习的效果并创造出新的竞争优势。如何通过网络将每个网络节点所获得或创建的新知识和新能力,在网络范围内实现有效的转移与整合,从而实现网络整体能力的动态提升,这是基于企业知识创新网络的能力动态发展的真正意义所在。

创新能力是组织创新过程的反映,是组织为适应甚至创造市场变化而获取、整合、重新构建资源过程的反映。从创新过程来看,创新过程可分解为机会识别、决策和资源配置三个过程,相应的,创新能力可以分解为机会识别能力、决策能力和资源配置能力,这三个子能力是一个综合概念,其本质是组织环境、组织结构和个体相互作用过程的外在体现,从广义的资本角度看,创新能力是知识与技术资本,以及为知识与技术创造与应用服务的人力资本(管理者、技术专家)、金融资本、结构资本和制度资本的有机融合过程的反映。在这个基础上,产业知识创新能力是产业知识网络主体、网络结构和网络环境相互作用实现创新过程中所表现出来的发现机会、抓住机会(决策或选择)、配置资源的能力。由此来看,产业知识创新能力的微观基础是网络主体、网络结构、网络环境以及它们之间的相互作用,而网络的构成要素恰恰也是网络主体、结构、环境。组织间的双边合作关系,是产业知识创新网络架构的基本组成部分。创新网络结构实际上是微观关系在宏观层面的综合体现。产业知识创新网络的形成过程是在初始网络的基础上加点、加边或重连,形成新的网络。加点是创新网络中出现新的结点并且加上该结点与网络上其他若干结点的连接;加边指网络中已有结点间形成新的连接;重连即某一结点断开已有连接而建立新的连接。加点或加边反映了网络规模、网络密度以及网络资源的增加,重连则是对网络的优化。

1) 模型假设

自从 Barabasi et al. (1985)提出了第一个无标度网络模型以来,复杂网络建模受到了很多学科广泛的关注。到目前为止,复杂网络建模主要聚焦于非权重网络,即结点之间或者有连接边或者没有。但是,越来越多的实证研究表明真实网络中的连接关系远比单纯的拓扑网络复杂。在真实网络中,结点和结点之间的联系存在着异质性,对于产业集群创新网络而言,结点的特性(声誉、位置、资源稀缺性和数量等)是不相同的,结点间的联系强度也是不同的,因此,若采用无权网络描述产业集群创新网络将丢失点、连接边的重要信息。相反,权重网络表示方法可以更好地描述产业集群创新网络的拓扑形成与变化。基于此,提出第 1 个假设:

假设 1:产业集群创新网络是一个无向权重网络。边权 w_{ij} 表示点与点间的联系强度。结点间没有连接,则 $w_{ij}=0$,w_{ij} 在航空网络中表示两点间的客运量,在互联网络中表示两结点间数据流量,在产业集群创新网络中表示结点的耦合强度(包括资源共享、合作研发、交流频度等)。很容易得到结点 i 的点权

$$n_i = \sum_{j \in \Gamma(i)} w_{ij}$$

$\Gamma(i)$ 表示结点 i 的近邻。

创新网络的形成有赖于两个方面:一是新结点的增加并与网络内已有成员发生联系;二是网络内部现有结点之间的连接。但也应考虑结点的退出和内部网络结点间关系的重连,这样,才是创新网络形成的真实反映。基于此,提出假设 2。

假设 2:加点、加边是创新网络形成的直接动力,结点退出、重连是创新网络内部优化。新结点进入网络的概率为 q,它是关于整个创新网络吸引力 A 的函数,即

$$q = f(A)$$

重连的概率为 r。

产业集群创新网络的形成需要具备一些条件,正如上面分析的,结点间关系的建立主要是相互的资源需求,也就是说要求实体之间存在互补性资源,当然,也需要具备相互信任等条件,但为了简化问题,主要考虑互补性资源对关系建立的影响。基于此,提出假设 3。

假设 3:网络关系建立的条件是网络主体间存在互补性资源,拥有资源数量越多、越稀缺,其被连接的概率越大。企业所拥有的资源包括结点的声誉、网络中的位置优势、知识、资金等资源,企业的资源并不是固定的,而是随时间变化的。结点 i 的吸引力是 A_i 关于结

点 i 所拥有资源的函数。

结点度分布是刻画网络统计性质最重要的物理量之一,度分布 $P(k)$ 表示度为 k 的结点出现的概率。对实证数据的统计表明,具有胖尾(heavy-tailed)特征的度分布是普遍存在的,并且在很多实际网络中,这种分布可以近似为幂律分布, $P(k) \sim k^{-\gamma}$,其中 $2 \leqslant \gamma \leqslant 3$ 。如果一个网络具有幂律的度分布,那么这个网络就被称为无标度网络(scale-free network)。权重的统计特性可以用点权和边权的分布 $P(n)$ 和 $P(w)$ 来刻画,它们分别表示结点具有点权 n 或一条边具有边权 w 的概率。很多实证数据表明,真实权重网络具有胖尾的点权和边权分布。值得注意的是,点权和度之间存在一种非线性的关系,即 $n \sim k^{\varphi}$,其中 $\varphi > 1$ 。这说明权重网络中存在一种"富者越富"(rich gets richer)的现象。度大的结点通常具有更大的权重。常见的权重网络模型认为是新结点的加入导致了网络的增长和演化,通过随机赋予结点权重描述网络的形成过程,本书认为集群创新网络的增长不仅包括新结点与旧结点的关系连接,也包括旧结点之间的关系连接。最合理和简单的表达这种结点之间相互作用加强的方法是边两端结点点权的乘积,即结点 i 点和结点 j 之间的作用强度正比于它们的乘积 $n_i n_j$ 。

BA 模型(无标度网络)中每一时间步,一个新的结点 θ 和 m 条连接边按照优先连接机制加入到已有的网络中,优先连接的概率正比于结点 i 的度 k_i 。这种优先连接其实可以被表示成:

$$\prod_{\theta \to i}^{BA} = \frac{k_i}{\sum_j k_j} = \frac{k_\theta k_i}{\sum_j k_\theta k_j} \tag{2.1}$$

这样,基于结点的权重偏好连接概率为:

$$\prod_{\theta \to i} = \frac{n_i}{\sum_j n_j} = \frac{n_\theta n_i}{\sum_j n_\theta n_j} \tag{2.2}$$

结点之间连接是相互选择、相互吸引的结果。因此,当且仅当两个互相没有连接的结点互相选择了对方,它们之间才建立新的连接。连接受点权和吸引力 A 的约束。因此,提出假设 4。

假设 4:网络中每一个结点 i 同时选择 m 个已经存在的结点作为可能建立连接的概率为:

$$\prod_{i \to j} = \frac{n_j + A_j}{\sum_{k \neq i}(n_k + A_k)} = \frac{(n_i + A_i)(n_j + A_j)}{\sum_{k \neq i}(n_i + A_i)(n_k + A_k)} \tag{2.3}$$

$k \neq i$ 表示结点不能选择自己。

2) 产业知识创新网络形成的过程

第一,加边。网络增加 m 条边的概率为 p 。随机选择一个结点 j 作为边的起点,则边权 $w_{ij}(t)$ 发生的变化为:

$$\begin{aligned}\frac{dw_{ij}}{dt} &= pm \frac{n_i + A_i}{\sum_{k \neq j}(n_k + A_k)} m \frac{n_j + A_j}{\sum_{k \neq i}(n_k + A_k)} \\ &= pm^2 \frac{(n_i + A_i)(n_j + A_j)}{\sum_{k \neq j}(n_k + A_k)\sum_{k \neq i}(n_k + A_k)}\end{aligned} \tag{2.4}$$

第二，重连。网络重连的概率为 r，则边权 $w_{ij}(t)$ 发生的变化为：

$$\frac{\mathrm{d}w_{ij}}{\mathrm{d}t} = -rm\frac{1}{n_0} + rm\frac{n_i+A_i}{\sum_{k\neq j}(n_k+A_k)}m\frac{n_j+A_j}{\sum_{k\neq i}(n_k+A_k)}$$

$$= -rm\frac{1}{n_0} + rm^2\frac{(n_i+A_i)(n_j+A_j)}{\sum_{k\neq j}(n_k+A_k)\sum_{k\neq i}(n_k+A_k)} \tag{2.5}$$

第三，加点。新增一个结点并与 m 个结点相连的概率为 q，则边权 $w_{ij}(t)$ 发生的变化为：

$$\frac{\mathrm{d}w_{ij}}{\mathrm{d}t} = qm\frac{n_i+A_i}{\sum_{k\neq j}(n_k+A_k)}m\frac{n_j+A_j}{\sum_{k\neq i}(n_k+A_k)}$$

$$= qm^2\frac{(n_i+A_i)(n_j+A_j)}{\sum_{k\neq j}(n_k+A_k)\sum_{k\neq i}(n_k+A_k)} \tag{2.6}$$

模型的演化时间由加入网络中的结点数量来衡量，即 $t=N-n_0$，并且自然的时间标度是网络的规模 N，采用连续近似，我们将 w,k,n 和时间 t 处理成连续变量。则

$$\frac{\mathrm{d}w_{ij}}{\mathrm{d}t} = -rm\frac{1}{n_0} + (p+q+r)m^2\frac{(n_i+A_i)(n_j+A_j)}{\sum_{k\neq j}(n_k+A_k)\sum_{k\neq i}(n_k+A_k)} \tag{2.7}$$

因此，结点 i 的点权 $n_i(t)$ 变化为：

$$\frac{\mathrm{d}n_i}{\mathrm{d}t} = \sum_j\frac{\mathrm{d}w_{ij}}{\mathrm{d}t} \approx -rm^2\frac{1}{n_0} + (p+q+r)\frac{m^2(n_i+A_i)}{\sum_j(n_j+A_j)} \tag{2.8}$$

由

$$\sum_j(n_j+A_j) = \sum_j n_j + At = \int_0^t\frac{\mathrm{d}\sum_i n_i}{\mathrm{d}t}\mathrm{d}t + \sum_i n_i(0) + At$$

$$= (m^2+A)t + \sum_j n_j(0)$$

可以得到：

$$\frac{\mathrm{d}n_i}{\mathrm{d}t} \approx -rm^2\frac{1}{n_0} + (p+q+r)\frac{m^2(n_i+A_i)}{(m^2+A)t+\sum_j n_j(0)} \tag{2.9}$$

如果考虑时间足够大，初始网络的点权和可以忽略。则上式可以简化为：

$$\frac{\mathrm{d}n_i}{\mathrm{d}t} \approx -rm^2\frac{1}{n_0} + (p+q+r)\frac{m^2(n_i+A_i)}{(m^2+A)t} \tag{2.10}$$

将该方程积分，并代入初始条件 $n_i(t=t_i)=n$，则可以得到：

$$n_i(t) = \alpha t + \delta\ln(t) + n\left(\frac{t}{t_i}\right)^\beta \tag{2.11}$$

其中 $\alpha=-rm^2\frac{1}{n_0}$，$\delta=(p+q+r)\frac{m^2A_i}{m^2+A}$，$\beta=(p+q+r)\frac{m^2}{m^2+A}$

当 $t \rightarrow \infty$，式(2.11)可以转化为：

$$n_i(t) = n \left(\frac{t}{t_i} \right)^{\beta} \tag{2.12}$$

可以看出，$n_i(t)$ 与 t 之间的关系为 $n_i(t) \sim t^{\beta}$，这表明点权从幂律分布 $P(n) \sim n^{-\gamma}$，并且幂律指数为

$$\gamma = 1 + \frac{1}{\beta} = 1 + \frac{1}{p+q+r} + \frac{A}{(p+q+r)m^2}$$

同样，可以近似得到边权的幂律 $P(w) \sim w^{-\eta}$，其中幂律指数

$$\eta = 1 + \frac{1}{p+q+r} + \frac{A}{(p+q+r)m^2}$$

点权重 n_i 与度 k_i 之间存在着非线性幂律关系 $n \sim k^{\varphi}$，因此，可以得到：

$$\int_0^{\infty} P(k)\mathrm{d}k = \int_0^{\infty} P(n)\mathrm{d}n \tag{2.13}$$

很容易计算出

$$P(k) = P(n)\frac{\mathrm{d}n}{\mathrm{d}k} = n^{-\gamma}\varphi k^{\varphi-1} = \varphi k^{-[\varphi(\gamma-1)+1]} \tag{2.14}$$

则度的幂律分布 $P(k) \sim k^{-\sigma}$，显然 $\sigma = \varphi(\gamma-1)+1$，即

$$\sigma = 1 + \varphi\left[\frac{1}{p+q+r} + \frac{A}{(p+q+r)m^2} \right]$$

这些结果表明产业集群创新网络具有无标度特性。

3) 模型讨论

第一，当加边概率 P 比较大的时候(如 $P > 0.5$)，对于创新网络而言，也就是知识网络内部交互频繁，在不考虑新结点进入网络的情况(或者新结点出现的概率非常小)，即网络是一个近似完全封闭的网络，在产业知识网络内维持一个关系和建立新关系的成本很低。因此，结点一般是在不断开连接的情况下，增加新的联系，这样，随着时间 t 的变化，网络必然趋向无向完全图。与交通网络不同，网络连接是基于资源互补的，如果结点资源或能力无法不断创造吸引力时，网络结点趋于同质(尤其是知识)，这样，结点的联系以及耦合强度又开始逐步减少，产业知识创新网络最终成为众多的子图。$n_i(t)$ 是关于整个网络吸引力 A 的递减函数，也就是说，A 越大，新结点进入的越多，结点的关系投资分散而使相应的结点间的耦合强度减弱。因此，要保持创新网络的连通、相互耦合强度，可以一方面保持结点自身吸引力不断提升，另一方面保持网络的开放性，吸引新的结点进入网络。

第二，网络的连接总是存在着沉没成本，尤其是在产业知识内部，网络重连的概率很小。重连总体上对网络的总度(密度)没有影响，但是重连对产业知识内部网络结构的影响很大，它是网络结构优化的过程。如果网络是高度非均一性的，联系向高吸引力(A_i)的结点

（集散结点）集中，最终导致创新网络结构的高中心性、小集团化或小世界特性（高的集群系数和短的平均距离）。这类集中，使网络的抗攻击能力减弱，一旦少数集散结点（如龙头企业）功能衰退或者退出网络，创新网络会受到严重破坏，效率大大减弱，甚至是网络的溃散。如果重连概率很高，很可能导致网络的不稳定，也可能使内部网络不再连通而导致知识流动难以进行，以致产业知识创新能力逐渐减弱。

第三，如果新增结点概率 q 偏大，表示网络中的产业知识内部主体更注重外部联系而较少关注产业内的信息与知识交流，可能降低创新网络的根植性，产业将难以形成自主创新能力而处于依附地位，从而威胁到产业的长期发展。这样，p 过大会导致网络的封闭性，q 过大可能会造成根植性降低，因此，在内部联系和外部联系之间需要一个平衡。在产业知识创新网络发展的初期，外部联系可能更重要，需要不断吸引新结点加入网络，在发展过程中更应注重内部联系，在成熟阶段，内部老化的知识需要增强同外部的联系进行更新。不论哪一个阶段，网络的开放性和内聚性都是必需的，产业知识创新能力的增长很大程度上也依赖于网络的开放性和内聚性，开放性强调的是新知识、新资源的流入，内聚性强调的是内部知识共享和流动。

第四，连边数量 m 越大，网络的聚集系数越高，即网络密度越高，但是结点间的相互作用强度降低。在网络初期阶段，m 较高，网络内聚性较小，而在网络发展阶段，m 较小，网络内结点间的联系强度增强，在成熟阶段，m 逐渐增大，内部联系减弱。

第五，创新网络在形成过程中，随着时间的推移，产业知识创新网络结构呈现出密度、中心性和对等性同步增强的性质。

2.7　小结

本章对国内外知识创新的相关文献进行了梳理和评述，特别是对现有研究中的不足之处进行了分析，进一步明确了本研究的理论和实践意义。

首先，由于现有的知识创新理论大都是通过理论推演或实例归纳得出的，很多论断未在实践中进行检验。

其次，企业内部拥有多种不同类型的知识，不同类型的知识在特性、获取、共享和创造方式等方面应有所差异，而以往的研究对于不同类型知识在创新差异的研究尚不够深入。本研究试图对各类知识的知识创新过程及其影响因素进行分析比较。

再次，产业知识创新受到产业所处环境的文化、制度、知识存量等因素的影响，不同产业知识创新的研究成果对提高一般企业的知识创新有一定的借鉴意义。

第3章

产业知识创新的结构研究:策略、作业和环境的相互关系

Nonaka & Takeuchi(1995)以企业或组织层次讨论其知识创新问题,后续在此基础上进行(Zack,2001),甚至将其上升至国家层次(Niefer,1990;Gardener,1990;Nil,1988)。上述讨论似跳过产业层次,按照 Porter(1990)的产业竞争力观点,一国只有共强的产业,而没有独强的企业(Niefer,1990)。企业活动可区分为策略性、作业性两类,其作法、效果和所需资源均有不同。知识管理文献虽多,但策略观点(strategic perspectives)、作业观点(operational perspectives)研究较少,这对知识创新研究将产生局限性。一般策略理论将策略与作业的关系解释为策略主导企业的主要方向,并决定作业的资源配置、运用与方式。Bierly & Chakrabarti(1996)曾将知识管理策略定义为主管为其组织学习所进行的塑造、引导工作,以决定组织知识的基础。Miles et al.(1998)在描述目前知识管理的障碍时,将这些障碍区分为策略性和作业性障碍,可见知识策略与作业确实值得探讨。除探讨产业层次的知识创新之外,同时尝试以 SCP 来探讨影响产业知识创新的环境因素,以及产业层次的知识环境与知识作业如何影响产业层次的知识创新,探讨产业知识创新所产生的绩效成果。

为了能系统探讨产业知识创新,尝试对产业层次的知识活动进行分类,根据此分类整合文献,以整理产业知识创新理论。依据策略和作业观点的知识管理在作法、重点上的不同,尝试分别从策略与作业探讨产业知识创新,并探讨产业知识策略与产业知识作业两者间的关系。尝试根据 SCP 分析,探讨产业知识创新的决定性因素,同时研究产业知识环境对产业知识创新的影响,探讨产业知识创新对产业知识绩效的效果。依据产业生命周期(萌芽期产业、成长期产业、成熟期产业、衰退期产业)、产业类别和组织规模,使其不会产生偏向某一领域的盲点。了解不同产业在不同阶段下,应如何搭配其知识创新,有助于提升、增进或延续其竞争优势。

3.1 相关文献回顾

3.1.1 影响知识创新的环境因素

环境—策略—作业在策略管理领域扮演主导地位,其中环境探讨较多。Drucker(1986)探讨组织创新时指出创新来源,其中包括市场顾客及产业结构的改变、科学及非科学上新

知识的产生,及法律上保护状态的改变。前述因素皆属于产业的环境因素。表 3-1 将知识与创新管理相关文献中与环境相关的因素予以罗列,可将之归为竞争、顾客、法律与科技等四类。

表 3-1　影响知识管理的环境因素

文献	影响知识管理的环境因素	竞争	顾客	法律	科技
Utterback(1971)	市场竞争	＊			
Rothwell & Zegveld (1981)	科技、市场、政策法规、知识基础及人力资源等九项	＊	＊	＊	＊
Porter(1985)	竞争、科技、顾客、法律、组织	＊	＊	＊	＊
Drucker(1986)	内部因素、外部因素	＊	＊	＊	＊
Betz (1993)	技术生命周期				＊
Kotler (1994)	技术生命周期				＊
Leonard-Barton(1995)	员工技能水平				＊
Sanche(1997)	环保法规			＊	

根据表 3-1 所示,首先探讨竞争环境对知识与创新管理的影响,多半强调在生命周期缩短、知识普及及全球化压力下,市场竞争力促使企业从事知识与创新活动,包括 Utterback(1971)直接探讨市场竞争对创新效果的影响;Rothwell & Zegveld(1981)与 Drucker(1986)从广义的市场竞争、模仿与跟随行动、典范追随等切入创新管理;Porter (1985,1990)以竞争观点探讨策略,其对市场竞争与创新活动的联系,描述尤为深入。

Porter(1990)在探讨产业竞争力时,以日本企业为例,认为其在 20 世纪 80 年代具有竞争力的重要因素,系日本民族挑剔、需求复杂、喜新厌旧的结果,此结果也反映在其钻石模式的需求因素中。Drucker(1986)在介绍创新管理时,从其一贯的顾客导向着手,包括顾客偏好改变、国际市场偏好变化等。法律因素对知识活动确有影响,早期由于研发、知识活动多需政府支持,因此多半由政府补贴、策略引导、市场法律、法律干预与不平等政策等议题切入(Rothwell & Zegveld,1981;Porter,1990)。近年讨论重点逐渐移向特定法律,包括环保(Sanche,1997)、知识产权等。近来讨论互联网、生物医药等法规,可见法律因素确是知识活动决定性因素之一。

科技因素对知识活动影响的文献,有单纯探讨科技水准(Rothwell & Zegveld,1981; Porter,1990;Leonard-Barton,1995)的,也有讨论技术生命周期的(Betz,1993;Kotler, 1994)。生产技术、员工技能水准、人力资源素质、知识基础等(Rothwell & Zegveld,1981)亦属相关。

综上,将影响知识活动的环境因素,依竞争、顾客、法律与科技等四类予以定义。为方便衡量,将该四类分别以市场竞争意谓市场竞争压力促使企业从事知识与创新活动,顾客压力意谓知识与创新活动最终仍需接受顾客考验,法律不公意谓法律因素对知识活动有其影响,科技普及意谓科技因素对知识活动有影响等四项为基础及命名。

3.1.2　产业知识创新:策略

1. 产业知识创新策略属性的发展

Quintas et al. (1997)的策略前提:

1) 必须拥有的知识内容是什么?

——知识的本体为默会或明晰?

——深化本业知识或整合不同领域知识?

——以市场顾客需求为导向的知识,或是企业专业、擅长的知识?

2) 应如何取得知识资产?

——由产业内本身创造知识,或由产业外部取得知识?

——必须立即取得知识或容许较长的取得时期?

——由特定人士、部门取得知识,或由产业全体共同介入知识活动?

3) 应如何扩散、积蓄知识,并将这些知识变为组织例行性活动?

——由特定人士、部门扩散、积蓄知识,或由产业全体共同介入知识活动?

——产业应以何种程度的资源投入知识活动,以达到扩散、积蓄知识的目的?

4) 如何不断更新并创造具有优势的知识资产?

——产业所面对的知识环境是否稳定? 稳定程度又如何决定其知识创新程度?

——所获得的知识是长期有效或很快即将遭淘汰?

——产业应以何种程度的资源投入知识活动,以达到持续性竞争优势?

Zack(1999)的策略前提:

1) 组成知识资产的成分是什么?

——知识的本体为默会或明晰?

——深化本业知识或整合不同领域的知识?

——产业应以何种程度的知识资源投入知识活动?

2) 如何建构并维持知识资产?

——知识资产应如何明晰化,成文化? 其明晰化程度又应如何?

——由特定人士、部门建构与维持知识资产,或由产业全体共同介入知识资产与活动?

——产业应以何种程度的资源投入知识活动,以达到建构与维持知识的目的?

3) 知识资产与持续性竞争优势是否相关?

——所获得的知识是长期持续有效,或很快即将遭淘汰?

——企业应以何种程度的资源投入知识活动,以达到知识上的持续性竞争优势?

文献对知识策略属性探讨相当少。其中,Quintas et al. (1997)及 Zack(1999)在论及知识策略的文献中,各提出制定知识策略前应思考的管理前提若干。通过思考上述问题,可协助寻求知识策略属性,将产业知识创新的策略属性定义为协助产业发展知识管理策略前所进行的思考问题,据以发展成策略方向。根据 Quintas et al. (1997)的前提"必须拥有的知识内容"为例,思考知识内容时,必须考虑所需知识的默会或明晰特性、对于知识应予深化或整合，以及知识应属市场导向或本身专业导向等问题。将知识策略整理为 10 项属性，包括知识来源应为外部引入或内部创造得来；组织取得知识时对延宕时间的容许程度；组织所取得的知识长期有效，或仅求短期可用；组织强调深化某特定领域知识，或广泛整合诸多领域知识；由特定人士来从事知识活动，或由员工集体从事；产业所面对知识环境的稳定性（及其影响）；产业所需知识是以满足市场需求为目标，或着眼企业本身的专业；从事知识活动时预期拥有的知识基础；从事知识活动时所设定的知识资源投入程度；产业内企业所需知识的成文化、明晰程度。

2. 产业知识创新的策略属性

1）外引或内造知识导向

外引或内造知识导向指产业自行研发、创造、衍生知识，或自外部引入知识的倾向。不少企业强调自行研发，倾向不愿或不能跟随他人；大多则以跟随、学习为主。此为最主要的知识策略属性之一，往往影响知识作业，而文献提及者亦多（Leonard-Barton，1995；Nonaka & Takeuchi，1995；Bierly & Chakrabarti，1996；Krogh，1998）。

决定产业采用外引或自创知识的因素颇多，受到企业资源多少、知识需求急迫性、知识可运用期间长短等影响。Nonaka & Takeuchi（1995）曾指出，过于激烈的竞争和很快便普及的科技，是扼杀知识创造（内造知识）的大敌，因为其高度的时间压力将使企业倾向自外部快速引入。Leonard-Barton（1995）指出自创知识活动须发生在竞争较不激烈的环境下。此外，Nonaka & Takeuchi（1995）探讨知识环境的波动性时指出，若干产业或市场因受到特定法律的保护，导致未获保护的企业自创知识意愿较低，不如自外部购买或合作引进知识。可见企业自创知识亦与法律环境相关，如改革开放中的"市场换技术"政策。

假设 1a：产业内企业自行创造知识的倾向，与产业竞争程度、科技普及度及法律不公程度呈负相关。

2）知识容忍期间（知识可延宕期间）长短

知识容忍期间长短指产业愿意忍耐知识延宕、能长期投入并等待新知识形成，或急于需要此知识而无法容忍知识延宕的程度。任何企业当然期望所需的知识能在短期间内取得，但常受制于资金、取得来源、法规、自身吸收能力、市场竞争和缓与法律等因素，以及市场上缺乏知识模范，造成知识普及度不佳等因素，导致取得时间过长，而有知识延宕的情形（Bierly & Chakrabarti，1996；Zack，1999）。

一般而言，容忍期间较长者，通常其面临的市场竞争较不激烈、科技普及性低、厂商拥有的知识性资源较多而有能力自行研发（Bierly & Chakrabarti，1996）、企业对知识时效的态度（Zack，1999）、产品或工艺生命周期较长，或受到若干普遍环境因素导致不得不忍受知识延宕，包括取得来源以及特定知识受法规保护而无法取得（Leonard-Barton，1995）。

假设 1b：产业内企业容忍其知识延宕期间的长度，与其竞争程度、顾客压力及科技普及度呈负相关，而与法律不公程度呈正相关。

3）知识有效期间

知识有效期间指企业对其（欲）拥有的知识预期将长期有效，或其仅供短期运用。此属性和前述容忍期间同属时间方面,但容忍期间属于外控因素,而有效期间则属内控。一般而言,两者可能呈正相关,但却并非必然,其含义亦有不同。后者是指知识开发完成后的可用期,前者则指其开发前的取得时间。实际上,有些知识能沿用几千年,有些则是一时流行而迅速过时。

决定知识有效期限的变量相当多。Nonaka & Takeuchi(1995)曾举 Kao 公司的表面科学技术,主张企业进行知识工作时应有知识核心的概念,即知识不要只能单一用途,应尽量将之广泛应用在各类产品、领域和部门上。这其实为一种让知识有效期限延长的方式,让知识产生群聚效果。Teece(1998)所提的知识可重置性与 Bierly & Chakrabarti(1996)所定义的技术生命周期亦有接近之意,两文亦将市场状况因素纳入生命周期中。其指出知识有效期间深受竞争所影响,竞争激烈、新产品迅速更替的产业,其时效自然较短。文献倾向于科技普及度和市场竞争激烈程度对知识期限具有影响。知识有效期间将影响组织制定其知识策略时,对其知识性资源的投入程度、动员参与知识活动人数等。

假设 1c:产业知识的有效期限与市场竞争程度及科技普及度呈负相关。

4) 深化－整合程度

企业对其知识发展方向的思考,大致可区分为整合及深化等两方面。Hedlund(1994)将厂企业对知识努力程度以 T 型策略来进行思考。其中 T 字的横划与纵划分别意指深化策略与整合策略。Hansen & von Oetinger(2001)甚至深入探讨 T 型知识管理,并预测其可能成为下一代知识管理的重点。深化策略指产业内企业倾向专注、深化于其本身擅长的知识,而不轻易转移其知识核心,即纵向的知识发展。整合策略则指产业内企业有能力将其与本业相关及不相关的知识予以整合成益于组织本身运用的新知识,即横向的知识发展。关于深化－整合属性的文献较多,角度不一。有从知识思考广－深度切入者(Leonard & Spensiper,1998);有从组织合作频次探讨者;有以知识活动幅度大小为焦点者(Bierly & Chakrabarti,1996)。说明深化－整合策略对组织影响的文献亦多。Hedlund(1994)主张深化策略与整合策略所需的组织知识能力并不相同。既有知识程度较高、知识本体较不易广泛运用、可商品化程度或产品线加宽的可行性较低、企业多角化程度及其多角化的相关度较低者,较适合深入策略。而横向发展的企业则倾向相反。

关于整合－深化程度的决定,文献均特别强调科技普及性的重要。Teece(1998)与 Leonard & Spensiper(1998)均曾从科技普及度观点讨论整合与深化程度的抉择。指出当企业知识深度不足,但知识在产业中业已快速普及状况下,由于知识深化有其困难及时间压力,企业将被迫增加整合程度。Leonard & Spensiper(1998)的创新隧道模式中提及尤多。Zack(1999)在知识策略的知识可组合程度中指出,成熟、普的知识体较易于进行知识组合。就实际而言,近年来似乎较倾向整合的知识策略。

假设 1d:企业知识横向整合的程度与科技普及度呈正相关。

5) 知识活动的集体或个别特性

知识活动的集体或个别特性指产业内企业参与知识性活动成员人数、单位数或涉入功能单位数目。简言之,即为企业倾向由特定、专门人员进行知识活动,或由众多员工、单位集体、跨单位进行之。文献所提相关分类包括一般与特有知识(Sarvery,1999；Zack,1999)，独有与公共知识(Teece,1998)，机密与公开知识(Teece,1998)等。实际上若干产业(尤其高科技产业)倾向精英知识活动，大多知识活动系由极少数研发部门员工承担，一般员工几乎不涉及(Sarvery,1999)。相反的，若干企业则全员参与，从价值链上游至下游，全体全程介入。集体性高者通常机密与专业性低，组织成员普遍知识基础佳，市场与顾客介入知识活动的比重高。学者似乎都偏向集体性知识活动(Senge,1990；Nonaka & Takeuchi,1995；O'Connor,1998)。

关于集体—个别特性的环境因素，所论者甚多。一般多认为与知识、科技普及性相关。Sarvery(1999)提出知识本体普及度高时，应将知识视为一般知识，由多数成员共负知识活动责任。Noanaka & Takeuchi(1995)指出，当进行外部化及结合化时，由于知识普及度已高，可以较高的集体性来从事知识活动。Teece(1998)对知识体进行分类时，其中的独有—公共知识及机密—公开知识均视知识的普及性决定。除科技普及度外，O'Connor(1998)将顾客参与纳入知识活动中，并说明顾客需求的变化促使知识活动必须纳入更多单位、更多层次范围的员工共同进行，以免因纯粹研发人员不熟悉市场状况而有所偏误。探讨跨组织合作知识网络，发现合作网络关系中存有竞争性，激烈的竞争亦使组织必须广纳较多领域人员。

假设1e：产业知识活动的集体性与科技普及度、顾客压力及市场竞争度呈正相关。

6) 知识环境的稳定性

Nonaka & Takeuchi(1995)的知识环境稳定性指知识性活动系处于稳定不变，或是极度波动情境。Nonaka & Takeuchi(1995)与 Tushman & O'Reilly(1997)均提及环境波动性相关论述。知识环境的稳定/波动性本非单一组织、单一产业所能主宰或期望，多半受制于环境作调整，不过其确为制定知识策略时的重要考虑。知识环境的稳定性绝对影响其知识活动，例如长年处波动情境下的组织，其产业较倾向短期间投入，并需要立即可用的知识体。环境稳定性并非知识管理的专门考虑，在营销、策略管理领域探讨均多。强调企业应有习于更新的环境，甚至主张应尝试营造此等环境(Nonaka & Takeuchi,1995)。

文献对于影响知识环境稳定度的探讨，与顾客需求变化、市场竞争程度、科技水平及政府对法律的策略性保护有关。环境波动性系知识创造五项条件之一，有广泛探讨(Nonaka & Takeuchi,1995)。其列举顾客挑剔、市场上知识普及以及同业间科技的竞争，都影响环境波动性。

假设1f：产业知识环境的稳定程度，与市场竞争度、顾客压力、法律不公呈负相关，与科技普及度呈正相关。

7) 市场—生产者导向

市场—生产者导向指企业进行知识活动时，系以市场顾客、渠道需求为知识焦点，或是不在意市场状况，纯以自己专注的知识核心为焦点，包括 Willamson(1975)分类法、O'Connor(1998)科技/顾客分类法等。例如在医药科技/市场中，一般病人期望医药有效且效果快，但医药知识工作者关心的却常是安全性、副作用等因素。倘若医药知识工作者全然因循市场需要，未必真的是顾客导向。此外，当市场上对知识了解程度远低于本组织时，采用生产者导向可能更合适。市场—生产者导向在营销领域探讨颇多，结果发现其导向与竞争状况、市场结构、市场与企业知识落差等有关（Sarvary，1998；O'Connor，1998），在知识管理领域亦同。由此可知，知识活动的市场/企业导向，主要决定于企业、竞争者与顾客间在知识的（不）对称性。

假设 1g：产业内企业进行知识活动时的生产者导向，与竞争程度、顾客压力及科技普及度呈负相关。

8）知识基础程度

知识基础程度指企业本身所拥有的知识资源累积量、资源投入、知识涉及的深广度等。知识基础根本性决定知识活动，属于策略面中较客观的因素。举凡外引或内造、资源投入量、组织对知识活动承诺等，均与知识基础相关。常见的知识基础包括科技人员素质（Peters & Fusfeld，1982）、吸收与知识文件化能力、知识专精度等。知识基础程度影响产业对知识活动长短期、内创或外引、知识活动集体度等。在科技与知识管理及许多探讨企业资源的论述中，知识基础均获相当的研究成果。

决定知识基础程度的因素主要系科技普及和法律公平度。一般而论，由于普及的知识体经流动与吸收（Peters & Fusfeld，1982），建构知识基础建设较容易，且成员对知识已有基础，组织投入研发资源的意愿较高，产业内企业的知识基础通常较佳。不过，法律公平性对知识基础有所影响。受法律特定保护的组织，较易因垄断知识/科技所有权，而愿意持续拥有较佳的知识基础；反之则基础偏弱（Duncan，1998）。

假设 1h：知识基础程度与科技普及度呈正相关，与法律不公呈负相关。

9）资源投入程度

资源投入程度指产业进行知识活动时愿意以及能够投入知识资源于知识活动上的程度。考虑 R&D 费用，我国产业比例向来低于欧美国家，知识资源投入属低度。文献论及包括有知识相关设备（Peters & Fusfeld，1982）、信息与知识基础建设（Duncan，1995）、给员工充分的资源（Nonaka & Takeuchi，1995）及知识互补性，可看出与一般讨论知识资源有所不同。

决定知识性资源投入的因素颇多，与产业企业规模、经营历程、前期经营成果累积、知识急迫性等相关。资源投入在许多管理领域中探讨已多，在知识管理学领域亦应受到重视。至于决定知识资源投入的决定因素，Peters & Fusfeld（1982）指出当科技普及度已高，且来自顾客压力大时，组织常被迫投入知识资源。当知识普及性及可应用性高时，企业较有投入资源意愿。而 Duncan（1998）认为，当法律公平而无不当管制、恶性保护状况下，企业将较有意愿投入知识资源。

假设 1i：产业对知识资源投入的程度，与科技普及度、顾客压力呈正相关，与法律不公呈负相关。

10）知识可成文化程度

知识可成文化程度指知识属于容易成文化、书面化的明晰知识，或是不易书面化的默会知识。尽管未经正式确认，但知识默会—明晰程度可谓文献探讨最多的知识特性。包括以知识的具体/抽象程度来区分(Leonard-Barton,1995；Nonaka & Konno,1998；Leonard & Spensiper,1998)；以知识有形/无形程度区分(Blumentritt & Johnston,1999)等。一般认为,知识默会程度愈高,竞争对手愈不易学习或抄袭,但欲将其转移至其他组织的可能性亦愈低,且投入成本愈高,可见默会一明晰程度并无一定优劣。

关于知识成文化程度的决定性因素,文献多指出与科技普及度、成熟度,及被竞争对手跟随的可能性有关,包括 Leonard-Barton(1995)所提知识系统可供实证与管理的程度,Hargadon(1998)对知识了解及可标准化的程度。上述文献均指出知识成文化程度必须建筑在知识成熟、易标准化、已普及等条件上。

假设 1j：产业内企业对其知识成文化程度的决定,与其科技普及度呈正相关,而与竞争程度呈负相关。

3.1.3 产业知识创新：作业

相对于企业层次,产业层次知识创新作业被探讨者极少。首先将产业面知识作业以二维度进行分类。第一维度乃以知识本体论切入,以产业范畴改变/未变为区别,即知识活动系在相同产业进行,或是业已跨越本业范畴。第二维度则以知识认识论切入,以知识活动典范未变/改变为界线,即知识活动系在相同典范下进行,或其典范已产生根本性改变。将产业知识作业区分为四项功能进行探讨,包括知识群聚功能、知识展延功能、知识交易功能与知识定规功能。

1. 知识群聚功能

产业知识群聚功能定义为在既有知识典范下,将知识有效扩散至产业内厂商,使此知识达群聚效果的管理活动。根据 Porter(1990)对产业群聚的定义,一产业可通过各种价值活动及基础建设,使其产业竞争力提升或持续。若以此观点引入知识活动上,则表示某知识体由有效扩散与流通,而能为产业内厂商所了解,甚至由产业内妥善的分工、应用、转移与中介,使得此知识亦具有群聚性。我国半导体工业的知识与技术分工形态,即属此类。

Freeman(1987)提出政府应建构与支持国家创新系统,政府、半官方组织等均可将技术扩散至其他组织。

Kacker(1988)将经营知识的流动定义为,在同一区域或是不同区域两个企业间经营知识的移动,其流动的方式可分为两种：扩散和转移。

Niefer(1990)说明德国汽车工业如何由知识分工达成产业分工成效。

Cohen & Levinthal(1990)指出组织可由合作过程转移、吸纳、运用与扩散知识及于组织中各个层面。

Bonora & Revang(1991)说明组织将个人所携入的知识通过如下的方式：团队合作方式、组织成员一对一的师徒相传、正式的教育训练课程、计算机化数据库、组织程序规章等而扩散至组织中,以减少对特定成员的依赖,达成知识扩散的效果。

Simon(1991)指出五种技术转移的方式,其中公司内部转移强调内部创业或子公司,显示新创立的子公司所需知识或技术可来自于母集团。包括市场交易、公司内部转移、由政府主导的合约与交易、教育训练及会议、仿冒或逆向工程。

Nonaka & Takeuchi(1995)以知识螺旋理论说明知识如何跨产业而扩散至其他组织，包括同产业与不同产业。

Gilbert & Gorday-Hayes(1996)提出组织知识转移五阶段模式，分别为取得、沟通、应用、接受与同化。

Grant(1996)指出企业由组织成员的互动吸收信息及知识，以时时充实组织的执行力及竞争力，进而增强组织的知识。

Spek & Spijkervet(1997)说明组织让知识的流通跨越部门的界限，并将知识转移给新进人员。

Lam(1997)说明合作研发的真正目的在于取得所需知识，同时知识的运用与传递是通过组织间成员密集与广泛的互动达成的。

Nonaka & Konno(1998)以个体、小组、全组织在知识扩散过程中的关系，补充说明其知识螺旋观念。

综合文献，产业知识群聚活动包括将知识扩散、流通至各厂商，使其具有知识能力；在综效的考虑下，将产业内知识活动予以分工；将现有产业内知识予以尽量运用、应用，以产生实质效益；建立合适的知识转移、中介等机制，以协助产业内厂商知识普及化。综而言之，知识群聚活动系产业层次知识活动中最单纯，亦最能立竿见影者，其主要目的在于使知识普及化与有效扩散，以发挥其效用。

2. 知识展延功能

当知识活动仍在产业内进行，但其知识典范已产生变化者，由于其知识本体已有所异，因此其活动重点将在于对知识进行良性方向修正。此处修正，若属于水平整合方向进行者，为知识展开；属于垂直纵深方向进行者，则为知识延伸。此类活动具有产业知识展延功能。实际上，我国纺织、制鞋等厂商在设计、制造、材料、用料、贸易等知识上整合与深化，逐渐发展出有产业优势的知识。

Souder(1987)将部门之间的整合技术转移视为其转移，并将转移方式分为三类：阶段主导型、过程主导型、任务导向型。

Nil(1988)指出美国在探讨科技实例的同时，应发展更准确的技术转移绩效指标，并培养可转移中介组织或机构，协助知识展延与转型。

Quinn(1992)指出在知识蜘蛛网内的成员中，分享、回馈、质疑、修正与扩散等活动将能快速完成工作或解决问题，且知识的交流将促使知识网络的知识基础成长。

Pisano(1994)指出组织间通过整合与学习，可将既有知识与新知识再组合，并形成新的知识性资产。

Nonaka & Takeuchi(1995)强调核心产品的观念，主张应将产业内知识体尽可能广泛应用在多种产品或工艺上，以期延展知识生命周期。

Leonard-Barton(1995)指出各类普及性知识来源有助于整合不同来源知识，使得产业内厂商可展延知识。

Grant(1996)说明组织能力成为长期策略的主要基础，而组织能力的基础是整合个体的特殊知识。并且，组织将属于各个相同甚至不同领域的知识做一全面性的整合才能成为对企业上有助益的知识。

Grant(1996)指出厂商存在的原因是通过许多个人的专门知识整合，以生产商品或服务，因此可视厂商为知识整合的机构。

Bierly & Chrkrabarti (1996)强调技术生命周期观念，强调应广泛利用既有知识体，尽可能扩展或加深知识应用范畴。

Sanchez & Heene(1997)强调在动态环境下，产业必须有更新与展延知识的能力。

Teece(1998)讨论如何由提高知识的可重置性、可延伸性来促进知识对组织的价值。另指出新经济时代的特性之一是科技与科技间不断融合，科技界线模糊化，善于整合者将较专精单一领域者更具优势。

Powell(1998)说明美国制药业如何由产业内合作，促进既有知识效用的转换与延伸。

随着科技、知识的普及化与快速变迁，产业知识生命周期愈发短暂，知识典范快速改变，知识深化与整合愈发重要，说明产业知识展延功能包括下列活动：首先是由合作引导厂商有效、正确地进入新的知识领域；或引导厂商往展或延的方向有效发展知识领域。其次是由转移、整合、修正、改善等方式，将现有知识体效益更大化，并增加知识体重置性与延伸性，延长其生命周期寿命。另外，利用现有知识来改善既有产品/服务与知识，增强市场竞争力，亦是常见作法。

3. 知识交易功能

产业层次知识作业的第三类功能，指在既有知识典范前提下所进行的跨产业知识活动。众所周知，单纯产业内的知识活动常不足以维持竞争优势。许多新知识、新竞争均来自产业外，或者其他国家同业。同样，具有优势性的知识产业亦常可将本业知识转移或销售至其他行业。当前述跨产业活动并未改变既有知识典范时，便可称之为产业知识交易活动。

Cohen & Zysman(1988)同样从范畴经济观点，说明如何应用生产知识的弹性将单纯的知识体应用在不同领域上。

Stata(1988)举出若干成功的产学研项目，以说明如何进行知识的合作。

Hennart(1988)所谓的共同所有权的连接，即以合资方式来转移不易由市场或授权取得的组织知识，让内稳于组织中更深层知识的转移更有效率，对提升整体产业的知识创造更有助益。

Tassey(1990)从范畴经济观点探讨相同基础技术如何应用至不同领域，以及知识交易的三种方式：内部多角化、并购及合资的原则。

Gardener(1990)介绍德国 Baden-Wurttemberg 地区如何将科学园区成果转移至各企业，以及大学如何将成果转移至企业部门。

Demsetz(1991)强调市场是一种接口，系整合各类知识的重要角色。

Pavitt & Patel(1991)说明美国产业界如何依据市场走向，将甲产业科技转移至乙产业;以及将国家级、产业级知识引导至民间及企业单位。

De Young(1991)呼吁美国学术界与产业界应加强合作,公司部门应增加技术交流。企业界应摒弃非得自行发明的习性,通过跨产业、跨国合作以提升知识层次。

Radosvic(1991)提出制定产业政策的25项原则,其中强调注意科技系统间的交流转移,以及不同层次科技园区将知识转移至全产业的原则。

Georghiou&Metcalfe(1993)以欧洲共同体为单位介绍其跨产业集体型研究发展计划。

Prahalad & Hamel(1994)指出不少业者运用策略联盟拟从其合作伙伴中学习知识与技能,据此建立本身的核心竞争力、组织再造的基础及持续的竞争优势。

Bozeman(1994)探讨政府机构对扩散知识的做法,重点工作之一在于减低跨单位的地位差距。

Leonard-Barton(1995)指出,外界技术知识的来源可以简单分成以下七种:顾问、顾客、国家实验室、供货商、大学、其他竞争公司、其他非竞争公司。

Nonaka & Takeuchi(1995)指出组织知识可自多方面取得,包括上游供货商、下游经销商、研发单位与大学、政府项目、市场相关人士。

Smith(1995)指出知识可通过五种接口来取得:依附在商品上、通过其他公司关系、通过产学关系、通过公共机构、通过人员流动。

Fransman & Tanaka(1995)说明日本企业界与大学实验室之间的科技交流、转移与合作机制。

Roessner et al.(1996)说明高科技国家通常由产业界主导三大工作,以提升科技能力:吸收国外科技、将新技术有效应用在产业级科技性产业、将新技术应用在国际竞争及其他国家处。

Cowen(1996)政府应提供协调机制,以沟通不同部门或厂商采用可标准化的科技,并辅导异领域厂商学习新的知识与科技。

Inkpen(1998)探讨联盟之间跨组织学习与知识网络关系的建立,期望达到知识的分享与核心竞争力的建立。

随着跨业合作增加,此类知识交易活动益加可见,以产业为层次进行者亦多。实际上,常见者包括将本业知识所进行跨业交易、交换或类似商业性行为;与异业所进行知识特许授权、结盟合作与传授活动;整合本业与异业知识已改善既有产品或工艺活动;产、学、研等领域组织合作;以及跨国家知识性活动等。

4. 知识定规功能

近年来,跨越产业限制所进行的知识活动愈来愈多,而前段知识交易发生于知识典范尚未发生改变时。若这些活动中知识典范已发生改变,便成为产业知识定规活动。所谓定规(initiation),其原因在于此类跨产业领域、知识典范亦改变的活动,可谓千头万绪。此类活动颇多需要制定政策、协调方向,并制定标准、规范规章之处。

Williamson(1975)根据各种知识及其来源特性不同,认为应有一种整合性的机制,将之分成:市场型、网络型、科层组织型以利于整合。

Sapienza(1989)讨论合作性研发应有若干规范配套,包括法规的制定与管制、专利权的保护、参与合作会员的知识交流网络形式等。

Radosvic(1991)提出制定产业政策的 25 项原则。其中包括产业政策应依据科技政策定规,并制定科技发展优先顺序,不同层次的科技应在不同的区位(如科学园区或各地),以及建立知识标准化政策。

Quinn(1992)探讨制造业和服务业拥有与运用的知识典范不同。

Lepkowski(1993)主要说明美国产业科技定规方向,包括重点方向制定、基金与财务融资支持、制定新科技市场化决策。

Nonaka & Takeuchi(1995)通过和客户间的互动达到对合作与知识定规的功能。

Lex(1995)介绍了欧洲生物科技产业推动跨科技领域,内容包括整合型计划制订、科技法规通过等。

Freemantle(1996)说明英国政府鼓励研发单位向新领域伸出触角,寻求灵感并结合产官学界专家,共同研讨提升未来竞争力所需重点科技及跨业规范。

Hargadon(1998)厂商在寻求知识前,最好应广泛地搜寻与参考各类知识来源,再辅以考虑组织应介入产业广度,来决定究竟知识的深度与广度应该如何。

Sarvary(1998)实证发现市场知识系对顾客了解、对营销—研发接口知识和对竞争者知识,因此需要大量的知识交易和定规工作。

Zack(1999)认为知识有效期限较长的产业因时间压力较小,较可能有跨产业知识工作展开,因而会有较多的定规工作。

随着前述的跨业合作的增加,与知识典范的快速改变,此类知识定规活动益加可见,而以产业为层次进行者亦多。实际上,常见者包括将本业知识制定成一套定规,使其产业能更有效率进行其知识活动;也有些产业在寻求本业所需知识时,广泛地搜寻与参考各类知识来源,再对其理出自己本身的一套标准。

5. 小结

回顾文献,将产业知识创新分成四类:知识群聚功能、知识展延功能、知识交易功能、知识定规功能。

群聚功能:①将知识扩散、流通至全产业厂商。②将产业内已成功的知识成果转移至其他同业。③以知识综效最大化为前提,进行产业内知识分工。④促进既有知识典范应用性、效用性最大化。⑤通过知识转移与中介机构,协助知识普及。

展延功能:①引导同业厂商进入新的知识领域。②加广(展)或加深(延)知识本体领域。③将各种知识体相互转移并整合成对组织更有效益的新知识体。④将现有知识予以修正、改善,将知识生命极大化,以增进知识可重置性与可延伸性。⑤应用新知识以改善、改变既有产品。

交易功能:①将本业知识对异业的交易、交换,或其他商业性行为。②与异业进行知识的特许授权、结盟,与传授行为。③整合异业、异来源知识,以改善、改变现有产品。④产业与学术及研究机构间知识活动交流。⑤跨国家性知识活动的协调与机制制定。

定规功能:①与不同领域联合性知识活动接洽及负责任务领域划分。②新典范知识形成过程中,产业规格、标准、典型的律定。③在异领域知识内容间寻求标准化的知识/科技。④制定产业知识发展方向,包括政策发展、点子寻求、接触领域、法规制定等。⑤各种知识活动资源配置、介入深度、涉及广度等决策。

3.1.4 产业知识环境与作业关系

根据环境—策略—作业典范,产业知识作业均由其产业知识环境所决定。产业知识活动便由政府、行业协会等单位出面协调与进行,可见产业知识环境将决定该产业知识作业。

1) 知识群聚功能

知识群聚功能指产业在既有知识典范下,将知识有效扩散至产业内厂商,使此知识达群聚效果管理活动。产业间为了达到有绩效的作业活动,通常都会将其知识扩散至产业内的厂商,以达到沟通与应用上的流畅。Freeman(1987)曾指出,政府对其知识的流通与扩散有其重视的程度,而政府对其知识流通的支持将会影响其知识群聚的程度,如政府为了保护某些企业,而为其订立了法律,如此一来可能会使产业间知识的流通受到阻碍。

决定产业间知识的流通成功与否,需要很多技术上的辅助,而此科技面上的要求并不是以单方面的厂商就足够,而是需要全产业都拥有,所以科技的普及度也是其知识群聚的重点之一(Nonaka & Takeuchi,1995;Grant,1996;Lam,1997)。

假设 2a:产业知识群聚活动程度与法律不公程度呈负相关,与科技普及度呈正相关。

2) 知识展延功能

当知识活动仍在产业内进行,但其知识典范已产生变化者,此时管理活动重点在于将知识进行良性方向修正。Leonard-Barton (1995)指出,各类普及性知识来源有助于整合不同来源知识,使得产业内厂商可展延知识。Nanaka & Takeuchi(1995)强调知识核心观念,将知识根底广泛应用在许多产业产品或管理上。可知,知识的展延是需要基础与根底的,那其基础又是什么,我们不难发现其基础指的就是产业的科技,也就是说要做好产业知识展延,就必先有其科技做底。

假设 2b:产业知识展延活动程度与科技普及度呈正相关。

3) 知识交易功能

知识交易功能系指在既有知识典范前提下所实行的跨产业知识活动。Leonard-Barton (1995)有提到,欲跨产业进行知识活动,先要条件必须有广泛、普的知识来源。这就如同前面知识群聚活动所述,如要达到知识群聚,必先使其产业间都拥有科技。而知识交易是为知识群聚活动的跨产业活动,由此可知要做知识交易活动就必先有其科技做底。他还指出,组织间地位上的差距是影响跨知识活动的重大障碍,特别是法律或政策下所造成的差距。Bozeman(1994)也说明政府机构对扩散知识的做法,重点工作之一在于减低跨单位的地位差距,可见其知识交易活动与法律环境相关。交易的产生,相对的主、顾的关系也会有所产生,就如同 Demsetz(1991)所强调的,市场是一种接口,系整合各类知识的重要角色,所以也推其知识交易活动会受其顾客面影响。

假设 2c：产业知识交易活动程度与科技普及度及顾客压力呈正相关，而与法律不公程度呈负相关。

4）知识定规功能

知识定规功能指此活动已跨越产业限制，而这些活动中知识典范已发生改变，便成为产业知识定规活动。由以上的探讨不难发现包含最广的定规活动，也是受其科技的有无所影响，这点可在 Lex（1995）及 Lepkowski（1993）的探讨中得到证实。Nonaka & Takeuchi（1995）指出，通过和客户间的互动达到对合作与知识定规的功能。这说明了知识定规的实行也与知识交易一样会受其顾客的影响。

假设 2d：产业知识定规活动程度与科技普及度及顾客压力呈正相关。

3.1.5 产业知识策略与作业关系

产业知识作业受到其知识策略的影响，这些策略促使我国产业界以跨业知识活动、产研学合作、产业活动价值链分工等作法来回应。

产业知识群聚：

（内造外引）Inkpen & Dinur（1998）：组织与外界知识交流有助于知识的交流与分工。向外部取得知识可快速节省摸索知识的时间与成本。

（短期长期）Zack（1999）：急于短期间内成事的产业，受限于时间压力，较易达成产业分工，其中即包括知识与技术分工。

（知识期限）Nonaka & Takeuchi（1995）：知识有效期限愈长，厂商愈有时间将知识扩散与交流。

（集体个别）Senge（1990）：集体学习、集体合作产业形态有较高比例知识分工与扩散。

（集体个别）Nonaka & Takeuchi（1995）以及 Nonaka & Konno（1998）：强调不同阶段的知识活动应由不同成员担任，其中在外部化、结合化阶段会需要较高程度的扩散与分工。

（知识基础）Duncan（1995）：讨论组织信息基础对知识与技术扩散、创造影响效果。

（整合深化）Hedlund（1994）：将知识分为 T 型与 A 型知识，其中 T 型知识对知识群聚有正向影响。

（明文程度）Hargadon（1998）：主张标准化知识有助于知识的流动，有助于知识的交流与扩散。

产业知识展延：

（知识期限）Bierly & Chrkrabarti（1996）：着重技术生命周期观念，强调应广泛利用既有知识体，尽可能扩展或加深知识应用范畴。

（知识基础）Grant（1996）：说明组织能力成为长期策略的主要基础，而组织能力的基础是整合个体的特殊知识。组织将属于各个相同甚至不同领域的知识做一全面性的整合，才能使其成为对企业有助益的知识。

（整合深化）Hedlund（1994）：将知识分为 T 型与 A 型知识，其中 T 型知识对知识应用、展延有正向影响。

(整合深化)Pisano(1994):组织间通过整合与学习,可将既有知识与新知识再组合,并形成新的知识性资产。

(明文程度)Nil(1988):指出美国在探讨科技实例的同时,应发展更准确的技术转移绩效指标,并培养可转移中介组织或机构,协助知识展延与转型。

产业知识交易:

(短期长期)Zack(1999):急于在短期间内取得技术与知识产业,为求快速取得知识,倾向以交易方式获得知识体。

(市场导向)Sarvary(1998):实证发现市场知识系由对顾客了解、对营销—研发接口知识和对竞争者知识组成。因此,需要大量的知识交易和定规工作。

(市场导向)Williamson(1975):将知识及其活动分成市场型、网络型、科层组织型等。其中,前二型属市场导向型,即有相当多的知识交易与定规工作。

(集体个别)De Young(1991):呼吁美国学术界与产业界应加强合作,公司部门亦应增加技术交流。企业界并应摒弃非得自行发明的习性,通过跨产业、跨国合作以提升知识层次。

(整合深化)Hedlund(1994):将知识分为 T 型与 A 型知识,其中 T 型知识对组织间知识交流有正向影响。

(整合深化)Hargadon(1998):认为整合知识前应先广泛搜寻与参考各类知识来源,再辅以考虑产业厂商应介入程度。

(明文程度)Cowen(1996):政府应提供协调机制,以沟通不同部门或厂商采用可标准化科技,并辅导异领域厂商学习新的知识与科技。

产业知识定规:

(知识期限)Zack(1999):知识有效期限较长的产业因时间压力较小,较可能有跨产业的知识工作展开,因而会有较多的定规工作。

(市场导向)Williamson(1975):将知识及其活动分成市场型、网络型、科层组织型等。其中,前二型属市场导向型,即有相当多的知识交易与定规工作。

(市场导向)Sarvary(1998):实证发现市场知识系由对顾客了解、对营销—研发接口知识和对竞争者知识组成。因此,需要大量的知识交易和定规工作。

(明文程度)Radosvic(1991):提出制定产业政策的 25 项原则。其中,产业政策应依据科技政策定规,并制定科技发展优先顺序,不同层次科技应在不同区位(如科学园区或各地),以及建立知识标准化政策。

1)知识群聚功能

当知识活动仍在产业内进行,但其知识典范已产生变化者,此时管理活动重点在于将知识进行良性方向修正。Inkpen & Dinur(1998)就有提到,组织与外界知识交流有助于知识的交流与分工。向外部取得知识可快速节省摸索知识的时间与成本,也就是如要提高知识群聚,可由外部引入知识。Zack(1999)指出急于短期间内成事的产业,受限于时间压力,较易达成产业分工，其中即包括知识与技术分工。Nonaka & Takeuchi(1995)指出知识有效期限愈长，厂商愈有时间将知识扩散与交流。Senge(1990)探讨集体学习、集体合作产业形态有较高比例的知识分工与扩散。Nonaka & Takeuchi(1995)以及 Nonaka & Konno (1998)强调不同阶段的知识活动应由不同成员承担，其中在外部化、结合化阶段会需要较高程度的扩散与分工。Duncan(1995)也说明组织信息基础对知识与技术扩散、创造的影响效果。Hedlund(1994)找出影响知识群聚的因素。Hargadon(1998)主张标准化知识有助于知识的流动，亦有助于知识的交流与扩散。

假设 3a：产业知识群聚活动程度与知识外引程度、知识可用期限、知识活动集体性、厂商知识基础、知识整合程度及知识成文化程度呈正相关，而与获得知识的时间长度呈负相关。

2）知识展延功能

当知识活动仍在产业内进行，其知识典范已产生变化者，此时管理活动重点在于将知识进行良性方向修正。Bierly & Chrkrabarti(1996)说明广泛利用既有知识体，尽可能扩展或加深知识应用范畴。Grant(1996)指出组织将属于各个相同甚至不同领域的知识做一全面性的整合，才能使其成为对企业有助益的知识，这必须以有知识基础为前提。Pisano (1994)提到组织间通过整合与学习，可将既有知识与新知识再组合并形成新的知识性资产。Nil(1988)指出美国在探讨科技实例的同时，亦应发展更准确的技术转移绩效指标，并培养可转移中介组织或机构，协助知识展延与转型。这也说明了要真正做好其知识展延，必须对其做法定一套指标，以期产业在实行此活动时能更顺畅与成功。

假设 3b：产业知识展延活动程度与知识有效期限、知识基础、知识整合程度及知识成文化程度呈正相关。

3）知识交易功能

知识交易功能指在既有知识典范前提下实行跨产业知识活动。Zack(1999)提出，急于在短期间内取得技术与知识产业，为求快速取得知识，倾向以交易方式获得知识体。Sarvary (1998)指出市场知识系由对顾客了解、对营销—研发接口知识、对竞争者知识组成。因此，需要大量的知识交易，使其能很快得到产业。De Young(1991)更指出，一产业如要更快更成功地提升自我的竞争力，并不一定非得自行发明，可通过跨产业、跨国合作以提升知识层次。Hargadon(1998)认为整合知识前应先广泛搜寻与参考各类知识来源，再辅以考虑产业厂商应介入程度，再来就产业厂商机制的制定，使其在实行时更流利并达到它的成效。

假设 3c：产业知识交易活动程度与厂商市场导向、知识活动集体性、知识整合度及知识成文化程度呈正相关，与知识取得时间呈负相关。

4）知识定规功能

知识定规功能指此活动已跨越产业限制，而这些活动中知识典范已发生改变，便成为产业知识定规活动。Zack(1999)指出，知识有效期限较长产业因时间压力较小，较可能有跨产业知识工作展开，从而会有较多的定规工作。Williamson(1975)也指出将知识及其活动分成市场型、网络型、科层组织型等，其中前两型属市场导向型，即有相当多的知识交易与定规工作。Sarvary(1998)也由实证发现市场知识系由对顾客了解、对营销一研发接口知识、对竞争者知识组成。因此，需要大量的知识交易和定规工作。Radosvic(1991)在实际中上提出制定产业政策的 25 项原则，其中包括产业政策应依据科技政策定规，并制定科技发展优先顺序，不同层次科技应在不同区位(如科学园区或各地)，以及建立知识标准化政策。由这些文献不难发现，知识定规活动是由前述三种功能所发展出来的，故其影响的因素大致上都有其相似性，其最大的不同在于知识定规有对其知识活动做出一定的规范。

假设 3d：产业知识定规活动程度与知识有效期限、厂商市场导向程度、知识整合度及知识成文化程度呈正相关。

3.1.6 产业知识策略与绩效关系

环境一策略一作业典范中指出，产业绩效受到策略作为影响，因此产业知识创新策略与知识管理绩效间的关系，确实有探讨的必要性。

1) 外引一内造知识导向

文献虽难直接发现知识内造/外引程度与绩效间关系但一般研究均主张内造知识通常导源自较佳知识资源与基础(Leonard-Barton，1995；Nonaka & Takeuchi，1995)、较缓和的竞争态势(Leonard-Barton，1995)、与竞争者间科技程度尚有优势差距时。反之，以外引为知识来源者，多半系知识基础弱、竞争短兵相接或科技已普及者。上述状况均指出倾向内造产业一般属资源、科技或市场具优势性者，可能目前正处于或预期处于优势状况，外引倾向者则反之。

假设 4a：产业厂商自行创造知识程度，与其知识管理绩效呈正相关。

2) 知识容忍期间(知识可延宕期间)长短

管理研究对策略活动长短期导向有研究，Nonaka & Takeuchi(1995)在知识企业应有知识的充裕性时便提到，每日事务的厂商其实是没有知识创造能量的。许多文献均强调容忍期间低的组织通常受限于竞争与顾客压力，被迫于短期间成事，因此知识活动多半趋向学习与跟随，致难有获利空间(Zack，1999；Cohen，1998)。实际来看，由于知识性工作需长期间投入，必须在没有太大时间压力、较长时间容忍度状况下方能收其效果。

假设 4b：产业厂商知识活动延宕时间的容忍程度，与其知识绩效呈正相关。

3) 知识有效期限

知识成果的有效期限，足以反映一产业竞争优势。延伸 Nonaka & Takeuchi(1995)的知识核心观念，若知识可长期使用，通常隐含其知识根底可广泛应用在多种产品或领域。Teece(1998)指出的知识可重置性、可延伸性有助于提升知识价值，均属类似观点。Betz(1993)及Bierly & Charabarti(1996)所提科技生命周期，均强调新知识不被追赶或更新的程度。

假设 4c：产业知识的有效期限，与其知识管理绩效呈正相关。

4) 深化一整合程度

Hedlund(1994)及 Hanson & von Oetinger(2001)所探讨的 T 型知识，说明知识纵深与整合同样重要。近年实践界似乎倾向整合观(Hargadon，1998)。例如 Teece(1998)探讨新经济时代科技融合与界线模糊化；Zack(1999)对知识策略建构构面之一，便系知识可组合程度；Leonard & Spensiper(1998)探讨创新隧道议题时虽主张不同创新阶段应搭配不同程度深化或整合，不过最终仍以发散与整合为目标。就实际观点来看，近年来由于知识普及、科技界线模糊化，竞争渐趋激烈，同时创新工作成功率与成功期未知，整合确实是较为实践界采用方向。

假设 4d：产业知识的整合程度，与其知识管理绩效呈正相关。

5) 知识活动集体性/个别性

尽管知识活动由知识精英承担或集体进行各有其优劣(Zack,1999)，近年来文献似乎倾向强调其整体性，包括集体学习与合作进行知识活动(Senge, 1990；Nonaka & Konno, 1998；Nonaka & Takeuchi,1995)、互动学习(Mowery & Rosenberg,1989)、跨单位共同学习(O'Connor,1998)、科技的普及化(Teece,1998)等。就实际观点而论，由于知识环境变迁快速，知识活动单由精英负责未必足以反映广泛而复杂的变化，因此跨单位、集体性的知识活动具有其适应性。其实许多文献早已强调日本企业的管理集体性。

假设 4e：产业知识活动的集体性，与其知识绩效呈正相关。

6) 环境稳定性

环境稳定与绩效的联系在管理文献中早已出现，但对知识管理领域而言则相对少见。近年来文献倾向认为变动、非纯然稳定的环境有助于绩效提升。Nonaka & Takeuchi (1995)强调波动的环境；Tushman & O'Reilly(1997)从文化更新说明环境变化对知识绩效的正面影响。

假设 4f：产业知识环境波动程度，与知识绩效呈正相关。

7) 知识活动的市场—生产者导向

知识活动究竟应市场导向或生产者导向，其实文献中未见具体倾向看法。Williamson (1975)，Nonaka & Konno (1998)，O'Connor(1998)等，均以二分法分别解释市场与生产者导向优点，但无明显倾向。若干文献则指出情境式观点，Sarvery(1998)主张市场导向知识活动有助于对顾客状况的了解和满足顾客需求及满意度提升；生产者导向则对科技方面绩效较有助益，也较易获高层主管支持(Ruggles,1998；Sarvary,1998)。

假设 4g：产业活动市场导向，与顾客相关知识绩效呈正相关，与科技相关知识绩效呈负相关。

8) 知识基础程度

由于知识活动需多方面配合，因此产业厂商及其成员知识基础程度将根本性决定绩效优劣，文献亦强调知识基础的重要性，论及包括对知识吸收及扩散的影响(Peters & Fusfeld,1982)，知识管理相关基础建设(Duncan,1995)。从知识基础的细项逐一探讨，包括成员知识专精度、研发投资量等。

假设 4h：产业厂商知识基础与其知识绩效呈正相关。

9) 资源投入程度

知识活动常需要大量知识性资源，因此知识资源的重要性毋庸置疑。资源投入与前项知识基础常被并同讨论,因而文献倾向强调其对知识绩效具有正向效应。相关论点包括知识资源的投入(Nonaka & Takeuchi,1995)、相关设备与配套(Peters & Fusfeld,1982)、教育训练资源等。Nonaka & Takeuchi(1995)在其知识创造论中举出五大条件,其一即为应给员工充裕而宽松的资源,不要过于苛刻知识资源投入。此观点其实与许多强调成本扣减的文献观点不同。

假设 4i:产业厂商知识资源投入程度与知识绩效呈正相关。

10) 知识可成文化程度

尽管知识成文化并非全然没有缺点,文献着眼者包括成文化有助于减低知识活动困难度;提升对知识的吸收与普及(Hargadon,1998)。若干文章从问题解决的角度说明成文化价值(Hargadon,1998),若干强调成文化具有刺激知识形成的效果(Nonaka & Konno,1998),及有助于建构形成知识空间(Nonaka & Konno,1998;Leonard & Sensiper,1998)。上述文献均强调成文化的效果。

假设 4j:产业厂商知识管理过程中对知识的成文化程度,与其知识绩效呈正相关。

3.1.7 产业知识作业与绩效关系

环境—作业—绩效典范中指出,产业绩效受到作业面作为的影响,因此产业知识作业与产业知识管理绩效间的关系,确实有探讨必要性。

1) 知识群聚功能

管理研究对群聚活动素有研究,在知识管理领域亦有提及。Niefer(1990)有举德国汽车工业的例子,这说明了企业是如何由知识分工达成产业分工成效。Grant(1996)也指出企业由组织成员的互动吸收信息及知识,以时时充实组织的执行力及竞争力,进而增强组织的知识。而且也有文献指出政府对知识群聚的重要性,此也为产业带来优势(Freeman,1987)。而就实际方面来看,产业在综效的考虑下,会将产业内的知识活动予以分工,以及将现有产业内的知识尽量运用、应用,以产生实质效益。由以上的种种我们可以了解到知识群聚能为组织带来效益,相对地也能为产业带来成效。

假设 5a:产业知识群聚程度,与其知识管理绩效呈正相关。

2) 知识展延功能

我国纺织、制鞋等厂商在设计、制造、用料、贸易等知识上进行整合与深化,逐渐发展出有优势的产业知识。Quinn(1992)提到产业通过分享、回馈、质疑、修正与扩散等活动,将能快速完成工作或解决问题。Nonaka & Takeuchi(1995)也主张产业内的知识体应尽可能广泛应用在多种产品或工艺上,以期延展知识生命周期。而产业认为其能力的基础是整合个体的特殊知识及提高知识的可重置性、可延伸性来增进知识对产业的价值(Grant,1996;Teece,1998)。综合言之,知识的展延能为其产业提升效率、解决问题及延长本身产业的价值,也就是说,产业可由转移、整合、修正、改善等方式,将现有知识体效益更大化,并增加知识体的重置性与延伸性,延长其生命周期。

假设 5b:产业知识展延程度,与其知识绩效呈正相关。

3）知识交易功能

产业知识的交易，足以为产业得到本身外的知识，可用合资方式来转移不易由市场或授权取得的组织知识(Hennart,1988)，不少业者运用策略联盟拟从其合作伙伴中学习知识与技能(Prahalad & Hamel,1994)，可通过产学知识合作带来多方面的效益。美国以其学者创业的传统，加上大学技术转移制度的建立，胜过英、德、日等国，实现其产业上的领先。产业知识交易能为其产业带来利基点，甚至会将产业本身提升到领导的角色。

假设 5c：产业知识交易程度，与其知识管理绩效呈正相关。

4）知识定规功能

文献虽难直接发现知识定规功能与绩效间的关系，但其实际上指出要使知识在同产业与异产业间有效率地应用，必须对其作一标准、规范规章的制定。Freemantle(1996)说明美国产业科技定规方向，包括重点方向的制定、基金与财务融资的支持、新科技市场化决策的制定。美国硅谷的成功，使得其他国家仿效加紧成立科学园区，试图利用地理上的聚集及政策的媒合，来促进跨业间的知识交流。所以，其知识定规的实行是为其产业在知识的使用上更有效率。

假设 5d：产业知识定规程度，与其知识管理绩效呈正相关。

3.1.8 产业知识环境与绩效关系

环境—作业—绩效典范中指出，产业绩效受到环境影响，因此产业知识环境与产业知识管理绩效间的关系，确实有探讨的必要性。

1）科技普及度

Nonaka & Takeuchi(1995)曾指出过于激烈的竞争和很快便普及的科技，是扼杀知识创造的大敌，主张厂商进行知识工作时应有知识核心的概念，即知识不要只能单一用途，应尽量将之广泛应用在各类产品、领域、部门上。这其实即为一种让知识有效期限延长化的方式，不致快速成熟普及。Peters & Fusfeld(1982)指出，当科技普及度已高，组织常被迫投入知识资源。上述观点指出科技普及度将使产业不想在知识的创新上有所投入，而且科技普及度越高，将导致产业必须多投入知识资源。

假设 6a：产业科技普及程度，与其产业知识绩效呈负相关。

2）法律不公

法律方面，Nonaka & Takeuchi(1995)指出知识环境产生波动性时，若干产业或市场因受到特定法律的保护，导致未获保护厂商自创知识意愿较低。

Leonard-Barton(1995)也提到产业知识取得来源以及特定知识有可能会受其法规保护而无法取得。再者，法律特定保护组织较易因垄断知识/科技所有权，而对其产业有所领导权(Duncan,1998)，这也说明了当法律公平而无不当管制、恶性保护状况下，产业将较有意愿投入知识资源，使其产业更有效地发展。

假设 6b：产业中法律不公程度，与其产业知识绩效呈负相关。

3）市场竞争

市场竞争方面，Leonard-Barton(1995)指出自创知识活动须发展在竞争较不激烈的环境下。一般言之，对于产业内使用知识容忍期间较长者，通常其面临市场竞争较不激烈、科技普及性低、厂商拥有知识性资源较多(Bierly & Chakrabarti，1996)。Teece(1998)所提知识可重置性与 Bierly & Chakrabarti(1996)所定义的科技生命周期亦有接近之处，但该二文亦将市场状况因素纳入生命周期去考虑。其指出知识有效间深受市场竞争所影响，短兵相接、新产品迅速更替的产业，其时效自然较短。可见文献倾向认为市场竞争激烈程度对其产业内面对刺激的程度有所影响。这显示当产业在市场竞争不激烈的环境下，可能会使其知识延长，导致其绩效不增反减。

假设 6c：产业市场竞争程度，与其产业知识绩效呈正相关。

4）顾客压力

顾客压力方面，Porter(1990)以日本企业为例，认为其在 80 年代具有竞争力的重要因素系日本民族挑剔、需求复杂、喜新厌旧，此结果也反映在其钻石模式需求因素中。而不少学者也指出市场与顾客介入知识活动比重高(Senge，1990；Nonaka & Takeuchi，1995；O'Connor，1998)。O'Connor(1998)将顾客参与纳入知识活动中，并说明顾客需求的变化促使知识活动必须纳入更多单位、更多层次范围的员工共同进行，以免纯粹研发人员不熟稔市场状况而有所偏误。上述虽指出顾客的压力可能会为其产业提升竞争力，也为产业带来更多的人员。当深入地去看产业内部的活动时，不难发现产业为了回应顾客的要求，必须使用更多的成本去达成，这期间的一来一往所浪费的种种可能比产业本身所得到的还多。

假设 6d：产业顾客压力程度，与其产业知识绩效呈负相关。

另外，根据欲探讨跨产业、生命周期(导入期、成长期、成熟期、衰退期)及组织规模等对其四个构念所带来的影响，建立如下相关假设：

假设 7：位居不同产业生命周期阶段的产业，与其产业知识策略及产业知识作业等具有显著差异。

假设 8：在不同组织规模下，产业与其产业知识环境、产业知识策略、产业知识作业及产业知识管理绩效等具有显著差异。

假设 9：在不同产业类别下，产业与其产业知识策略及产业知识作业等具有显著差异。

3.2 研究方法

鉴于本研究系以产业为研究单位，而产业知识管理又常因产业属性不同而有差异。本研究计划由产业所处生命周期位置、组织规模、产业类别等，进行跨产业比较研究。此跨产业比较除可了解不同产业在上述四大主要构念间的现况，还可间接推论产业居处状况对其知识活动与绩效的影响。

3.2.1 研究假设

将各项假设整理如下：
假设 1：产业知识环境与其知识策略显著相关。

H1a：产业厂商自行创造知识倾向，与产业竞争程度、科技普及度及法律不公程度呈负相关。

H1b：产业内厂商容忍其知识延宕期间的长度，与其竞争程度、顾客压力及科技普及度呈负相关，而与法律不公程度呈正相关。

H1c：产业知识的有效期限与市场竞争程度及科技普及度呈负相关。

H1d：厂商知识横向整合的程度与科技普及度呈正相关。

H1e：产业知识活动的集体性与科技普及度、顾客压力及市场竞争呈正相关。

H1f：产业知识环境稳定程度，与市场竞争度、顾客压力、法律不公程度呈负相关，与科技普及度呈正相关。

H1g：产业厂商进行知识活动时的生产者导向，与竞争程度、顾客压力及科技普及度呈负相关。

H1h：知识基础程度与科技普及度呈正相关，与法律不公程度呈负相关。

H1i：产业对知识资源投入的程度，与科技普及度、顾客压力呈正相关，与法律不公程度呈负相关。

H1j：产业厂商对其知识成文化程度的决定，与其科技普及度呈正相关，而与竞争程度呈负相关。

假设 2：产业知识环境与产业知识作业显著相关。

H2a：产业知识群聚活动程度与法律不公程度呈负相关，而与科技普及度呈正相关。

H2b：产业知识展延活动程度与科技普及度呈正相关。

H2c：产业知识交易活动程度与科技普及度及顾客压力呈正相关，而与法律不公程度呈负相关。

H2d：产业知识定规活动程度与科技普及度及顾客压力呈正相关。

假设 3：产业知识策略与其知识作业显著相关。

H3a：产业知识群聚活动程度与知识外引程度、知识可用期限、知识活动集体性、厂商的知识基础、知识整合程度及知识成文化程度呈正相关，与获得知识的时间长度呈负相关。

H3b：产业知识展延活动程度与知识有效期限、知识基础、知识整合程度及知识成文化程度呈正相关。

H3c：产业知识交易活动程度与厂商市场导向、知识活动集体性、知识整合度及知识成文化程度呈正相关，与知识取得时间呈负相关。

H3d：产业知识定规活动程度与知识有效期限、厂商市场导向程度、知识整合度及知识成文化程度呈正相关。

假设 4：产业知识策略与其知识绩效显著相关。

H4a：产业厂商自行创造知识程度，与其知识管理绩效呈正相关。

H4b：产业厂商知识活动延宕时间的容忍程度，与其知识绩效呈正相关。

H4c：产业知识的有效期限，与其知识管理绩效呈正相关。

H4d：产业知识的整合程度，与其知识管理绩效呈正相关。

H4e:产业知识活动的集体性,与其知识绩效呈正相关。

H4f:产业知识环境的波动程度,与知识绩效呈正相关。

H4g:产业活动市场导向,与顾客相关知识绩效呈正相关,与科技相关知识绩效呈负相关。

H4h:产业厂商知识基础与其知识绩效呈正相关。

H4i:产业厂商知识资源投入程度与知识绩效呈正相关。

H4j:产业厂商知识管理过程中对知识的成文化程度,与其知识绩效呈正相关。

假设 5:产业知识作业与其知识绩效显著相关。

H5a:产业知识群聚程度,与其知识管理绩效呈正相关。

H5b:产业知识展延程度,与其知识管理绩效呈正相关。

H5c:产业知识交易程度,与其知识管理绩效呈正相关。

H5d:产业知识定规程度,与其知识管理绩效呈正相关。

假设 6:产业知识环境与其知识绩效显著相关。

H6a:产业科技普及程度,与其产业知识绩效呈负相关。

H6b:产业中法律不公程度,与其产业知识绩效呈负相关。

H6c:产业市场竞争程度,与其产业知识绩效呈正相关。

H6d:产业顾客压力程度,与其产业知识绩效呈负相关。

假设 7:位居不同产业生命周期阶段的产业,与其产业知识策略及产业知识作业等具有显著差异。

假设 8:在不同组织规模下,产业与其产业知识环境、产业知识策略、产业知识作业及产业知识绩效等具有显著差异。

假设 9:在不同产业类别下,产业与其产业知识策略及产业知识作业等具有显著差异。

3.2.2 操作性定义

1. 产业知识环境定义

市场竞争:意谓市场竞争压力促使厂商从事知识与创新活动。

顾客压力:意谓知识与创新活动最终仍需接受顾客考验,因此顾客面与知识活动相联系。

法律不公:意谓法律因素对知识活动有其影响性。

科技普及:意谓知识管理部分起源自科技管理,其科技因素对知识活动也有影响。

2. 产业知识策略定义

外引一内造知识导向:产业自行研发、创造、衍生知识,或自外部引入知识倾向。

知识容忍期间(知识可延宕期间)长短:指产业愿意忍耐知识延宕、能长期投入并等待新知识形成,抑或急于需要此知识而无法容忍知识延宕程度。

知识有效期间:指产业对其(欲)拥有知识预期将长期有效,或其仅供短期运用。

深化一整合程度:指产业将知识努力程度区分为 A 型与 T 型策略,分别意指深化策略与整合策略。

知识活动集体性/个别性:指产业参与知识性活动成员的人数、单位数或涉入功能单位数目。

知识环境稳定性:环境一直是管理领域的重要议题,在知识管理领域涉入者较少。

市场—生产者导向:产业进行知识性活动时,系以市场顾客、渠道需求为知识焦点,抑或是忽略市场状况,纯以自己专注知识核心为焦点。

知识基础程度:产业厂商本身所拥有的知识资源累积量、资源投入、知识涉及深广度等。

资源投入程度:产业愿意以及能够投入知识性资源至产业知识活动上的程度。

知识可明文化程度:知识属于容易明文化、书面化的明晰知识,或是不易书面化的默会知识。

3. 产业知识作业定义

知识群聚功能:在既有知识典范下,将知识有效扩散至产业内厂商,使此知识达群聚效果的管理活动。

知识展延功能:当知识活动仍在产业内进行,但其知识典范已产生变化者,此时管理活动重点在于将知识进行良性方向修正。

知识交易功能:在既有知识典范前提下所实行跨产业知识活动。

知识定规功能:在管理活动已跨越产业限制,而这些活动中知识典范已发生改变,便成为产业知识定规活动。

4. 产业知识绩效定义

知识深入度:产业进行知识管理后,产业成员所拥有知识艰深、专业、崭新的程度。

知识普及度:产业进行知识管理后,产业内的知识由许多成员共同分享所有的程度。

知识成长度:产业进行知识管理后,产业成员在知识深度上的成长量。

知识扩散度:产业进行知识管理后,产业成员在知识普及度上的成长程度。

知识多元性:产业进行知识管理后,产业所拥有的知识在种类上的多元性。

知识整合性:产业进行知识管理后,产业厂商将各类知识领域予以整合成可应用的知识。

知识转化力:产业进行知识管理后,在未形成新知识典范状况下,将现有知识予以转化应用,使其成为具新附加价值知识形态。

知识创造力:产业进行知识管理后,产业创造全新知识本体的能力或绩效。

3.2.3 量表设计

研究为取得较大样本资料,故以问卷调查法为较适合方法。

1. 产业知识环境

以下 14 题项分别衡量竞争(1~4 题)、顾客(5~8 题)、法律(9~10 题)及科技(11~14题)等四项,题项均以李克特五点量表衡量(1=极不同意,5=非常同意)。题项后标有＊者属于反向题项。

1) 本行业竞争温和,并不激烈 *

2) 本行业同业之间经常合作,是一种既竞争又合作的关系 *

3) 本行业若干同业受到特殊的待遇(如政府保护)而使本公司遭受不平等的待遇

4) 本行业中和同业之间的生产或营销方式十分近似,没有很大的差异

5) 本行业的厂商一般市场规模都不小

6) 顾客们对产品或本行业情况十分了解而内行 *

7) 顾客们十分忠诚,不会轻易转换品牌

8) 顾客们对本行业的产品相当重视,购买时精挑细选

9) 目前的法律、法律对本行业相当不利

10) 本行业有受到政府或立法机构的特别保障 *

11) 本行业的技术相当稳定,同一种技术可以使用很久 *

12) 本行业的技术很容易被同业学习、模仿

13) 本行业目前使用的技术已经成熟,同业们都会应用这种技术

14) 本公司生产产品时有秘方,是同业不知道的 *

2. 产业知识策略

此部分共由 10 个项目构成,以五点式语意差异量表进行衡量,共计 10 题。

1) 短期考虑—长期考虑

2) 可用期短—可用期长

3) 内部自创—外部引入

4) 基础不佳—基础良好

5) 低度投入—高度投入

6) 知识具体—知识抽象

7) 市场导向—厂商导向

8) 整合知识—深化知识

9) 共同介入—专家专职

10) 环境稳定—环境变化

3. 产业知识作业

此部分由 4 项子构念组成,均以五点式李克特量表进行衡量(1＝从未发生,5＝一定发生)。以下 20 题项分别衡量产业知识群聚功能(1～5 题)、展延功能(6～10 题)、交易功能(11～15 题)、定规功能(16～20 题)。

1) 将有用的知识扩散、流通到全产业的同业间。

2) 将产业内已经成功的知识成果转移到其他同业。

3) 为达到知识效益最大化,进行产业内知识工作的分工。

4) 把已经存在的知识充分应用,使其在同业间广泛应用并提升其效用。

5) 通过知识转移与中介的机构,协助知识在同业间普及化。

6) 妥善引导、辅导同业厂商进入新的知识领域。

7) 协助同业将知识领域加广或加深。

8) 将各种知识体相互转移并整合成对同业更有效益的知识体。

9) 将现有的知识加以修正、改善,使知识可用寿命极大化。

10) 应用新知识来改善、改变已经存在的既有产品。

11) 辅导同业将本业的知识与异业间来从事交易、交换或其他商业性行为。

12) 与异业进行知识的特许、授权、结盟与传授等行为。

13) 整合异业与不同来源的知识(如学术机构),进而加以改善本业的现有产品。

14) 与产业、学术或研究机构间进行知识的交流活动。

15) 辅助对国际性知识活动的协调与机制的制定。

16) 在跨领域的联合性知识活动中,协助厂商接洽划分各方面的任务范围。

17) 在新式知识形成过程中,对其产业规格、标准、典型做标准的律定。

18) 在不同领域知识内容间寻求标准化的知识/科技。

19) 制定产业知识的发展方向,包括政策发展、优先顺序、点子寻求、法规制定等。

20) 对各种知识活动的资源配置、介入深度、涉及广度做决策。

4. 产业知识绩效

由 8 项子构念构成,各以若干题项进行衡量,采用李克特五点量表。

知识深入度绩效:

1) 贵行业厂商所建构的知识库,其知识程度够深入且具有实际性。

2) 相对于其他相关行业,贵行业的知识水准属于先进地位。

3) 贵行业实施师徒制/实习制时,其传授知识够深入。

4) 贵行业在执行教育训练时,其传授与训练内容够深入。

知识普及度绩效:

1) 贵行业成员普遍均能了解本公司的核心知识。

2) 贵厂商实施师徒制/实习制时,能让许多员工跟随知识精英或知识教师学习新知识。

3) 贵行业厂商能将核心知识建构成知识库供其他同业参考学习。

4) 贵行业常将知识或专利开放供人员学习。

知识成长度绩效:

1) 过去两年间,贵行业内研发人员知识水准颇有成长。

2) 过去两年间,贵行业的知识水准快速进步。

3) 过去两年间,贵行业厂商所建构知识库在知识内容与品质上均有提升。

4) 贵行业执行教育训练能使员工知识在短期内快速增长。

知识扩散度绩效:

1) 贵行业厂商一旦有新知识形成,会迅速分享、扩散至其他同业间。

2) 过去两年内,贵行业的知识能迅速扩散并普及至全业。

3) 贵行业的知识经常掌握在少数人员手中,不轻易扩散至其他同事。

4) 贵行业厂商能立即将某种知识或信息传送出去,使同业也知道。

知识多元性绩效:

1)贵行业厂商对本业以外的各类知识领域都有所了解。

2)除本业知识外,贵行业厂商能对异业、相关产业知识均有所涉猎。

3)贵行业厂商能密切注意各种可供应用的新知识。

4)贵行业厂商常推动人员培养多专长、实行工作轮调等制度。

知识整合性绩效:

1)贵行业厂商能将各类知识来源整合为可供使用的知识。

2)贵行业厂商能整合不同知识来源,并应用在修正既有产品上。

3)贵行业常召集各种知识领域人员,以整合不同领域的专业知识。

4)贵行业厂商强调专业,不常借用其他领域的知识来源。

知识转化性绩效:

1)贵行业厂商能将某种知识领域转化至其他领域。

2)贵行业厂商能将其他领域的知识转变为贵公司新产品。

3)贵厂商每开发一种新知识/技术,便尽量广泛应用这一种知识/技术在许多方面。

4)贵行业同业能顺利跨入不同的产品领域或知识领域。

知识创造性绩效:

1)贵行业厂商擅长运用当前的各类知识资源,来创造全新的知识内容。

2)贵行业厂商能运用全新知识来解决既有的老问题。

3)贵行业比其他行业更能成功推出新产品。

4)贵行业的员工极具知识/技术上的创新能力。

5. 公司基本资料方面

此部分为受测样本的基本资料,包括 3 题,分别以名目尺或比例尺度衡量。

1)贵公司属于   □ 制造业(请说明具体产业)□ 服务业 □ 其他(请说明)

2)贵公司所面临的市场,最接近下面哪一种情况?

    □ 市场上刚引进这种产品,市场规模不大,而竞争对手也不多。

    □ 产品引进市场已有一段时间,市场正渐渐成长,竞争尚不激烈。

    □ 产品引进市场已有一段时间,市场已渐渐饱和,竞争已相当激烈。

    □ 产品在市场上已渐渐过时,竞争对手也已渐渐退出市场。

3)贵公司 2015 年的资本额约为人民币_____元。

3.2.4 资料统计分析方法

本研究以问卷调查作为研究方法,在实证中使用 SPSS 分析工具。

本研究所采用的资料分析方法如下:

1. 叙述统计分析:包括平均值、变异数、标准差、次数分配等。此部分用以了解回收样本对各构念的一般意见(平均值)、样本间意见的离散度(变异数与标准差),以及各种意见程度上的样本比例(次数分配)。

2. 因素分析：用以简化多题项构念的题项，以方便后续资料分析。由于研究诸多构念均由多题项组成，因此需要题项简化。这些构念包括产业知识环境、产业知识策略等。

3. 一致性检定：以 Cronbach's α 系数及分项对总项的相关系数来检定各因素衡量变量的内部一致性程度。若 α 值高于 0.7，则具有高信度；若小于 0.3，则为低信度。至于分项对总项相关系数也以大于 0.5 为佳，小于 0.3 者为低信度。

4. 回归模式分析：为探讨本研究各构念之间的互动关系，本研究将用复回归分析，并探讨因素间的线性关系。

5. 相关分析：相关分析用以分析可量化构念间关系，例如产业知识策略属性与产业知识绩效关系、产业知识作业与产业知识绩效的联动性等。

6. 变异数分析：用以比较各群类间样本意见的差异。包括不同生命周期间知识策略的差异、不同产业间知识活动的异同等。

7. Duncan 差异比较方法：当整体差异性达显著水准时，则进一步采用 Duncan 多重检定法，检视哪些群体间存在显著差异。

8. 集群分析：本研究尝试将产业知识策略与产业知识作业的样本依其意见，区分为若干集群，用以比较各群间的差异。

3.2.5 样本与抽样

本研究依据各产业生命周期与其组织规模来进行抽样。抽样对象中制造业 375 家、服务业 188 家、金融业 37 家，共计 600 个样本。问卷以人员访问法配合邮寄问卷法调查，访问或邮寄的对象有：事业部主管、研发部门主管、战略部门主管。若有效回收率以 25% 为量度，预计回收 150 份有效问卷，此样本数应具可信度，最后回收问卷共计 136 份，扣除无效问卷 5 份，有效问卷 131 份，其回收率为 21.83%（表 3-2）。

表 3-2 问卷回收状况表

产业别	家数	本研究取样	回收	回收率（%）
金融业	100	37	16	43.24
制造业	1000	375	75	20.00
服务业	600	188	24	12.77
其他	0	0	16	0
合计		600	131	21.83

3.3 实证分析结果

3.3.1 因素分析

为了简化后续分析步骤，分析采用主成分因素分析法，而萃取的准则是依 Hair，

Anderson，Tathama & Black(1998)的建议,取出特征值大于 1.00 的因素,再以最大变异数正交转轴旋转法旋转,旋转后的因素负荷量与其他因素负荷量之差必须大于 0.5 以上,方能成为组成该因素的因子。最后参考组成因素的题项文意及负荷量分别予以命名。

以下将分别针对产业知识策略与产业知识环境等构念进行因素分析,并对其因素负荷量、特征值、累积解释变异量加以说明。

1. 产业知识策略

如表 3-3 所示,在产业知识策略方面,经因素分析从 10 个题项中共萃取出四个因素,分别命名为长期倾向、自主倾向、深化倾向和混沌倾向。

表 3-3　产业知识策略的因素分析结果

题项	特征值	因素负荷量	累积解释变异量	命名
1. 长期考虑－短期考虑 2. 可用期长－可用期短	2.072	0.870 0.741	17.84%	长期倾向
5. 高度投入－低度投入 4. 基础良好－基础不佳 9. 共同介入－专家专职 3. 内部自创－外部引入	1.621	0.722 0.604 0.572 0.500	33.75%	自主倾向
7. 市场导向－厂商导向 8. 整合知识－深化知识	1.432	0.840 0.791	48.80%	深化倾向
6. 知识抽象－知识具体 10. 环境变化－环境稳定	1.245	0.839 0.740	63.70%	混沌倾向

所谓的长期倾向是指产业在进行知识活动时,对知识管理的长期考虑及要求,即该知识是属于长期作用的,其考虑因素包含了该知识对产业带来的利益属于长期(第 1 题),以及该知识计划时效长且可供长期利用(第 2 题),而此负荷量都在 0.741 以上。其次,自主倾向则是指产业在进行知识活动时自身的投入程度,其所考虑的因素包括产业愿意投入充足的资源(第 5 题),研发单位员工的知识基础良好(第 4 题),产业对知识的创新是采用专家专职(第 9 题),研发部门专职进行研发的工作(第 3 题),此负荷量都在 0.500 以上。至于深化倾向则是指产业在进行知识策略时使用的本身知识程度,其考虑的因素包含专注于本身擅长的知识(第 7 题),主要应用本业既有的知识(第 8 题),而此负荷量都在 0.791 以上。最后,混沌倾向则是指产业在进行知识策略时面临到不明因素的程度,其所考虑的因素包括产业知识属于抽象(第 6 题),以及产业面临的环境是变化快且情形不明朗(第 10 题),而此负荷量都在 0.740 以上。

据此将 10 题项分成四个因素,且四个因素总计能解释 63.70% 的变异量,应足以代表大部分变异量。研究后续则以此四项构念作为单位进行资料分析。

2. 产业知识环境

如表 3-4 所示,在产业知识环境方面,经因素分析从 14 个题项中共萃取出 5 个因素,分别命名为科技普及度、法律不公、市场竞争、顾客压力和环境稳定性。

表 3-4 产业环境的因素分析结果

题项	特征值	因素负荷量	累积解释变异量	命名
13. 本行业目前使用的技术已经成熟，同业们都会应用		0.785		
14. 本公司生产产品时有秘方，是同业不知道的	2.428	0.765	22.30%	科技普及度
12. 本行业的技术很容易被同业学习、模仿		0.759		
4. 本公司和同业间产品或营销方式十分近似，没有很大差异		0.549		
3. 本行业若干同业受到特殊的待遇（如政府保护、黑道介入）而使本公司遭受不平等的待遇	2.408	0.873	41.73%	法律不公
9. 目前的法律、法律对本行业相当不利		0.844		
1. 本行业竞争温和，并不激烈		0.804		
8. 顾客们对本行业的产品相当重视，购买时精挑细选	1.918	0.716	60.02%	市场竞争
5. 本行业的市场规模很大		0.500		
6. 顾客们对产品或本行业情况十分了解而内行		0.737		
11. 本行业技术相当稳定，同一种技术可以使用很久	1.290	0.733	76.76%	顾客压力
7. 顾客们十分忠诚，不会轻易转换品牌		0.500		
10. 本行业有受到政府或立法机构的特别保障	1.218	0.829	92.61%	环境稳定性
2. 本行业同业之间经常合作，是一种既竞争又合作的关系		0.724		

所谓的科技普及度是指产业在使用的科技技术上为产业间所接受的程度，其中考虑的因素包含了产业目前使用的技术已经成熟，同业们都会应用这种技术（第13题），产业生产产品时有秘方，是同业不知道的（第14题），产业本身的技术很容易被同业学习、模仿（第12题），产业本身和同业之间的产品或营销方式十分近似，没有很大的差异（第4题），而且此负荷量都在 0.549 以上。其次，法律不公是指产业面对的外力干预是呈现不利的，其所考虑的因素包括本行业若干同业受到特殊的待遇而使本公司遭受不平等的待遇（第3题），目前的法律、法律对本行业相当不利（第9题），而且此负荷量都在 0.844 以上。再者，市场竞争是指产业承受外在竞争市场压力的程度，其考虑因素包含本行业竞争温和，并不激烈（第1题），顾客们对本行业的产品相当重视，购买时精挑细选（第8题），本行业的市场规模很大（第5题），而且此负荷量都在 0.500 以上。至于顾客压力是指顾客对产业的熟知度、要求与期许，其考虑因素包含顾客们对产品或本行业十分了解而内行（第6题），产业技术相当稳定，同一种技术可以使用很久（第11题），顾客们十分忠诚，不会轻

易转换品牌(第 7 题),而且此负荷量都在 0.500 以上。最后,环境稳定性则是指产业面临的外在环境是趋于稳定的,其所考虑的因素包括本行业受到政府或立法机构的特别保障(第 10 题),本行业同业之间经常合作,是一种既竞争又合作的关系(第 2 题),而且此负荷量都在 0.724 以上。

据此将 14 个题项分成五项因素,且五项因素总计能解释 92.61% 的变异量,所以应足够代表大部分变异量。而研究后续则以此五项构念作为单位进行资料分析。

3.3.2 各构念内部一致性分析

本研究对于信度的量测,以分项对总项相关系数与 Cronbach'α 值来衡量因素的信度及变量间聚集的效果,根据 Cuieford(1965)所提观点,Cronbach'α 值大于 0.7 者为高标准,小于 0.3 者为低标准,Item-to-total 的值也不宜低于 0.3 为标准。本节从产业知识策略、产业知识环境、产业知识作业、产业知识绩效等四方面来探讨各构念内部一致性分析,详见表 3-5 至表 3-8 列表表述。

1. 产业知识策略方面

依据前节将产业知识策略方面区分为长期倾向、自主倾向、深化倾向与混沌倾向等四构念。在此四个构念并无删除其他子题,且达一致性标准。其中,产业知识策略的 Cronbach'α 值均在 0.438 以上,且分项对总项的值也在 0.300 以上,故符合内部一致性原则,如表 3-5 所示:

表 3-5　产业知识策略的内部一致性分析

构念	题项	Cronbach'α	Item-to-total Correlation
长期倾向	1. 长期考虑—短期考虑 2. 可用期长—可用期短	0.714	0.555 0.555
自主倾向	5. 高度投入—低度投入 4. 基础良好—基础不佳 9. 共同介入—专家专职 3. 内部自创—外部引入	0.438	0.337 0.320 0.300 0.311
深化倾向	7. 市场导向—厂商导向 8. 整合知识—深化知识	0.609	0.438 0.438
混沌倾向	6. 知识抽象—知识具体 10. 环境变化—环境稳定	0.536	0.368 0.368

2. 产业知识环境方面

将产业知识环境方面区分为科技普及度、法律不公、市场竞争、顾客压力、环境稳定性等五构念。在此五个构念并无删除其他子题,且达一致性标准。其中,产业知识环境的 Cronbach'α 值均在 0.499 以上,且分项对总项的值也在 0.308 以上,故符合内部一致性原则,如表 3-6 所示:

73

表 3-6　产业知识环境的内部一致性分析

构念	题项	Cronbach'α	Item-to-total Correlation
科技普及度	13. 本行业目前使用的技术已经成熟,同业们都会应用 14. 本公司生产产品时有秘方,是同业不知道的 12. 本行业的技术很容易被同业学习、模仿 4. 本公司和同业之间的产品或营销方式十分近似,没有很大的差异	0.674	0.633 0.468 0.464 0.318
法律不公	3. 本行业若干同业受到特殊待遇(如政府保护、黑道介入)而使本公司遭受不平等的待遇 9. 目前的法律、法律对本行业相当不利	0.723	0.569 0.569
市场竞争	1. 本行业竞争温和,并不激烈 8. 顾客们对本行业的产品相当重视,购买时精挑细选 5. 本行业的市场规模很大	0.539	0.429 0.327 0.323
顾客压力	6. 顾客们对产品或本行业十分了解而内行 11. 本行业的技术相当稳定,一种技术可以使用很久 7. 顾客们十分忠诚,不会轻易转换品牌	0.499	0.325 0.308 0.312
环境稳定性	10. 本行业有受到政府或立法机构的特别保障 2. 本行业同业之间经常合作,是一种既竞争又合作的关系	0.529	0.363 0.363

3. 产业知识作业方面

将其产业知识作业方面区分为知识群聚功能、知识展延功能、知识交易功能、知识定规功能等四个构念。在此四个构念并无删除其他子题,各项构念均可达一致性水准。其中各产业知识作业构念的 Cronbach'α 值均在 0.810 以上,且分项对总项的值也在 0.335 以上,故符合内部一致性原则,如表 3-7 所示:

表 3-7　产业知识作业面的内部一致性分析

构念	题项	Cronbach'α	Item-to-total Correlation
知识群聚功能	1. 将知识扩散、流通到全部产业的厂商间 2. 将产业内已经成功的知识成果转移到其他同业 3. 以知识综效最大化为前提,进行产业内知识的分工 4. 促进已经存在的知识典范达到其应用性、效用性的最大化 5. 通过知识转移与中介的机构,以协助其知识的普及	0.841	0.735 0.720 0.422 0.748 0.640
知识展延功能	6. 引导同业厂商进入新的知识领域 7. 加广(展)或加深(延)知识本体的领域 8. 将各种知识体相互转移并整合成对组织更有效益的知识体 9. 将现有的知识加以修正、改善,并使知识生命极大化,以增进知识的可重置性与可延伸性 10. 应用新知识来改善、改变已经存在的产品	0.810	0.752 0.718 0.696 0.502 0.335

构念	题项	Cronbach'α	Item-to-total Correlation
知识交易功能	11. 将本业的知识与异业间来从事交易、交换或其他商业性行为	0.833	0.631
	12. 与异业进行知识的特许授权、结盟与传授等行为		0.499
	13. 整合异业与异来源的知识，进而加以改善、改变现有的产品		0.749
	14. 与产业、学术或研究机构间进行知识活动的交流		0.613
	15. 对跨国家性知识活动间的协调与机制的制定		0.670
知识定规功能	16. 与不同领域的联合性知识活动接洽及负责任务领域的划分	0.879	0.548
	17. 在新典范知识形成过程中，对其产业规格、标准、典型做一标准的律定		0.754
	18. 在异领域知识体间寻求标准化的科技		0.795
	19. 制定产业知识发展的方向，其中包括政策发展、优先顺序、点子寻求、接触领域、法规制定等		0.662
	20. 对各种知识活动的资源配置、介入深度、涉及广度所做出的决策		0.804

4. 产业知识绩效方面

将其产业知识绩效方面区分为知识深入度、知识普及度、知识成长度、知识扩散度、知识多元性、知识整合性、知识转化力与知识创造力等八个构念。在此八个构念并无删除其他子题，各项构念均可达一致性水准。其中各产业知识绩效构念的 Cronbach'α 值均在 0.635 以上，且分项对总项的值也在 0.301 以上，故符合内部一致性原则，如表 3-8 所示：

表 3-8　产业知识绩效的内部一致性分析

构念	题项	Cronbach'α	Item-to-total Correlation
知识深入度绩效	1. 贵行业厂商所建构的知识库，其知识程度够深入且有实际性	0.688	0.428
	2. 相对于其他相关行业，贵行业的知识水准属于先进地位		0.525
	3. 贵行业实施师徒制/实习制时，其传授的知识够深入		0.350
	4. 贵行业在执行教育训练时，其传授与训练内容够深入		0.605
知识普及度绩效	5. 贵行业成员普遍均能了解本公司的核心知识	0.722	0.514
	6. 贵行业厂商实施师徒制/实习制时，能让许多员工跟随知识精英或知识教师学习新知识		0.388
	7. 贵行业厂商能将核心知识建构成知识库以供同业参考学习		0.747
	8. 贵行业常将知识或专利开放供人员学习		0.421
知识成长度绩效	9. 过去两年间，贵行业内研发人员知识水准颇有成长	0.838	0.540
	10. 过去两年间，贵行业的知识水准快速进步		0.755
	11. 过去两年间，贵行业厂商所建构知识库在知识内容与品质上均有提升		0.789
	12. 贵行业执行教育训练能使员工知识在短期间内快速增长		0.627
知识扩散度绩效	13. 贵行业厂商一旦有新知识形成，会迅速分享、扩散至其他同业间	0.757	0.678
	14. 过去两年内，贵行业的知识能迅速扩散并普及至全业		0.698
	15. 贵行业的知识经常掌握在少数人员手中，不轻易扩散至其他同事		0.311
	16. 贵行业厂商能立即将某种知识或信息传送出去，使同业也都知道		0.605

续　表

构念	题项	Cronbach'α	Item-to-total Correlation
知识多元性绩效	17. 贵行业厂商对本业以外的各类知识领域都有所了解 18. 除本业知识外,贵行业厂商对异业、相关产业知识均有所涉猎 19. 贵行业厂商能密切注意各种可供应用的新知识 20. 贵行业厂商常推动人员培养多专长、实行工作轮调等制度	0.731	0.496 0.670 0.568 0.382
知识整合性绩效	21. 贵行业厂商能将各类知识来源整合为可供使用的知识 22. 贵行业厂商能整合不同知识来源,并应用在修正既有产品上 23. 贵行业常召集各种知识领域人员,以整合不同领域的专业知识 24. 贵行业厂商强调专业,不常借用其他领域的知识来源	0.635	0.445 0.632 0.457 0.301
知识转化力绩效	25. 贵行业厂商能将某知识领域转化至其他领域 26. 贵行业厂商能将其他领域的知识转变为贵公司新产品 27. 贵行业厂商每开发一种新知识/技术,便尽量广泛应用这一种知识/技术在许多方面 28. 贵行业同业能顺利跨入不同的产品领域或知识领域	0.796	0.656 0.737 0.512 0.545
知识创造力绩效	29. 贵行业厂商擅长运用当前的各类知识资源,来创造全新的知识内容 30. 贵行业厂商能运用全新知识来解决既有的老问题 31. 贵行业比其他行业更能成功推出新产品 32. 贵行业的员工极具知识/技术上创新能力	0.816	0.763 0.570 0.628 0.624

3.3.3　叙述统计

1. 产业知识策略

在长期倾向方面,各变项平均值介于 3.954 与 4.183 之间,表明样本较不倾向于长期考虑。在自主倾向方面,各变项平均值介于 2.878 与 3.618 之间,显示此构念的样本在知识投入与程度上并不高,并且较常用外部引入与专家专职。在深化倾向方面,各变项平均值介于 2.763 与 3.191 之间,显示此构念样本中的产业知识的深入倾向并不高。在混沌倾向方面,各变项平均值介于 2.214 与 3.435 之间,显示此构念的混沌程度并不高。本研究的样本受测者对其知识策略面大都分布在中间地带,意即各产业在产业知识策略上,尚属于中庸程度。产业知识策略的意见均值见表3-9所示:

表 3-9　产业知识策略的意见均值表

构念	题项	平均值	标准差
长期倾向	1. 长期考虑－短期考虑 2. 可用期长－可用期短	4.183 3.954	0.943 0.927
自主倾向	5. 高度投入－低度投入 4. 基础良好－基础不佳 9. 共同介入－专家专职 3. 内部自创－外部引入	3.229 3.573 3.618 2.878	1.167 1.008 1.262 0.895
深化倾向	7. 市场导向－厂商导向 8. 整合知识－深化知识	2.763 3.191	1.094 1.138
混沌倾向	6. 知识抽象－知识具体 10. 环境变化－环境稳定	2.214 3.435	1.130 1.253

注:表中平均值代表意义为1:极不同意;2:不太同意;3:没有意见;4:同意;5:非常同意。

2. 产业知识环境

在科技普及度方面,各变项平均值介于 3.389 与 3.603 之间,表示产业对本身所作用的科技普及的程度上的认知多介于没有意见与同意之间,表示其科技是普及的,但其程度并不高。在法律不公方面,各变项平均值介于 2.357 与 3.061 之间,此显示了组织对其现今处境的不公平待遇与对其不利的现况介于不太同意与没有意见之间,也就是说法律不公是存在的,但对其产业并不会造成太大的不利。在市场竞争方面,各变项平均值介于 3.450 与 4.359 之间,表示产业对其市场上的竞争都存在着压力。在顾客压力方面,各变项平均值介于 2.641 与 3.366 之间,这表示组织对其顾客所带来的要求与在意的程度多介于不太同意与同意之间,表示产业对其顾客压力的感受程度不同。在环境稳定性方面,各变项平均值介于 3.023 与 3.786 之间,显示产业对其环境稳定与否多介于没有意见与同意之间,也就是说其环境稳定的认定多为没有感受,或者是说故意忽略其存在。本研究的样本受测者在知识产业环境面上大都分布在不太同意与同意之间,意即产业对其知识环境的影响,有所感受,但其程度多偏为中庸。产业知识环境的意见均值见表 3-10 所示:

表 3-10 产业知识环境的意见均值表

构念	题项	平均值	标准差
科技普及度	13. 本行业目前使用的技术已经成熟,同业们都会应用这种技术	3.603	0.829
	14. 本公司生产产品时有秘方,是同业不知道的	3.489	0.939
	12. 本行业的技术很容易被同业学习、模仿	3.542	0.963
	4. 本公司和同业之间的产品或营销方式十分近似,没有很大的差异	3.389	1.134
法律不公	3. 本行业若干同业受到特殊的待遇(如政府保护)而使本公司遭受不平等的待遇	2.357	1.022
	9. 目前的法律、法律对本行业相当不利	3.061	0.909
市场竞争	1. 本行业竞争温和,并不激烈	4.359	0.814
	8. 顾客们对本行业的产品相当重视,购买时精挑细选	3.832	0.870
	5. 本行业的市场规模很大	3.450	1.097
顾客压力	6. 顾客们对产品或本行业情况十分了解而内行	2.641	0.977
	11. 本行业的技术相当稳定,同一种技术可以使用很久	2.802	1.018
	7. 顾客们十分忠诚,不会轻易转换品牌	3.366	1.009
环境稳定性	10. 本行业有受到政府或立法机构的特别保障	3.786	0.985
	2. 本行业同业之间经常合作,是一种既竞争又合作的关系	3.023	1.133

注:表中平均值代表意义为 1:极不同意;2:不太同意;3:没有意见;4:同意;5:非常同意。

3. 产业知识作业

根据产业知识作业的四个构念(知识群聚功能、知识展延功能、知识交易功能与知识定规功能)共计 20 个题项来区分,每个构念共有四个题项。在知识群聚功能方面,各变项平均值介于 2.244 与 2.803 之间,表示产业知识作业群聚的做法上只是偶尔与有时实行;就知识展延功能而言,各变项平均值介于 2.208 与 3.360 之间,表示产业在知识作业上展延功能的使用次数有其差异；在知识交易功能方面，各变项平均值介于 2.192 与 3.136 之间，显示产业知识作业在交易的功能上只偏有时才实行；就知识定规功能而言，各变项平均值介于 2.400 与 2.960 之间，这也显示产业在知识作业上定规功能的使用也是偏有时才实行。其中题项 9、10 与 14 的平均值高于 3.000 以上，其余的平均值均在 3.000 以下，显示产业间在知识作业面的交流上有慢慢前进的趋势。

综上，其中又以知识展延功能的标准差最低，显示产业在知识展延功能上并无明显差异性；而知识定规功能的标准差最高，显示组织在知识定规功能上较有差异性。产业知识作业的意见均值见表 3-11 所示：

表 3-11　产业知识作业的意见均值表

构念	题项	平均值	标准差
知识群聚功能	1. 将知识扩散、流通到全部产业的厂商间	2.567	0.939
	2. 将产业内已经成功的知识成果转移到其他同业中	2.244	0.915
	3. 以知识综效最大化为前提，进行产业内知识的分工	2.803	1.039
	4. 促进已经存在的知识典范达到其应用性、效用性的最大化	2.544	0.963
	5. 通过知识转移与中介的机构，以协助其知识的普及	2.248	0.973
知识展延功能	6. 引导同业厂商进入新的知识领域	2.208	0.953
	7. 加广(展)或加深(延)知识本体的领域	2.272	1.035
	8. 将各种知识体相互转移并整合成对组织更有效益的知识体	2.352	1.018
	9. 将现有的知识加以修正、改善，并使知识生命极大化，以增进知识的可重置性与可延伸性	3.136	0.865
	10. 应用新知识来改善、改变已经存在的产品	3.360	0.856
知识交易功能	11. 将本业的知识与异业间来从事交易、交换或其他商业性行为	2.192	1.014
	12. 与异业进行知识的特许授权、结盟与传授等行为	2.648	1.049
	13. 整合异业与异来源的知识，进而加以改善、改变现有的产品	2.952	0.958
	14. 与产业、学术或研究机构间进行知识活动的交流	3.136	0.953
	15. 对跨国家性知识活动间的协调与机制的制定	2.496	1.090
知识定规功能	16. 与不同领域的联合性知识活动接洽及负责任务领域的划分	2.400	0.976
	17. 在新典范知识形成过程中，对其产业规格、标准、典型做一标准规定	2.704	1.100
	18. 在异领域知识体间寻求标准化的科技	2.896	1.046
	19. 制定产业知识发展的方向，其中包括政策发展、优先顺序、点子寻求、接触领域、法规制定等	2.808	1.060
	20. 对各种知识活动的资源配置、介入深度、涉及广度所做出的决策	2.960	1.003

注：表中平均值代表意义为：1. 从未发生；2. 偶尔发生；3. 有时发生；4. 经常发生；5. 一定发生。

4. 产业知识绩效

根据产业知识绩效的八个构念(知识深入度、知识普及度、知识成长度、知识扩散度、知识多元性、知识整合性、知识转化力与知识创造力)共计 32 个题项来区分，每个构念共有四个题项。在知识深入度方面，各变项平均值介于 3.024 与 3.628 之间；就知识普及度而言，各变项平均值介于 2.674 与 3.583 之间；在知识成长度方面，各变项平均值介于 3.450 与 3.721 之间；

就知识扩散度而言,各变项平均值介于 2.646 与 3.173 之间;就知识多元性而言,各变项平均值介于 3.157 与 3.906 之间;就知识整合性而言,各变项平均值介于 3.244 与 3.709 之间;就知识转化力而言,各变项平均值介于 3.063 与 3.520 之间;就知识创造力而言,各变项平均值介于 3.142 与 3.559 之间。其中,题项 7、8、13 与 14、16 的平均值低于 3.000 以下,其余的平均值均在 3.000 以上,显示组织间均希望能在知识绩效各构念上有所改进。

综上,其中又以知识整合性的标准差最低,显示产业在知识整合性上并无明显差异性;而知识普及度的标准差最高,显示产业在知识普及度上较有差异性。产业知识绩效的意见均值见表 3-12 所示:

表 3-12　产业知识绩效的意见均值表

构念	题项	平均值	标准差
知识 深入度 绩效	1. 贵行业厂商所建构的知识库,其知识程度够深入且具有实际性	3.574	0.934
	2. 相对于其他相关行业,贵行业的知识水准属于先进地位	3.403	0.897
	3. 贵行业实施师徒制/实习制时,其传授知识够深入	3.024	0.963
	4. 贵行业在执行教育训练时,其传授与训练内容够深入	3.628	0.848
知识 普及度 绩效	5. 贵行业成员普遍均能了解本公司核心知识	3.583	0.868
	6. 贵行业厂商实施师徒制/实习制时,能让许多员工跟随知识精英或知识教师学习新知识	3.333	0.896
	7. 贵行业厂商能将核心知识建构成知识库以供其他同业参考学习	2.674	1.040
	8. 贵行业常将知识或专利开放供人员学习	2.969	0.991
知识 成长度 绩效	9. 过去两年间,贵行业内研发人员知识水准颇有成长	3.581	0.778
	10. 过去两年间,贵行业的知识水准快速进步	3.450	0.884
	11. 过去两年间,贵行业厂商建构知识库在知识内容与品质上均有提升	3.721	0.707
	12. 贵行业执行教育训练能使员工知识在短期内快速增长	3.519	0.801
知识 扩散度 绩效	13. 贵行业厂商一旦有新知识形成,会迅速分享、扩散至其他同业间	2.845	0.988
	14. 过去两年内,贵行业的知识能迅速扩散并普及至全业	2.907	0.980
	15. 贵行业的知识经常掌握在少数人员手中,不轻易扩散至其他同事	3.173	0.883
	16. 贵行业厂商能立即将某种知识或信息传送出去,使同业也都知道	2.646	0.947
知识 多元性 绩效	17. 贵行业厂商对本业以外的各类知识领域都有所了解	3.157	0.801
	18. 除本业知识外,贵行业厂商对异业、相关产业知识均有所涉猎	3.504	0.835
	19. 贵行业厂商能密切注意各种可供应用的新知	3.906	0.648
	20. 贵行业厂商常推动人员培养多专长、实行工作轮调等制度	3.591	0.749
知识 整合性 绩效	21. 贵行业厂商能将各类知识来源整合为可供使用的知识	3.709	0.579
	22. 贵行业厂商能整合不同知识来源,并应用在修正既有产品上	3.638	0.626
	23. 贵行业常召集各种知识领域人员,以整合不同领域专业知识	3.417	0.729
	24. 贵行业厂商强调专业,不常借用其他领域的知识来源	3.244	0.870
知识 转化力 绩效	25. 贵行业厂商能将某种知识领域转化至其他领域	3.299	0.749
	26. 贵行业厂商能将其他领域知识转变为贵公司新产品	3.394	0.808
	27. 贵行业厂商每开发一种新知识/技术,便尽量广泛应用这一种知识/技术在许多方面	3.520	0.665
	28. 贵行业同业能顺利跨入不同的产品领域或知识领域	3.063	0.833

续　表

构念	题项	平均值	标准差
知识创造力绩效	29. 贵行业厂商擅长运用当前的各类知识资源，来创造全新知识内容	3.378	0.806
	30. 贵行业厂商能运用全新知识来解决既有的老问题	3.559	0.709
	31. 贵行业比其他行业更能成功推出新产品	3.142	1.014
	32. 贵行业的员工极具知识/技术上创新能力	3.323	0.796

注：表中平均值代表意义为 1：极不同意；2：不太同意；3：没有意见；4：同意；5：非常同意。

3.3.4　各构念间结果分析

1. 产业知识环境对产业知识策略影响结果分析

本研究以产业知识策略为因变量，以产业知识环境为自变量，采用复回归模式进行分析，以了解产业知识策略与产业知识环境之间的关联性，并比较其回归系数，再探讨各自变量对因变量的影响程度。将产业知识环境对产业知识策略回归分析的结果进行探讨（表 3-13），针对不同的产业知识策略与不同的产业知识环境所产生的影响加以说明。

表 3-13　产业知识环境对产业知识策略的回归分析

自变项	长期倾向	自主倾向	深化倾向	混沌倾向
截距项	3.790***	3.549***	4.232***	2.318***
科技普及度	0.058	−0.219***	0.017	−0.264**
法律不公	−0.061	−0.104	0.143	−0.091
市场竞争	0.079	0.300***	−0.301**	0.562***
顾客压力	0.028	−0.174**	−0.070	0.271**
环境稳定性	−0.045	0.049	−0.098	−0.387***
F 值	0.280	5.997	2.342	10.039
p 值	0.923 5	0.000 1	0.045 4	0.000 1
R^2	0.011 2	0.196 0	0.086 9	0.289 8

注：* 表示 $p<0.10$，** 表示 $p<0.05$，*** 表示 $p<0.01$。

表 3-13 列示了在五种产业知识环境对四种产业知识策略所做的回归分析的结果，发现在科技普及度方面，对自主倾向与混沌倾向具有显著的影响。在市场竞争上仅对长期倾向不具有显著的影响，其余皆有显著的影响。在顾客压力方面，对自主倾向与混沌倾向具有显著的影响。在环境稳定性方面，仅对混沌倾向有显著影响。在法律不公方面，居然没有任何一项产业知识策略达显著水准。可以推论产业认为法律不公对其知识策略并无显著影响。

从表 3-10 中可以发现，法律不公的两个题项其平均值均偏向于没有意见，且标准差的样本离散程度亦较其他四者偏低，显示其样本的倾向多趋于一致，表示其产业对法律不公的影响感受很低，有时甚至忽略其存在，因此才有此结果产生。在表中其 R-square 的值介于 1.12%～28.98%,其解释力属低度解释力。

综上,在产业知识环境对产业知识策略的回归分析中,自主倾向与混沌倾向这两个构念下,均受科技普及度、市场竞争及顾客压力的显著性影响,这表示我国产业知识策略的自主与混沌现象,会受到科技的技术方面普及的程度,及其所面对外在竞争市场压力的高低,与其顾客的要求与期许所带来的压力程度的影响。而在深化倾向的构念下,只有市场竞争具有显著性的影响,说明产业对其知识策略的深化程度会受到外在竞争市场竞争压力的高低的影响。而环境稳定性只对其产业知识策略的混沌倾向具有显著性影响,表示产业知识策略的混沌倾向会受到现处环境的稳定程度的影响。

2. 产业知识环境对产业知识作业影响结果分析

本研究以产业知识作业为因变量,以产业知识环境为自变量,采用复回归模式进行分析,由建立回归模式,以了解产业知识作业与产业知识环境之间的关联性,并比较其回归系数,再探讨各自变量对因变量的影响程度。将产业知识环境对产业知识作业回归分析的结果进行探讨(表 3-14),针对不同的产业知识作业与不同的产业知识环境所产生的相关性加以说明。

表 3-14　产业知识环境对产业知识作业的回归分析

自变项	知识群聚	知识展延	知识交易	知识定规
截距项	1.907***	1.788***	1.667**	−0.382
科技普及度	0.136	0.042	0.040	0.239**
法律不公	0.210***	0.019	0.034	0.075
市场竞争	0.152	0.322***	0.326***	0.471***
顾客压力	−0.047	0.035	0.101	0.107
环境稳定性	−0.270***	−0.197***	−0.227***	−0.010
F 值	6.265	3.483	3.675	5.676
p 值	0.000 1	0.005 7	0.004 0	0.000 1
R^2	0.211 2	0.129 6	0.135 7	0.195 2

注: * 表示 $p<0.10$, * * 表示 $p<0.05$, * * * 表示 $p<0.01$。

表 3-14 列示了在五种产业知识环境对四种产业知识作业所做的回归分析的结果,发现在市场竞争方面,对知识展延、知识交易与知识定规等三个构念具有显著的影响,及在环境稳定性方面,对知识群聚、知识展延与知识交易等三个构念具有显著的影响。而在科技普及度上,仅对知识定规具有显著的影响,其余皆不达显著水准。在法律不公方面,也仅对知识群聚具有显著的影响。至于顾客压力,没有任何一项产业知识作业达显著水准。因此,我们可以推论产业认为顾客压力对其知识作业并没有显著差异。参考表 3-10 可发现,顾客压力的三个题项其平均值介于不太同意与同意之间,但其中包含没有意见,所以以没有意见为主,且标准差的样本离散程度亦较其他四者偏高,也有较其他四者偏低的,其并不一致,故无法显出其解释力,导致这个部分的解释力不佳。在表中显示其 R-square 的值介

81

于 12.96%～21.12%,其解释力属中度解释力。

综上,在产业知识环境对产业知识作业的回归分析中,知识展延与知识交易这两个构念下,均受市场竞争及环境稳定性的显著影响,这表示我国产业知识作业的展延与交易的功能,会受到竞争市场所带来的压力程度,及其所面对外在环境稳定的高低的影响。在知识群聚功能的构念下,受法律不公及环境稳定性的显著影响,说明产业对其知识作业的群聚功能会受到法律不公的程度及环境稳定的高低的影响。知识定规对其产业知识环境的科技普及度及竞争压力具有显著的影响,这也表示产业知识作业的知识定规功能会受到科技普及的程度及竞争市场的压力程度的影响。

3. 产业知识环境对产业知识绩效影响结果分析

本研究以产业知识绩效为因变量,以产业知识环境为自变量,采用复回归模式进行分析,以了解产业知识绩效与产业知识环境之间的关联性,并比较其回归系数,再探讨各自变量对因变量的影响程度。将产业知识环境对产业知识绩效回归的分析结果进行探讨(表 3-15),针对不同的产业知识绩效与不同的产业知识环境所产生的影响加以说明。

表 3-15　产业知识环境对产业知识绩效的回归分析

自变项	知识深入度	知识普及度	知识成长度	知识扩散度	知识多元性	知识整合性	知识转化力	知识创造力
截距项	3.639***	2.651***	3.507***	1.902***	3.826***	3.031***	2.274***	2.336***
科技普及度	−0.045	−0.005	−0.198**	0.093	−0.089	−0.085	−0.044	−0.174**
法律不公	0.028	0.163**	−0.101	0.089	−0.091	0.001	0.025	0.018
市场竞争	0.160*	0.247**	0.378***	0.304***	0.233**	0.178**	0.261***	0.387***
顾客压力	−0.127	−0.083	−0.038	−0.015	−0.148**	−0.008	−0.076	−0.059
环境稳定性	−0.127*	−0.195***	−0.102	−0.211***	−0.065	0.026	0.097	0.070
F 值	1.463	3.619	4.59	3.827	2.748	1.855	2.976	5.645
p 值	0.2074	0.0045	0.0008	0.0031	0.0221	0.1078	0.0146	0.0001
R^2	0.0608	0.1380	0.1688	0.1448	0.1084	0.0759	0.1164	0.1998

注:* 表示 $p<0.10$,** 表示 $p<0.05$,*** 表示 $p<0.01$。

表 3-15 列示了在五种产业知识环境对八种产业知识绩效所做的回归分析的结果,发现在市场竞争方面,对知识绩效的八种构念皆具有显著的影响。而在环境稳定性方面,对知识深入度、知识普及度与知识扩散度等三个构念具有显著的影响。在科技普及度方面,对知识成长度及知识创造力这两个构念具有显著的影响。而在法律不公方面,仅对知识普及度具有显著的影响。在顾客压力方面,也仅对知识多元性具有显著的影响。在表中其 R-square 的值介于 6.08%～19.98%,其解释力属低度解释力。

综上,在产业知识环境对产业知识绩效的回归分析中,知识成长度与知识创造力这两个构念下,均受科技普及度及市场竞争的显著影响,这表示我国产业知识绩效以成长度与创造力为衡量的标准时,会受到科技技术方面的普及程度,及其面对外在竞争市场压力的高低的影响。而知识深入度、知识普及度与知识扩散度等三个构念下，均受市场竞争及环境稳定性的显著影响，说明产业知识绩效衡量中的知识深入度、普及度与扩散度在实行时，会受到竞争市场压力的程度，及其环境稳定的高低的影响。而在知识整合性与知识转化力这两个构念下，只受其市场竞争的显著影响，这显示产业知识绩效以其整合性与转化力为衡量的准则时，只受其竞争市场压力的高低的影响。而知识多元性的构念，受市场竞争与顾客压力的显著影响，这表示产业知识绩效衡量方式的多元性会受到外在竞争市场压力的高低，及其顾客的要求与期许所带来的压力程度的影响。而法律不公只对其产业知识绩效衡量方式的普及度具有显著的影响，这也表示产业知识绩效普及度的衡量会受到法律的公平程度的影响。

4. 产业知识策略对产业知识绩效影响结果分析

本研究以产业知识绩效为因变量，以产业知识策略为自变量，采用复回归模式进行分析，建立回归模式，以了解产业知识绩效与产业知识策略之间的关联性，并比较其回归系数，再探讨各自变量对因变量的影响程度。将产业知识策略对产业知识绩效的回归分析结果进行探讨（表3-16），针对不同的产业知识绩效与不同的产业知识策略所产生的相关性加以说明。

表3-16　产业知识策略对产业知识绩效的回归分析

自变项	知识深入度	知识普及度	知识成长度	知识扩散度	知识多元性	知识整合性	知识转化力	知识创造力
截距项	1.325***	2.101***	2.544***	1.633***	3.583***	3.366***	3.061***	2.349***
长期倾向	0.309***	0.102	0.139**	0.003	0.016	0.076	0.099*	0.123*
自主倾向	0.332***	0.280***	0.291***	0.371***	0.130*	0.125**	0.231***	0.318***
深化倾向	−0.140***	−0.076	−0.217***	−0.019	−0.173***	−0.252***	−0.311***	−0.220***
混沌倾向	0.036	−0.035	0.044	0.016	−0.016	0.055	0.002	0.037
F 值	13.467	3.446	8.775	3.862	3.732	13.087	16.164	9.017
p 值	0.0001	0.0106	0.0001	0.0055	0.0068	0.0001	0.0001	0.0001
R^2	0.3171	0.1062	0.2323	0.1175	0.1140	0.3109	0.3579	0.2372

注：* 表示 $p < 0.10$，** 表示 $p < 0.05$，*** 表示 $p < 0.01$。

表3-16列示了在四种产业知识策略对八种产业知识绩效所做的回归分析的结果，发现在自主倾向方面，对知识绩效的八种构念皆具有显著的影响。在深化倾向方面，对知识深入度、知识成长度、知识多元性、知识整合性、知识转化力与知识创造力等六个构念具有显著的影响。在长期倾向方面，对知识深入度、知识成长度、知识转化力与知识创造力等四个构念具有显著的影响。至于混沌倾向，没有任何一项产业知识绩效达显著水准。因此，可以推论产业认为产业策略的混沌倾向对其知识绩效并没有显著差异。参考表3-9可以发现，混沌倾向的两个题项其平均值偏向于没有意见，且标准差的样本离散程度亦较其他三者偏高，故无法显出其解释力，导致这个部分的解释力不佳。在表中显示其 R-square 的

值介于 10.62%～35.79%，其解释力属中度解释力。

综上，在产业知识策略对产业知识绩效的回归分析中，知识深入度、知识成长度、知识转化力与知识创造力等四个构念下，均受长期倾向、自主倾向及深化倾向的显著影响，这表示我国产业知识绩效以其深入度、成长度、转化力与创造力为衡量的标准时，会受到产业对其知识要求的长期性、产业本身投入的程度与知识投入的深度的影响。在知识多元性与知识整合度这两个构念下，均受自主倾向及深化倾向的显著影响，说明产业知识绩效衡量中的知识多元性与整合性在实行时，会受到产业本身对知识投入程度与其投入的深度的影响。而在知识普及度与知识扩散度这两个构念下，只受其自主倾向的显著影响，这显示产业知识绩效以其普及度与扩散度为衡量的准则时，只受产业自身对其知识的投入程度的影响。

5. 产业知识策略对产业知识作业影响结果分析

本研究以产业知识作业为因变量，以产业知识策略为自变量，采用复回归模式进行分析，以了解产业知识作业与产业知识策略之间的关联性，并比较其回归系数，再探讨各自变量对因变量的影响程度。将产业知识策略对产业知识作业回归分析的结果进行探讨（表3-17），针对不同的产业知识作业与不同的产业知识策略所产生的影响加以说明。

表 3-17　产业知识策略对产业知识作业的回归分析

自变项	知识群聚功能	知识展延功能	知识交易功能	知识定规功能
截距项	1.381**	1.025*	1.803***	2.223***
长期倾向	0.018	0.092	−0.004	0.163*
自主倾向	0.135	0.255***	0.209**	0.070
深化倾向	0.121*	0.007	−0.112	−0.169**
混沌倾向	0.083	0.141**	0.192***	0.049
F 值	1.630	3.456	3.735	2.368
p 值	0.171 1	0.010 4	0.006 7	0.056 5
R^2	0.051 5	0.103 3	0.110 7	0.073 2

注：* 表示 $p<0.10$，** 表示 $p<0.05$，*** 表示 $p<0.01$。

表 3-17 列示了在四种产业知识策略对四种产业知识作业所做的回归分析的结果，发现在自主倾向方面，对知识展延与知识交易这两个构念具有显著的影响。在深化倾向方面，对知识群聚与知识定规这两个构念具有显著的影响。在混沌倾向方面，对知识展延与知识交易这两个构念具有显著的影响。而长期倾向仅对知识定规功能具有显著的影响。在表中显示其 R-square 的值介于 5.15%～11.07%，其解释力属低度解释力。

综上，在产业知识策略对产业知识作业的回归分析中，知识展延功能与知识交易功能这两个构念下，均受自主倾向及混沌倾向的显著影响，这表示我国产业知识活动着重在展延与交易等功能上时，会受到产业本身投入的程度与产业知识策略的混沌倾向的影响。在知识定规功能的构念下，均受长期倾向及深化倾向的显著影响，说明产业知识活动着重在定规功能时，会受到产业对其知识要求的长期性与其知识投入的深度的影响。而在知识群聚功能的构念下，只受其深化倾向的显著影响，这显示产业知识活动在实行群聚功能时，只受产业自身对其知识的投入深度的影响。

6. 产业知识作业对产业知识绩效影响结果分析

本研究以产业知识绩效为因变量，以产业知识作业为自变量，采用复回归模式进行分析，以了解产业知识绩效与产业知识作业之间的关联性，并比较其回归系数，再探讨各自变量对因变量的影响程度。将产业知识作业对产业知识绩效回归分析的结果进行探讨（表3-18），针对不同的产业知识绩效与不同的产业知识作业所产生的影响加以说明。

表 3-18 产业知识作业对产业知识绩效的回归分析

自变项	知识深入度	知识普及度	知识成长度	知识扩散度	知识多元性	知识整合性	知识转化力	知识创造力
截距项	2.552***	1.838***	2.571***	1.265***	2.971***	2.632***	2.209***	2.626***
知识群聚	−0.053	0.355***	−0.145	0.352***	−0.307***	−0.186**	−0.286***	−0.436***
知识展延	0.176	−0.051	0.135	0.151	0.248*	0.185*	0.318*	0.341**
知识交易	−0.134	−0.102	−0.098	−0.082	−0.080	0.001	−0.00003	0.043
知识定规	0.320***	0.297***	0.446***	0.200**	0.315***	0.304***	0.347***	0.293***
F 值	6.060	9.860	10.580	16.118	7.339	13.878	14.75	8.906
p 值	0.0002	0.0001	0.0001	0.0001	0.0001	0.0001	0.0001	0.0001
R^2	0.1806	0.2639	0.2778	0.3695	0.2107	0.3354	0.3491	0.2446

注：* 表示 $p<0.10$，* * 表示 $p<0.05$，* * * 表示 $p<0.01$。

表3-18列示了在四种产业知识作业对八种产业知识绩效所做的回归分析的结果。发现在知识定规功能方面，对知识绩效的八种构念皆具有显著的影响。在知识群聚功能方面，对知识普及度、知识扩散度、知识多元性、知识整合性、知识转化力与知识创造力等六个构念具有显著的影响。在知识展延功能方面，对知识多元性、知识整合度、知识转化力与知识创造力等四个构念具有显著的影响。至于知识交易功能，没有任何一项产业知识绩效达显著水准。可以推论产业认为产业作业的交易功能对其知识绩效并没有显著差异。参考表3-11可以发现，知识交易功能的五个题项其平均值介于偶尔发生与有时发生之间，但比较偏向于偶尔发生，所以以偶尔发生为主，且标准差的样本离散程度亦较其他三者偏高，故无法显出其解释力，导致这个部分的解释力不佳。在表中显示其 R-square 的值介于18.06%～36.95%，其解释力属中度解释力。

综上，在产业知识作业对产业知识绩效的回归分析中，知识多元性、知识整合性、知识转化力与知识创造力等四个构念下，均受知识群聚功能、知识展延功能及知识定规功能的显著影响，这表示我国产业知识绩效以其多元性、整合性、转化力与创造力为衡量的标准时，会受到产业知识中群聚、展延及定规等活动所实行的程度的影响。在知识普及度与知识扩散度这两个构念下，均受知识群聚功能及知识定规功能的显著影响，说明产业知识绩效衡量中的知识普及度与扩散度在实行时，会受到知识活动中的群聚与定规在产业上所应用的程度的影响。在知识深入度与知识成长度这两个构念下，只受其知识定规功能的显著影响，这显示产业知识绩效以其深入度与成长度为衡量的准则时，只受其产业知识作业面活动中的定规功能的实行程度的影响。

3.3.5 各构念间相关分析

以产业知识环境构念，分别依序对产业知识策略、产业知识作业及产业知识绩效等三个构念进行相关分析研究；接着再以产业知识策略此构念，分别依序对产业知识作业及产业知识绩效进行相关分析研究；最后以产业知识作业此构念，对其产业知识绩效作相关分析。

1. 产业知识环境与产业知识策略相关分析

下面将对产业知识环境与产业知识策略的相关分析结果进行探讨，针对不同的产业知识环境与不同的产业知识策略所产生的影响加以说明（表 3-19）。

表 3-19　产业知识环境与产业知识策略相关分析

项目	S1	S2	S3	S4	S5	S6	S7	S8	S9	S10
科技普及度	0.022	0.072	−0.080	−0.118	−0.183**	−0.149*	−0.118	0.162*	−0.143	−0.094
法律不公	−0.136	0.053	−0.127	0.065	−0.342***	0.034	0.150*	0.083	−0.060	0.005
市场竞争	0.123	−0.001	0.077	0.301***	0.224**	0.168*	−0.132	−0.267***	0.115	0.441***
顾客压力	−0.036	0.042	−0.304***	−0.002	−0.069	0.056	−0.003	−0.115	−0.033	0.260***
环境稳定性	−0.156*	0.108	0.034	0.067	0.195**	−0.143	−0.084	−0.186**	0.099	−0.204**

注：①＊表示 $p<0.10$，＊＊表示 $p<0.05$，＊＊＊表示 $p<0.01$；②S 代表产业知识策略，而 1~10 则各表示其变项。

表 3-19 所示为产业知识环境与产业知识策略的相关分析。在 S1：外引—内造知识导向的变项下，仅对其环境稳定性具有显著的影响。在 S2：知识容忍期间长短的变项下，对知识环境的各个构念均不具显著效果。在 S3：知识有效期间的变项下，仅对其顾客压力具有显著的影响。在 S4：深化—整合程度的变项下，仅对市场竞争具有显著的影响。在 S5：知识活动集体性/个别性的变项下，对科技普及度、法律不公、市场竞争及环境稳定性均具有显著的影响。在 S6：知识环境稳定性的变项下，对科技普及度及市场竞争具有显著的影响。在 S7：市场—生产者导向的变项下，对法律不公具有显著的影响。在 S8：知识基础程度的变项下，对科技普及度、市场竞争及环境稳定性均具有显著的影响。在 S9：资源投入程度的变项下，对知识环境的各个构念均不具显著效果。在 S10：知识可明文化程度的变项下，对市场竞争、顾客压力及环境稳定性均具有显著的影响。

综上，从科技普及度的程度来看，则 S5：知识活动集体性/个别性，S6：知识环境稳定性，S8：知识基础程度有其显著的相关性，其中知识活动个别性、知识环境不稳定性与其科技普及度呈负相关，而知识基础程度与其呈正相关。

从法律不公的程度来看，则 S5：知识活动集体性/个别性及 S7：市场—生产者导向有其显著的相关性,其中知识活动集体性与法律不公呈负相关,而产业厂商进行知识活动时生产者导向与其法律不公呈正相关。从市场竞争的程度来看,则 S4:深化—整合程度,S5:知识活动集体性/个别性,S6:知识环境稳定性,S8:知识基础程度及 S10:知识可明文化程度具有显著的相关性。其中,知识基础程度与竞争压力呈负相关,而厂商知识横向整合的程度、产业知识活动集体性、知识环境不稳定性及知识不可明文化程度与其呈正相关。从顾客压力的程度来看,则 S3:知识有效期间与 S10:知识可明文化程度具有显著的相关性,其中产业知识的有效期限与顾客压力呈负相关,而与知识可明文化程度呈正相关。

在考虑的 50 个因素之中,有 16 个达显著水准。当产业在进行知识策略时,因产业知识环境的不同而对知识策略有其不同的影响,解释力并不强。

2. 产业知识环境与产业知识作业相关分析

下面将对产业知识环境与产业知识作业相关分析的结果进行探讨,针对不同的产业知识环境与不同的产业知识作业所产生的影响加以说明(表 3-20)。

表 3-20　产业知识环境与产业知识作业相关分析

项目	知识群聚功能	知识展延功能	知识交易功能	知识定规功能
科技普及度	0.184**	0.077	0.069	0.190**
法律不公	0.278***	0.073	0.102	0.096
市场竞争	0.054	0.247***	0.221**	0.360***
顾客压力	−0.006	0.066	0.131	0.155*
环境稳定性	−0.358***	−0.193**	−0.207**	0.021

注:* 表示 $p<0.10$,** 表示 $p<0.05$,*** 表示 $p<0.01$。

表 3-20 列示了产业知识环境对四项产业知识作业的相关分析。其结果显示在知识展延功能与知识交易功能方面,会受到市场竞争与环境稳定性的影响;在知识群聚功能方面,会受到科技普及度、法律不公与环境稳定性的影响;在知识定规功能方面,会受到科技普及度、市场竞争及顾客压力的影响。

综上,从科技普及的程度来看,有知识群聚功能及知识定规功能这两项与其显著正相关;在法律不公的构念下,则仅有知识群聚功能与其显著正相关;从市场竞争的程度来看,有知识展延功能、知识交易功能及知识定规功能这三项与其显著正相关;在顾客压力的构念下,则仅有知识定规功能与其显著正相关;最后在环境稳定性的构念下,有知识群聚功能、知识展延功能及知识交易功能这三项与其显著负相关。在考虑的 20 个因素之中,有 10 个达显著水准。当产业在进行知识作业时,因产业知识环境的不同而对知识作业有其不同的影响。

3. 产业知识环境与产业知识绩效相关分析

下面将对产业知识环境与产业知识绩效相关分析的结果进行探讨,针对不同的产业知识环境与不同的产业知识绩效所产生的影响加以说明(表 3-21)。

表 3-21 列示了产业知识环境对八项产业知识绩效的相关分析。其结果显示在知识成长

度与知识创造力方面,会受到科技普及度的影响;在知识普及度方面,会受到法律不公的影响;在知识普及度、知识成长度、知识扩散度、知识多元性、知识整合性、知识转化力及知识创造力等方面,会受到市场竞争的影响;在知识多元性方面,会受到顾客压力的影响;在知识深入度、知识普及度、知识扩散度、知识转化力及知识创造力等方面,会受到环境稳定性的影响。

表 3-21　产业知识环境与产业知识绩效相关分析

项目	知识深入度	知识普及度	知识成长度	知识扩散度	知识多元性	知识整合性	知识转化力	知识创造力
科技普及度	0.014	0.016	−0.186**	0.128	−0.045	−0.081	−0.054	−0.186**
法律不公	0.101	0.178**	−0.101	0.147	−0.117	0.003	−0.012	−0.011
市场竞争	0.109	0.171*	0.325***	0.194**	0.198**	0.287***	0.343***	0.438***
顾客压力	−0.113	−0.036	−0.005	0.037	−0.159*	0.029	−0.032	−0.004
环境稳定性	−0.177**	−0.202**	0.004	−0.229**	−0.026	0.105	0.202**	0.183**

注：* 表示 $p < 0.10$，* * 表示 $p < 0.05$，* * * 表示 $p < 0.01$。

综上,从科技普及的程度来看,有知识成长度与知识创造力这两项与其显著负相关;在法律不公的构念下,则仅有知识普及度与其显著正相关;从市场竞争的程度来看,有知识普及度、知识成长度、知识扩散度、知识多元性、知识整合性、知识转化力及知识创造力等七项与其显著正相关;在顾客压力的构念下,则仅有知识多元性与其显著负相关;最后在环境稳定性的构念下,知识深入度、知识普及度、知识扩散度、知识转化力及知识创造力等五项中,前三项与其显著负相关,而后两项与其显著正相关。在考虑的 40 个因素之中,有 16 个达显著水准。当产业在进行知识绩效时,因产业知识环境的不同而对知识绩效有其不同的影响。

4. 产业知识策略与产业知识作业相关分析

下面将对产业知识环境与产业知识绩效的相关分析的结果进行探讨,针对不同的产业知识环境与不同的产业知识绩效所产生的影响加以说明(表 3-22)。

表 3-22　产业知识策略与产业知识作业相关分析

项目	知识群聚功能	知识展延功能	知识交易功能	知识定规功能
S1	0.080	0.207**	0.106	0.254***
S2	−0.118	−0.081	−0.161*	0.052
S3	0.096	0.155*	0.117	0.039
S4	0.205**	0.285***	0.210**	0.335***
S5	−0.175*	0.052	0.092	−0.089
S6	−0.096	−0.034	−0.014	−0.052
S7	0.176**	0.089	−0.032	−0.098

续　表

项目	知识群聚功能	知识展延功能	知识交易功能	知识定规功能
S8	0.091	−0.087	−0.185**	−0.261***
S9	0.189**	0.143	0.056	−0.074
S10	0.270***	0.313***	0.397***	0.073

注：① * 表示 $p<0.10$，** 表示 $p<0.05$，*** 表示 $p<0.01$；② S 代表产业知识策略，而 1～10 则各表示其变项。

表 3-22 所示为产业知识策略与产业知识作业的相关分析。其结果显示在知识群聚功能方面，会受到 S4：深化—整合程度，S5：知识活动集体性/个别性，S7：市场—生产者导向，S9：资源投入程度及 S10：知识可明文化程度的影响。在知识展延功能方面，会受到 S1：外引—内造知识导向，S3：知识有效期间，S4：深化—整合程度，及 S10：知识可明文化程度的影响。其知识交易功能方面，会受到 S2：知识容忍期间长短，S4：深化—整合程度，S8：知识基础程度及 S10：知识可明文化程度的影响。而知识定规功能方面，会受到 S1：外引—内造知识导向，S4：深化—整合程度及 S8：知识基础程度的影响。

综上，从知识群聚功能实行的程度来看，则与知识整合程度、知识市场导向、资源的投入程度和知识可明文化程度呈正相关，而与知识活动个别性呈负相关。知识展延功能方面，与对外引造知识导向、知识有效期间、整合程度及知识可明文化程度呈正相关。从知识交易功能实行的程度来看，则与知识容忍期间的长度、知识基础程度呈负相关，而与整合程度及知识可明文化程度呈正相关。在知识定规功能方面，与对外引知识导向、整合程度呈正相关，而与其知识基础程度呈负相关。在考虑的 40 个因素之中，有 16 个达显著水准。当产业在进行知识作业活动时，因产业知识所做策略不同而对知识作业面有其不同的影响。

5. 产业知识作业与产业知识绩效相关分析

下面将对产业知识作业与产业知识绩效相关分析的结果进行探讨，针对不同的产业知识作业与不同的产业知识绩效所产生的影响加以说明（表 3-23）。

表 3-23　产业知识作业与产业知识绩效相关分析

项目	知识深入度	知识普及度	知识成长度	知识扩散度	知识多元性	知识整合性	知识转化力	知识创造力
知识群聚功能	0.237***	0.421***	0.165*	0.560***	0.036	0.208**	0.217**	0.028
知识展延功能	0.295***	0.377***	0.269***	0.523***	0.182**	0.364***	0.387***	0.245***
知识交易功能	0.255***	0.263***	0.268***	0.361***	0.210**	0.393***	0.402***	0.297***
知识定规功能	0.408***	0.400***	0.478***	0.440***	0.364***	0.529***	0.517***	0.395***

注：* 表示 $p<0.10$，** 表示 $p<0.05$，*** 表示 $p<0.01$。

表 3-23 所示为产业知识作业与产业知识绩效的相关分析。其结果显示在知识深入度、知识普及度、知识成长度、知识扩散度、知识多元性、知识整合性、知识转化力及知识创造力等八个构念上，均对知识展延功能、知识交易功能及知识定规功能具有 0.210～0.529 的中至低度相关，但全部具有显著的影响，唯独知识多元性及知识创造力在知识群聚功能

上不具有显著效果,其余的知识绩效也对知识群聚功能有显著的影响。

综上,在产业知识作业相关分析中,在知识展延功能、知识交易功能及知识定规功能三方面,均与八种知识绩效构念有着低至中度相关;在知识群聚功能方面,对知识多元性及知识创造力不具备显著效果,而与其他六种知识绩效构念均有着低至中度相关。研究推论,知识群聚功能,是对已存在的知识做流通,并不会对其知识产生多元性,以及创造新的知识,由此造成这两者对知识群聚没有任何显著水准的影响。

3.3.6 不同生命周期的比较分析

为了解不同生命周期在各个构念因素中的差异,研究采用一般线性模式来进行变异数分析,若整体差异性达显著水准时,则进一步采用 Duncan 多重检定法,检视哪些群体间存在显著的差异。

1. 产业知识策略方面

下面将各生命周期对产业知识策略变异数的分析结果进行探讨,并判断是否会影响不同产业知识策略构念之间的关系(表 3-24)。

表 3-24　生命周期对产业知识策略的变异数分析

构念	F-Value	p-Value	R-square	Duncan 分析结果
长期倾向	0.08	0.925 0	0.001	未达显著水准
自主倾向	6.15	0.002 8	0.090	衰退>成熟>成长>导入
深化倾向	1.11	0.332 9	0.018	未达显著水准
混沌倾向	1.00	0.371 8	0.016	未达显著水准

注:导入:导入期产业;成长:成长期产业;成熟:成熟期产业;衰退:衰退期产业。

表 3-24 列示了不同生命周期对四种产业知识策略差异的分析。结果指出,在不同生命周期间,其产业知识策略有部分差异。从其差异分析结果可看出,在自主倾向方面,四种生命周期以衰退期最为明显,其次是成熟期,再为成长期,而以导入期倾向最低。其他部分则未达显著水准,故在此并未予以列示。

2. 产业知识作业方面

下面将各生命周期对产业知识作业的变异数分析结果进行探讨,并判断是否会影响不同产业知识作业构念之间的关系(表 3-25)。

表 3-25　生命周期对产业知识作业的变异数分析

构念	F-Value	p-Value	R-square	Duncan 分析结果
知识群聚功能	0.09	0.917 3	0.001	未达显著水准
知识展延功能	1.21	0.301 4	0.020	未达显著水准
知识交易功能	4.04	0.020 0	0.064	成熟>成长>衰退>导入
知识定规功能	2.91	0.058 5	0.047	未达显著水准

注:导入:导入期产业;成长:成长期产业;成熟:成熟期产业;衰退:衰退期产业。

表 3-25 列示了不同生命周期对四种产业知识作业差异的分析。结果指出,不同生命

周期间,其产业知识作业有部分差异。从其差异分析结果可看出,在知识交易功能方面,四种生命周以成熟期最为明显,其次是成长期,再者为衰退期,而以导入期倾向最低。其他部分则未达显著水准,故在此并未予以列示。

3.3.7 跨产业比较分析

为了解各产业间在各个构念因素中的差异,研究采用一般线性模式来进行变异数分析,若整体差异性达显著水准时,则进一步采用Duncan多重检定法,检视哪些群体间存在显著的差异。

1. 产业知识策略方面

本研究将不同产业类型对产业知识策略的变异数分析结果进行探讨,并判断是否会影响不同产业知识策略构念之间的关系(表3-26)。

表 3-26 跨产业对产业知识策略的变异数分析

构念	F-Value	p-Value	R-square	Duncan 分析结果
长期倾向	2.35	0.075 3	0.053	未达显著水准
自主倾向	2.00	0.118 0	0.045	未达显著水准
深化倾向	6.59	0.000 4	0.135	其他>制造业>服务业>金融业
混沌倾向	2.66	0.051 0	0.059	未达显著水准

表3-26列示了不同产业类型对四种产业知识策略的差异。结果指出,不同产业类型间,其产业知识策略有部分差异。从其差异分析结果可看出,在深化倾向方面,四种产业类型以其他产业最为明显,其次是制造业产业,再者为服务业产业,而以金融业产业为最低。其他部分则未达显著水准,故在此并未予以列示。

2. 产业知识作业方面

本研究将不同产业类型对产业知识作业的变异数分析结果进行探讨,并判断是否会影响不同产业知识作业构念之间的关系(表3-27)。

表 3-27 跨产业对产业知识作业的变异数分析

构念	F-Value	p-Value	R-square	Duncan 分析结果
知识群聚功能	5.44	0.0015	0.119	金融业>其他>服务业>制造业
知识展延功能	4.46	0.0052	0.100	金融业>服务业>其他>制造业
知识交易功能	16.66	0.0001	0.292	金融业>制造业>服务业>其他
知识定规功能	7.63	0.0001	0.159	金融业>服务业>制造业>其他

表3-27列示了不同产业类型对四种产业知识作业的差异。不同产业类型间,其产业知识作业皆有显著差异。在知识群聚功能方面,四种产业类型以金融业产业最为明显,其次是其他产业,再者为服务业产业,而以制造业产业为最低。在知识展延功能方面,四种产业类型以金融业产业最为明显,其次是服务业产业,再者为其他产业,而以制造业产业为最低。在知识交易功能方面,四种产业类型以金融业产业最为明显,其次是制造业产业,再者为服务业产业,而以其他产业为最低。在知识定规方面,四种产业类型以金融业产业最为

明显，其次是服务业产业，再者为制造业产业，而以其他产业为最低。

综上，由于本研究取样结果在各产业上的比例都很平均，而在知识作业功能上大略就可区分为此四种方式，所以在此结果的显示中这些产业对其知识作业有所归属，其中以金融业产业在这四个构念中最为明显，由此可见金融业对其知识作业方面有不错的成效。

3.3.8 组织规模对各构念相关分析

下面将组织规模与产业知识环境、产业知识策略、产业知识作业及产业知识绩效等进行相关分析，并判断其显著差异与否。

1. 产业知识环境

就组织规模对五种知识环境做其相关分析。由结果可看出，五种知识环境和组织规模（资本额）的相关系数介于-0.28432与0.16693之间，其中有科技普及度、市场竞争及环境稳定性三项构念达$p<0.10$的显著水准，也就是说在相对的资本额的因素下，则对科技普及度、市场竞争及环境稳定性等三项具有显著差异，故此显示整体有明显相关性。

2. 产业知识策略

就组织规模对四种知识策略做其相关分析。由结果可看出，四种知识策略和组织规模（资本额）的相关系数介于-0.31821与0.05978之间，其中有自主倾向、深化倾向、混沌倾向等三项构念达$p<0.10$的显著水准，也就是说在相对的资本额的因素下，则对自主倾向、深化倾向与混沌倾向等三项具有显著差异，故此显示整体有明显相关性。

3. 产业知识作业

就组织规模对四种知识作业做其相关分析。由结果可看出，四种知识作业和组织规模（资本额）的相关系数介于0.01673与0.18753之间，其中仅有知识群聚一项达$p<0.10$的显著水准，也就是说在相对的资本额的因素下，仅有知识群聚一项具有显著差异，故此显示整体无明显相关性。

4. 产业知识绩效

就组织规模对八种知识绩效做其相关分析。由结果可看出，八种知识绩效和组织规模（资本额）的相关系数介于-0.07030与0.16423之间，其中仅有一项知识深入度达$p<0.10$的显著水准，也就是说在相对的资本额的因素下，仅有知识深入度一项具有显著差异，故此显示整体无明显相关性。

综上，在考虑的21个因素之中，有8个达显著水准。当产业面对产业环境与进行知识策略、知识作业与知识绩效时，所处的产业环境会对其产业的组织规模产生影响，而且其组织规模不同也会对知识策略、知识作业与知识绩效有着不同的影响，其解释力并不强。

3.3.9 产业知识策略的集群分析

1. 集群分析结果

本研究利用集群分析法中的最小变异量法——Ward法，将产业知识策略分为四个集群，而为了对此四个集群适当命名，首先，先辨识各集群在产业知识策略的四个特征中所得平均值的差异状况，然后再依各集群分别在产业知识策略中所得特征平均值，根据各集群

之冠的情况来予以命名。产业知识策略的集群命名见表 3-28 所示:

表 3-28   产业知识策略的集群命名表

项目	长期倾向	自主倾向	深化倾向	混沌倾向	集群样本数
稳健型	4.667(1)	3.429(1)	3.524(1)	2.095(4)	42
安定型	4.500(2)	3.350(2)	1.350(4)	2.250(3)	20
零散型	4.389(3)	3.139(4)	2.778(3)	4.278(1)	18
短期型	3.294(4)	3.294(3)	3.235(2)	3.137(2)	51

注:(1)为该构念平均值最高;(4)为该构念平均值最低;余类推。

稳健型:此集群除了在混沌倾向特征平均值中为最低得分者外,其余三个特征平均值均比其他三个集群高。显示该集群充分表现出产业在知识策略上以自己本身产业知识深入并长期投入为主,而其混沌倾向虽为最低分,却意味着产业所做的知识策略是为稳健的,因而作此命名。

安定型:此集群在四个特征中,没有任何平均值是高于其他三个集群的,而其中以深化倾向特征平均值为最低,表示产业对其知识的投入是很简单的,再者在混沌倾向特征平均值中达到倒数第二,这也显示其混沌的倾向是趋于安定的,故以此命名。

零散型:此集群除在混沌倾向特征平均值中为最高得分者外,其余三个特征平均值大都比其他三个集群低,显示该集群无法充分地表现出产业在知识策略上以自己本身产业知识深入并长期投入为主,但集群却很努力地在求改进,其有很大的进步空间,而在混沌方面是很明显的,因而以此命名。

短期型:此集群在长期倾向特征平均值中为最低,表示产业对其知识使用的要求是很短期的,再者在深化倾向特征平均值中是第二高的,这也显示产业对其知识的投入的深化程度是很高的,故以此命名。

另外,根据产业知识策略的集群分析发现,其四种集群的数量分配分别为:稳健型($n=$ 42),安定型($n=$20),零散型($n=$18),短期型($n=$51)。其中,以稳健型及短期型的数量较多,而以安定型及零散型的数量较少。

2. 不同产业知识策略集群对知识绩效的影响

下面将产业知识策略集群的分析结果进行探讨,其目的是了解不同的策略集群在各项知识绩效上的不同(表 3-29)。

表 3-29 列示了不同知识策略集群对八种知识绩效差异的分析。结果指出,不同知识策略群组间其知识绩效确有部分显著差异。而由其差异分析结果可看出,四种知识策略集群以安定型最为明显,其次为零散型、稳健型,而以短期型倾向最低,这也显示产业知识策略类型不同,所导致的知识绩效亦将有所差异。

然而大部分产业在知识整合性、知识转化力与知识创造力等三项上,四种知识策略集群均反映出:安定型大于零散型,又大于稳健型,最弱者为短期型的情况。而在知识深入度上,四种知识策略集群反映出:安定型大于稳健型,又大于零散型,最弱者为短期型的情况。

在知识多元性上,四种知识策略集群反映出:安定型大于零散型,又大于短期型,最弱者为稳健型的情况。只有在知识普及度、知识成长度与知识扩散度等三项上,显示其与四种知识策略集群没有显著的差异。

表3-29　产业知识策略的集群效果分析表

项目	F-Value	p-Value	R-square	说明
知识深入度	5.48	0.001 4	0.118	安>稳>零>短
知识普及度	1.67	0.177 0	0.039	未达显著水准
知识成长度	1.94	0.126 2	0.045	未达显著水准
知识扩散度	1.54	0.206 8	0.037	未达显著水准
知识多元性	3.22	0.025 2	0.073	安>零>短>稳
知识整合性	12.07	0.000 1	0.227	安>零>稳>短
知识转化力	12.29	0.000 1	0.231	安>零>稳>短
知识创造力	4.75	0.003 6	0.104	安>零>稳>短

注:稳:稳健型;安:安定型;零:零散型;短:短期型。

综上,在不同知识策略集群对知识绩效的分析中,以安定型为最佳,其次为零散型,再者为稳健型,而短期型则为最差。

3.3.10　产业知识作业的集群分析

本小节的第一部分是将产业知识作业分群,利用的是集群分析法。第二部分是了解产业知识作业集群在产业知识绩效间的差异情形,使用的方法是变异数分析法。

1. 集群分析结果

本研究利用集群分析法中的最小变异量法——Ward法,将产业知识策略分为三个集群,而为了对此三个集群适当命名,首先,先辨识各集群在产业知识作业的四个特征中所得平均值的差异状况,然后再依各集群分别在产业知识作业中所得特征平均值,根据各集群之冠的情况来予以命名。产业知识作业的集群命名见表3-30所示:

表3-30　产业知识作业的集群命名表

项目	知识群聚功能	知识展延功能	知识交易功能	知识定规功能	集群样本数
创新典范型	3.914(1)	4.000(1)	3.629(1)	3.914(1)	14
力争上游型	2.504(2)	2.856(2)	3.104(2)	3.240(2)	50
急切学习型	2.164(3)	2.203(3)	2.125(3)	2.089(3)	61

注:(1)为该构念平均值最高;(3)为该构念平均值最低;余类推。

创新典范型:此集群在四个特征平均值中均比其他两个集群高,显示该集群在产业知识作业上有所表现与实行,故有创新与领导产业的趋势,因而以此命名。

力争上游型:此集群在四个特征平均值中均趋于中等的状态,显示该集群在产业知识作业上有其想要、有所创新，使该集群领先，效法成功者，并且希望产业本身能有所进步，故以此命名。

急切学习型：此集群在四个特征平均值中比其他两个集群低，显示该集群无法充分表现本身的知识作业活动，但其产业还是希望能有所改进，以求进步，因而以此命名。

另外，根据产业知识作业的集群分析发现，其三种集群的数量分配分别为：创新典范型（$n=14$），力争上游型（$n=50$），急切学习型（$n=61$）。其中，力争上游型集群及急切学习型集群的数量较多，创新典范型的数量较少。

2. 不同产业知识作业集群对知识绩效的影响

下面将产业知识作业的集群分析结果进行探讨，其目的是了解不同的作业集群在各项知识绩效上的差异，产业知识作业的集群效果分析见表 3-31 所示：

表 3-31 产业知识作业的集群效果分析表

项目	F-Value	p-Value	R-square	说明
知识深入度	6.54	0.002 0	0.100	创＞力＞急
知识普及度	8.08	0.000 5	0.120	创＞急＞力
知识成长度	6.48	0.002 1	0.097	创＞力＞急
知识扩散度	23.48	0.000 1	0.288	创＞力＞急
知识多元性	11.09	0.000 1	0.158	力＞创＞急
知识整合性	13.82	0.000 1	0.190	创＞力＞急
知识转化力	11.97	0.000 1	0.169	创＞力＞急
知识创造力	6.63	0.001 9	0.101	创＞力＞急

注：创：创新典范型；力：力争上游型；急：急切学习型。

表 3-31 列示了不同知识作业集群对八种知识绩效差异的分析。结果指出，不同知识作业群组间其知识绩效确有部分差异。而由其差异分析结果可看出，四种知识作业集群以创新典范型最为明显，其次为力争上游型，而以急切学习型倾向最低，这也显示产业知识作业类型不同，所导致的知识绩效亦将有所差异。

然而大部分产业在知识深入度、知识成长度、知识扩散度、知识整合性、知识转化力与知识创造力等六项上，四种知识作业集群均反映出：创新典范型大于力争上游型，最弱者为急切学习型的情况。而在知识普及度上，四种知识作业集群反映出：创新典范型大于急切学习型，最弱者为力争上游型的情况。在知识多元性上，四种知识策略集群反映出：力争上游型大于创新典范型，最弱者为急切学习型的情况。

综上，在不同知识作业集群对知识绩效分析中，以创新典范型为最佳，其次为力争上游型，而急切学习型则为最差。

3.4　结论与讨论

3.4.1　研究发现

本研究尝试将对产业知识环境进行探讨与实证，并将策略性与作业面的观点导入知识管理之中，探讨产业知识环境对产业知识策略与作业的影响，再来对产业知识绩效进行探讨与实证，并探讨产业知识环境、策略、作业与其影响。根据上述假设分析结果，结论如下：

H1：产业知识环境与其知识策略显著相关。普遍支持。

H2：产业知识环境与其产业知识作业显著相关。普遍支持。

H3：产业知识策略与其知识作业显著相关。普遍支持。

H4：产业知识策略与其知识绩效显著相关。普遍支持。

H5：产业知识作业与其知识绩效显著相关。普遍支持。

H6：产业知识环境与其知识绩效显著相关。中度支持。

H7：位居不同产业生命周期阶段的产业，与其产业知识策略及产业知识作业等具有显著差异。少量支持。

H8：在不同组织规模下，产业与其产业知识环境、产业知识策略、产业知识作业及产业知识绩效等具有显著差异。中度支持。

H9：在不同产业类别下，产业与其产业知识策略及产业知识作业等具有显著差异。普遍支持。

注：各构念矩阵间 40％以上达显著水准者，称为普遍支持；各构念矩阵间达 30％以上未达 40％显著水准者，称为中度支持；各构念矩阵间达 20％以上未达 30％显著水准者，称为少量支持。

1. 各构念架构分析

本研究以产业知识环境及产业知识策略这两个构念做因素分析，结果显示，将产业知识环境分为五个构念，分别为科技普及度、法律不公、市场竞争、顾客压力及环境稳定性；而针对产业知识策略方面，我们将此分为四个构念，分别为长期倾向、自主倾向、深化倾向及混沌倾向。在以上两个构念——产业知识环境与产业知识策略外，再加上产业知识作业及产业知识绩效，经内部一致性分析，结果显示，此四个构念的 Cronbach'α 值均在 0.300 以上，表示其量表信度皆达一定的稳定性（Cronbach'α 值>0.300）。

2. 各构念间结果分析

1）产业知识环境与其知识策略显著相关（H1）。

从这 5×4＝20 个矩阵中可以发现，共有 8 种达显著水准。显示大部分产业的知识策略偏自主与混沌等倾向时，皆会受其产业知识环境中的市场竞争与顾客影响。而在顾客压力的环境中，则产业策略的自主、深化及混沌倾向会受其影响。故对 H1 普遍支持。

2）产业知识环境与其产业知识作业显著相关（H2）。

从这 5×4＝20 个矩阵中可以发现，共有 8 种达显著水准。显示大部分产业作业面中的知识展延、知识交易与知识定规活动愈频繁，愈受产业环境中的市场竞争的影响。而产业作业中的知识群聚、知识展延与知识交易等活动愈多，会对其产业环境的稳定性产生影响。故对 H2 普遍支持。

3）产业知识策略与其知识作业显著相关（H3）。

从这 4×4＝16 个矩阵中可以发现，共有 7 种达显著水准。显示产业知识展延与知识交易活动愈多时，其知识策略中自主倾向与混沌倾向愈高。而当大部分产业知识活动着重于定规活动时，其知识策略深化的倾向愈低，而长期的倾向愈高。故对 H3 普遍支持。

4）产业知识策略与其知识绩效显著相关（H4）。

从这 4×8＝32 个矩阵中可以发现，共有 18 种达显著水准。显示产业中绩效愈好，在知识策略中自主倾向愈高。而大部分产业知识绩效愈好，其知识策略深化的倾向愈低。再者，知识策略的长期倾向愈高的产业，则在知识深入、知识成长、知识转化力及知识创造力方面会有不错的表现。故对 H4 普遍支持。

5）产业知识作业与其知识绩效显著相关（H5）。

从这 4×8＝32 个矩阵中可以发现，共有 18 种达显著水准。显示产业知识定规活动愈多，其知识绩效亦愈好。产业知识绩效中的知识普及、扩散、多元、整合性、转化力及创造力，均会受到产业中知识群聚的影响。而知识作业中展延活动愈多的产业，则在知识多元性、整合性、转化力及创造力上有不错的表现。故对 H5 普遍支持。

6）产业知识环境与其知识绩效显著相关（H6）。

从这 5×8＝40 个矩阵中可以发现，共有 15 种达显著水准。显示产业知识环境若处于市场竞争之下，其产业的知识绩效将皆受到影响。而产业所处环境的稳定性，将对知识深入度、普及度及扩散度有所影响。故对 H6 中度支持。

3. 组织规模对各构念相关分析

对于 H8：在不同组织规模下产业与其产业知识环境、产业知识策略、产业知识作业及产业知识绩效等具有显著差异。分别说明如下：

1）产业知识环境

将组织规模与五项知识环境做相关分析比较，其科技普及度、市场竞争及环境稳定性达显著水准。这显示组织规模的大小，会受其产业知识所处的环境，如科技普及度、市场竞争及环境稳定性的影响。

2）产业知识策略

将组织规模与四项知识策略做相关分析比较，只有长期倾向未达显著水准，其余皆达显著水准。这显示组织的规模愈大，则其知识策略实行的自主、深化及混沌倾向将呈现愈低的状态，表示组织规模与自主倾向、深化倾向及混沌倾向互相影响。

3）产业知识作业

将组织规模与四项知识作业做相关分析比较，只有知识群聚达显著水准。这显示产业间知识群聚活动频繁度，与其组织规模有相关性。

4）产业知识绩效

将组织规模与八项知识绩效做相关分析比较，只有知识深入度达显著水准。显示产业知识绩效中知识深入度与其组织规模有相关性。

在21个因素考虑之下，有8个达显著水准。故对H8中度支持。

4. 位居不同生命周期与跨产业的比较分析

1）位居不同产业生命周期阶段的产业，与其产业知识策略及产业知识作业等具有显著差异（H7）。

在四项产业知识策略与四项产业知识作业之中，各只有一项达显著水准。在产业知识策略中，只有在自主倾向方面，其生命周期以衰退期时此倾向最为明显，其次是成熟期，再者是成长期，最后则是导入期。而在产业知识作业中，也只有在知识交易功能方面，其生命周期以成熟期时此功能最为明显，其次为成长期，再者为衰退期，最后则是导入期。8个因素中只有2个达显著水准。故对H7少量支持。

2）在不同产业类型下，产业与其产业知识策略及产业知识作业等具有显著差异（H9）。

在四项产业知识策略与四项产业知识作业之中，共有五项达显著水准。在产业知识策略中，只有在深化倾向方面，其产业类别以其他类的产业最为明显，其次是制造业，再者是服务业，最后则是金融业。而在产业知识作业中，全部达显著水准，而在这四种功能中，皆以金融业最为明显。8个因素中有5个达显著水准。故对H9普遍支持。

5. 产业知识策略与产业知识作业集群分析

1）产业知识策略

本研究针对产业知识策略进行集群分析，并将产业知识策略分为四个集群，分别是稳健型、安定型、零散型及短期型。在不同产业知识策略对知识绩效影响的探讨下，发现在四种产业知识策略集群之中，其知识绩效确有部分显著差异。而大部分的产业所呈现的集群分别以安定型最为明显，其次为零散型、稳健型，而以短期型倾向最差，这也显示产业知识策略的类型不同，所导致的知识绩效亦将有所差异。

2）产业知识作业

本研究针对产业知识作业进行集群分析，并将产业知识作业分为三个集群，分别是创新典范型、力争上游型及急切学习型。而在不同产业知识作业对知识绩效影响的探讨下，发现在三种产业知识作业集群之中，全部均达显著水准。且大部分的产业所呈现的集群分别以创新典范型最为明显，其次为力争上游型，而以急切学习型倾向最差，这也显示产业知识作业的类型不同，所导致的知识绩效亦将有所差异。

3.4.2 讨论

产业知识作业对产业知识绩效的影响，大部分呈现显著水准，唯独知识交易功能对知识绩效皆未达显著水准。研究分析其结果发现，知识群聚功能在产业的实行上，属于产业层次知识活动中最单纯，亦能立竿见影的，因此在实行上较有其绩效。在知识展延功能上，为产业在提升知识体的重置性与延伸性，延长其生命周期寿命；另外，利用现有知识来改善既有产品/服务与知识,增强市场竞争力,因此也能为产业带来其绩效。而知识定规功能,为产业对其广大的知识制定标准、规范规章,使其实行时更有方向可循,如此也较有效率可言。群聚、展延和定规这三种知识活动较能显现出对其产业的好处,因此可能较直接与知识绩效具有显著的相关性;而知识交易功能,可能因为受到外部环境的影响,所产生的变量亦较前三种复杂,包括市场竞争及环境稳定性等。

研究发现,产业知识环境对产业知识策略的影响,大部分呈现显著水准,唯独法律不公对知识策略皆未达显著水准。研究分析其结果发现,产业面对科技普及时,其产业内所做的策略会有所改变,以自主倾向与混沌倾向最为可见,因此科技普及度会影响其知识策略。产业在面对市场竞争时,包括生命周期缩短及全球化的压力等,这些市场的竞争压力将会促使产业从事知识与创新的活动,而这些活动都是产业上的知识策略,因此其市场竞争也会为知识策略带来改变。而环境稳定性就更不用说了,其产业知识策略的混沌倾向受其环境直接的影响,所以其知识策略必受其影响。科技普及、市场竞争和环境稳定性三种知识环境皆较能显现出对其产业策略的影响,因此可能较直接与知识策略显著相关;而法律不公,可能因为受到政府的影响,所产生的变量几乎是每个产业都会面对到的,包括环保及智能产法规等。因此,产业对其法律不公的影响视而不见,但就长远观念来说,其法律不公所带来的后果是很强大的,这是产业所不能忽视的。

在跨产业对产业知识作业的差异分析中发现,在四种产业中,以金融业为最佳,因此可以推论,金融业在面对快速变化的环境下,产业仍能在知识作业上有一般作为,以增加更多的竞争优势。

研究利用集群分析将产业知识作业分为创新典范型、力争上游型及急切学习型这三类,研究发现大多数企业以力争上游型、急切学习型为多,以创新典范型为少。产业知识作业集群对知识绩效相关性的分析,结果显示其中以创新典范型最能达到其绩效,而我国在知识作业集群方面占少数,显示这类企业在经济不景气的情况下,其态度仍偏向保守,是以学习别人的知识活动为主,而非以知识经济为出发点。如果要成为以知识为主的产业,可能还需要一段时间来改进。可见,产业知识与策略是相互"建构的结构化"与"被结构的结构化"的嵌套关系,需要产业策略、作业、环境与知识适配性,累积多阶段性知识优势构建产业知识竞争优势。

第 4 章
产业知识创新的能力分析:组织学习

知识是产业竞争的关键要素,要找出使产业内部成员有意愿及有能力贡献出所学的知识,甚至找到提升其在创新研发贡献的关键所在,是企业主管们念念不忘的。但为何这个关键是如此难以追求与掌握呢? 重点在于其中分享、贡献、努力创造等态度,均与人性中固有的自私与怠惰天性相互违背,且在人们的安全需求尚未被满足或得到保证之前,他们是不可能有分享、奉献创新点子的动机,更别提积极学习转化与相互提升创新能力了。本研究思索如何根据组织学习理论,寻求有效协助产业变革发动者在强化并延续创新能力时,发展必要的知识创新推动技巧与制度建设。将 Argyris 的双环路循环学习(double loop learning)理论应用在此知识创新中,并找出推动产业知识创新时所遭遇单环跨入双环的 Gap 困境的突破之道。

4.1 相关文献回顾

近来组织学习的文献大致上可以归为两派:一派基于系统动力学的观点强调学习乃是发生在组织内个体的心智或组织的系统结构中;另一派则以社会学的观点强调学习和知识主要是通过组织内个体之间的对话和互动(Edmondson,1999;Gherardi & Nicolini,2000)。前者强调系统内结构元素中的自行处理信息或调整组织行为的主流认知,后者则强调学习者乃是在特定的社会文化和现实环境中通过人际互动学习认知的社会人。当某一组织内的个人,因他所经验到的一个问题情境,进而为了组织利益而加以探究时,组织学习就发生了。在这个过程中,个别成员会经验到他所期望的结果与行动实质后果之间的不符合,他们再由思考与进一步的行动来响应此一不符合。这些思考与进一步的行动引导了他们修正自己对组织的想象或是对组织现象的理解,这一过程再结构了他们的活动,以期使后果与期望更能一致。因此,他们也改变了组织的使用理论。这些来自组织探究的学习后果,必须要嵌入到成员心中所具有的组织想象中,或是镶嵌进入组织环境中"认识论"的人工概念(如行动图解、记忆与方案)之中。

学习型组织是 Senge(1990)发展出来的企业改造模型,其主要精神所在为转变思想(shift of mind),其要素包括:群体运作/学习(create what you can't do alone)、联结性(connected)、衍生性(generative)、活出生命的意义(live life to the fullest)。

100

　　Senge(1994)的组织学习型策略性思考模式认为团体成员利用新知识改变行动与理解力而引发新的感觉认知,再发展出新的信念与态度,这样持续变动领域的深层学习环路中,还必须由行动领域的组织架构同时去支持。行动领域的架构内涵为:①指导方针:内容包括愿景、价值及目的,即厘清组织的信念及成员想创造些什么。②理论、方法与工具:学习所利用的方法与工具,必须根源于新理论的思考方式。③创新的基本架构:组织必须重新思考支持员工的信息资源,并重新分配。

　　Haeckel ＆ Nolan(1993)根据研究企业各部门的运作方式,提出企业学习环路(business learning loop),以描述适应性的组织必须具备四项功能:感知、解释、决策及行动。他们认为一个好的学习环路应该根据由环境所获得的信息,系统化地改变内部运作的形态。

　　Mintzberg(1987)所提出的组织的策略性学习(策略的精心打造)的组织学习架构,主要内容如下:①策略不一定是深思熟虑下的结果,有时是以浮现的方式出现。销售人员有时因市场反映产品本身并不太好,因而想出了某些修正的方式,有些业务人员因自己的想法不受公司重视,而用自己的方式来进行,也就是针对自己的顾客来修正产品,并说服工厂里的熟人来生产它们。事实上,他们就是在追寻自己的策略,即使没有人会注意或在乎。但是有时候,他们的创新作法的确引起了别人的注意,可能是在几年后才发现,这时多半是因为该公司现有的策略已经瓦解,领导人想要找一些新的点子。结果该业务员的私人性策略反倒遍及系统上下,最后成了组织的策略,如此便形成行动学习与组织策略修正模式。我们称呼这些看起来没有明确意图或目的的策略为意外突现性策略。行动会汇集而形成模式,如果模式可以被察觉,然后被高级管理层正式批准,它们也可能成为审慎性的策略。一旦策略被构思出来了,审慎性策略就变成学习的前奏曲,而意外突现性策略则更助长学习:人们一步一步地做,并响应它们,最后才形成模式。②有效的策略,是用各种不同的奇怪方法发展出来的。这种策略多少反映出我们一向称之为基层的策略管理。策略的成长就像花园里的野草一样,只要那里的人们有学习的能力(因为策略会接触各种情况),又有资源支持,策略就会在那里生根发芽。当这些策略变成组织内集体接受的策略时,就会成为组织本身正式认可的策略。换句话说,当策略繁殖激增之后,便可以靠共同的力量来影响组织的行为。真正的现实是落在这两者之间的。研究中发现,有些最有效的策略是把小心谨慎控制、灵活的弹性和组织的学习结合在一起。③伞形策略(umbrella strategy)。高级管理层设定概括性的方向(比如说以最尖端的技术生产高利润的产品,或是利用黏着和涂层的技术来生产产品),再把细节留待组织中较基层的人员来处理。这样的策略不仅小心谨慎(就方向而言),也可以称之为谨慎下的意外突现。谨慎下的意外突现也就是我们所说的过程性操作。在这里,管理阶层控制了策略形成的过程,其中包括架构的设计、人员的调度和程序的发展,而实际的内容则留待其他人来处理。④策略方向的改变是简洁的、量子式的跃进。传统观点所欠缺的,就是没有掌握好如何和何时提倡改变。策略制作上的两难就在于安定和改变这两股力量的协调,换句话说,一方面必须注意营运效益和获得的利润;另一方面需要改造现有的一切来适应外在的环境。在量子跃进的理论中,组织对这两种对立性力量的解决方式就是先投入其中一个，接着再加入另一个。通常我们可以很清楚地看出组织中安定期和变化期的明显区别，而策略上的重大改变只是偶尔才会发生。

双环路循环学习（double close loop learning）理论是学习型组织的基础，由 Argyris & Schon(1978)所发展。新的行动策略被用来服务于先前的主导变数，我们称之为单环路学习（single-loop learning）。我们这么说是因为在行动上发生了一个改变但并没有在主导变数上有任何改变。另一个可能性是去改变主导变数本身。例如当事人不去压抑冲突而选择加强开放的探究，这一相关的行动策略可能开启了一对冲突事件的讨论。在这一案例中所发生的就是所谓的双环路学习。它所关切的不只是在一套既定标准之内，如何在相互竞争着的手段—目的的推理之中做选择，而是在相互竞争着的多套标准（架构或典范）之间做选择。

Argyris & Schon(1978)认为组织学习形态可区分为三种层次的概念，以组织学习是否涉及改变既有价值观及规范区分组织的学习层次类型，也就是组织成员学习的层次区分为三阶段：第一阶段（单环路学习，single-loop learning），即组织内部的适应过程，为适应性学习。第二阶段（双环路学习，double-loop learning），即组织对外在环境的适应，为创新性学习。第三阶段（再学习，deutero learning），即针对前两阶段的学习过程加以批判及分析，然后再加以改善的学习，此为能力的体现。

单环路学习本身是一个流程的设计，用来发现错误与矫正错误，以符合组织在规范上及各项标准的要求，并提升组织内部的适应能力。就其内容而言，单环路学习是指组织为了维持其生存而致力于当下问题的解决，故此类学习可称为适应性学习，亦是针对组织处理的一般模式，提出更好的方法。适应性学习者与组织往往会表现刺激—反应的行为特征，以个别的、机械的行动来回应环境的变迁。正因为这种学习模式在结构上比较简单，所以单环路学习的模式适用于较稳定而且外在环境变化不会太剧烈的组织。

双环路学习系针对现有的组织规模、标准、价值进行变革以达成回应环境变化的目的，故被称之为创新性学习。在双环路的学习模式中，组织于界定与解决问题时进行检视，并予以持续的试验与回馈。在现今竞争激烈的环境之下，设计一个有学习能力、富创新构想的创新性组织结构，实在有其必要性。创新性学习可以成功地转换组织运作模式。然而创新性的双环路学习在实际运作上的困难程度要比单环路学习高得多，这是因为双环路学习必须要能够改变现有的规范与价值，可能遭遇的冲突自然较高，但在下列几种情况之下却又非使用双环路学习模式不可：竞争环境极度混乱、情形不明朗也不明显；在决策时，组织内各个团体有不同的立场与观点；策略考虑强调积极开发新的资源与能力。

组织必须凭借学习提升核心竞争力，进而获取竞争优势的基础。Argyris & Schon(1974)建立了一个模型，这个模型描述了抑制双环路学习的使用理论有哪些特点，图 4-1即表达抑制双环路学习特点的各个方面，显示由单环路学习跨入双环路学习所存在 Gap 的成因，必须设法排除。

Argyris & Schon(1974)所建立的模型中，尚包括对增强双环路学习使用理论描述有哪

主导变数	抑制双环路学习的行为模式	对学习所造成的负向后果
1. 强调单向界定目标并试图达成 2. 只求赢，不要输 3. 压抑负面感觉（例如不容讨论、不可告人等） 4. 过度强调理性	1.1 单方面地设计与处理环境等变数（控制与操纵） 2.1 把持与控制工作 3.1 单方面地保护自我 4.1 单方面地保护他人以免于被伤害 4.2 降低自主、抉择、内在承诺及冒险的自由度	1.1.1 自我欺骗 2.1.1 单环路学习（只接受预设范围内的学习） 3.1.1 极少公开验证自己的理论（论点与看法） 4.1.1 不易产生有效的资料，并造成创造力降低 A11. 容易不断发生错误及减低解决问题的有效性 A11. 成员对立与对抗，并出现瞒上欺下的情况

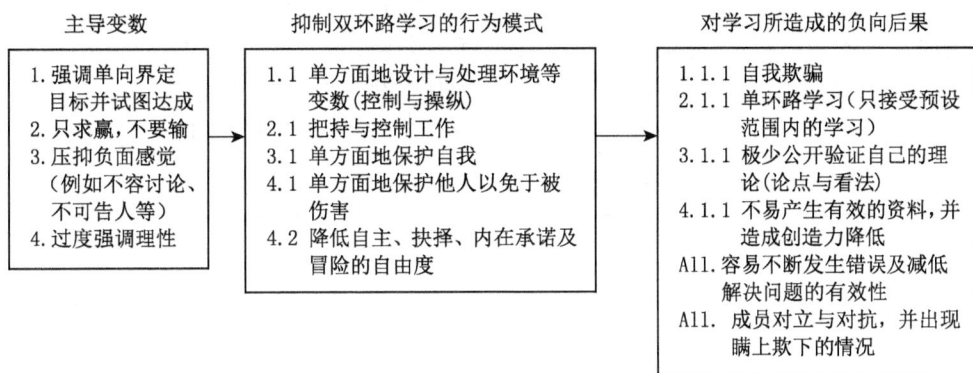

图 4-1　抑制双环路学习特点的各个方面

资料来源：Argyris(1978)

些特点，图 4-2 即表达加强双环路学习特点的各个方面，显示由单环路学习跨入双环路学习所存在 Gap 的突破关键，必须设法实行。

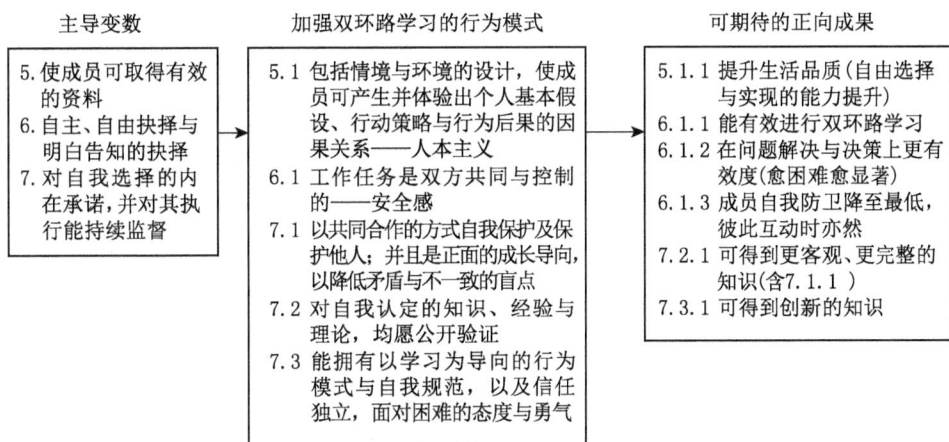

主导变数	加强双环路学习的行为模式	可期待的正向成果
5. 使成员可取得有效的资料 6. 自主、自由抉择与明白告知的抉择 7. 对自我选择的内在承诺，并对其执行能持续监督	5.1 包括情境与环境的设计，使成员可产生并体验出个人基本假设、行动策略与行为后果的因果关系——人本主义 6.1 工作任务是双方共同与控制的——安全感 7.1 以共同合作的方式自我保护及保护人；并且是正面的成长导向，以降低矛盾与不一致的盲点 7.2 对自我认定的知识、经验与理论，均愿公开验证 7.3 能拥有以学习为导向的行为模式与自我规范，以及信任独立，面对困难的态度与勇气	5.1.1 提升生活品质（自由选择与实现的能力提升） 6.1.1 能有效进行双环路学习 6.1.2 在问题解决与决策上更有效度（愈困难愈显著） 6.1.3 成员自我防卫降至最低，彼此互动时亦然 7.2.1 可得到更客观、更完整的知识（含7.1.1） 7.3.1 可得到创新的知识

图 4-2　加强双环路学习特点的各个方面

资料来源：Argyris(1978)

困难的是我们如何在真实世界中创造双环路学习。一来人们已长期地被社会化成不断生产单环路学习的行为，二来人们所共同建构的单环路学习的人际行为世界不断生产有利于抑制双环路学习行为的条件。因此，行动者只光是在脑袋中接受双环路学习理论是无济于事的，如何生活在单环路学习的世界中，面对几乎是无坚不摧、绵延不断的单环路学习的人际互动时，能操作加强双环路学习行动策略开始干扰单环路学习的人际行为世界的固有秩序，才是最重要的学习。

McGill et al. (1992)与 Bennett & O'brien(1994)则强调学习类型是帮助组织内部员工创造新的智能，促进内部了解及持续改善自我与产出的学习方式。在比较单环路学习和双环路学习在管理上的差异性时发现，就组织结构特征与学习特性的关系而言，单环路学习可以说是低阶学习态度的类型，强调科层化组织结构特性，且习于维持稳定的现况，偏重被动式的控制系统；双环路学习则是高级学习态度的类型，强调机动、弹性、团队互补式的组织结构特性，且惯于追求改变，常以创造、自我管理的学习为中心，偏重以共同价值观达到自我控制的效果。表4-1是单环路学习与双环路学习类型在不同管理特性上的比较。

表4-1　单环路学习与双环路学习类型在不同管理特性上的比较

	特性	单环路学习	双环路学习
策略特征	竞争核心 力量来源 输出 组织观点 发展动态	强调同构型 稳定 市场分享 部门化 变革	有意义的差异 变迁 市场创造 系统的 转换
结构特征	结构 控制系统 权力基础 整合机制 网络 沟通渠道	科层组织 正式规则 科层职位 层级节制 分散的 层级的	网络 自我控制 知识 团队 密切的 水平的
人力资源策略	绩效评估系统 奖酬基础 地位象征 动员模式 监督 文化	奖酬稳定 短期利润 层级与名称 部门与功能 无报酬 市场	弹性 长期利润 整体的决定 创造性差异 跨部门或功能 部门
管理者行为	观点 问题解决取向 响应模式 人员控制 行事作风	控制的 狭窄的 顺应的 责备与接受 以自我为中心	开放的 系统思考 创造的 自我绩效管理 同理心

资料来源：McGill et al.(1992)。

Argyris(1994)研究阻碍学习的良好沟通。企业的沟通技巧在协助解决问题的同时，也可能阻碍组织学习。可鼓励防卫性思考，因为这些技巧会促使员工相信，他们的角色是批评主管，而主管的角色就是采取行动解决问题。当员工仔细检视组织，如批评自己的角色、责任与如何更正自我行为时，就可进一步挖掘事实。当今主管所需的员工，是以创意的方式，不断思考组织需求，同时和任何公司主管一样，具有强烈的内在动机与责任感。策略主要有：①主管的言行必须一致（去除内在激励的滥用，追求信息以及角色的一致性）。②建立员工内在动力。③坦诚且全员均能参与的双向沟通。

Nevis et al.(1995)认为组织学习的目标可以建立一个学习型的组织。一个完整的组织学习系统包括两大因素：一是学习导向描述如何学习的学习类型；另一个则是如何增进学习的促进因素。就学习类型而言，可区分成渐进式或变革式的学习，此两种学习不仅在学习的手段方面不同，效果也不一致，渐进式是属于适应式的学习，属单环路学习，而变革式的学习则属于双环路学习。

Pfeffer & Sutton(1999)研究能言善道的陷阱。即使公司坐拥众多的信息来源,却往往缺少行动力,这种现象称为知行差距。有一种言谈特别会阻碍行动,那就是能言善道,善于此道的人常常表现出巧言的负面效应,也就是说他们偏重负面的陈述,而且内容复杂或过于抽象,会使人停滞在空谈而没有行动的阶段。策略包括:领导人知行合一;偏爱言简意赅的表述;对问题除了会问为何,还会问如何? 具备有效的防范机制;视经验为最佳导师。

Hansen,Nitin Nohria & Tierney(1999)研究你的知识管理策略为何? 知识管理策略有两种:如果公司贩售的是比较标准化且符合一般需求的产品,就会将知识做审慎的整理,并储存在资料库内,以便组织内的每位员工随时重复使用,这种方式称为整理策略。如果公司是针对特殊问题提供高度自订的解决方案,则知识分享主要靠人与人之间的联系,电脑的主要功能则是协助人沟通,这个方法称为个人化策略。公司所选择的知识管理策略并非任意决定,必须以企业的竞争策略为导向。若是采用错误的方法或想双管齐下,恐怕很快就会削弱企业。知识管理不应局限于人力资源或信息科技等单一的功能部门。高级主管只有主动选择其中一种策略作为主要策略,公司与顾客才能获得最大的利益。如何选择真正合适的策略:①知识管理策略必须以竞争策略为基础。②提供标准化或自订化的产品。③有成熟或具有创意的产品吗? ④员工解决问题时,所仰赖的是明确的知识还是隐藏的知识? ⑤多重不同形态的业务单位同时并存。⑥知识随时间演进而商品化。

Bohn(2000)研究摒弃"打火救急"的恶习。"打火救急"是大家都很熟的做事方式,特别是在公司开发新产品、赶工制造的时候,但是这种行为会消耗组织的资源并危害生产力。通常还没完成某项工作,就被另一件事情打断,最后只落得草草了事。"打火"心态的组织都因为无法充分解决问题,而放弃很多机会,导致公司整体绩效下滑。解决方法有:①战术的方法。增加解决问题的临时人手、停止运作、进行分类。②策略的方法。改变设计策略,将部分的设计委外,由问题的类别下手而非解决个别问题,使用学习线,培养更多的问题解决者。③文化的方法。绝不容忍事后弥补的习惯,不要不计代价在期限内完成任务,不鼓励"打火"行为。

Eisenhardt & Galunic(2000)研究共同演化——终于找到让综效起作用的方式。在激烈的竞争市场中,采用共同演化策略,可以维持规模经济以及快速的跨部门学习,意即员工可以在组织中不断分享与学习,同时可使团队成员建立丰富的信息网络与产生对自己产业有共同理念与直觉能力的学习,并增进熟悉度与信任感,甚至可能角色分配,最后进而建立不会偏离现实产业环境发展的直觉能力(默会知识的建立与传递)。策略包括:①经常检视并调整合作的连接网络。②让合作与竞争共存,以便提高对市场环境变迁的敏感度,进而熟悉市场动态。③平衡连接的数量(变通弹性和综效机会)。④找出高价值连接点,相关架构与流程的基础(建设)必须稳固。⑤让部门主管做主(自行决定连接与否及与谁连接)。⑥建立多部门的合作团队——关键在于经常召开团体会议。⑦公司根据与外部竞争者比较后的绩效,提供适当的奖励。

Wenger & Snyder(2000)研究实践社群——企业未开拓的领域。实践社群指的是一群人寻找机会聚在一起,分享彼此对共同事业的兴趣与专业意见,属于非正式组织。参与者想要以不受拘束、深具创意的方式来分享知识,使他们再面对问题时,能有新的解决方式。实践社群可以驱策公司制定策略、策划新的事业线、解决问题、鼓励最佳实际经验、培养员工技术并协助公司招募员工、留住人才。策略包括:找出潜在的社群、提供基础设施、使用非传统方式来评估价值。尽管这一类实践社群是属于自发性的组织,也不喜欢有人监视和干扰,但问题是他们的确需要明确的管理方式,才能进一步发展、整合至组织当中,他们的潜力和影响力才能得到充分发挥。

Brown & Duguid(2000)研究取得平衡点——如何在获取知识的同时不将其抹杀。在大多数的公司里,事务的正式流程(程序)与实际的执行面(实际)不尽相同,两者间的差别很容易产生主管难以处理的紧张关系。太过偏重执行,新点子可能会因为缺乏管理架构而泡沫化;太过偏重流程,就可能无法获得新构想。我们的目标是善用组织各层面的创意,并结合程序与实际面。想要在流程与实际之间取得平衡点并非不可能,需学会如何鼓励最佳实际,并使用组织流程所提供的支持来传播他们的专业知识。策略包括:①主管需了解公司内部存在哪些知识。情况棘手时,此时最佳实际便往往随之逐步产生。以说故事的方式进行最佳实际的集结与散播。即兴演出与实验也是很重要的解决问题的方式,同样也可集结最佳实际。②如果这些知识看似有价值,公司就可以散布该信息;而且一次处理一个实际的推展。构成如维修人员网络的实践社群可能遍布各地,只有得到组织的支持,才能将某地的知识散布至其他角落。

4.2　研究框架设计

本研究的目的是希望整合创新管理、学习型组织(以双环路循环学习为主)及知识管理理论来研究产业知识创新,主要是聚焦于产业知识的关键核心能力、创新能力,发展必要的推动技巧与制度,然后找出如何激发企业内人才的创新意愿,以及如何强化企业内人才的创新能力的推动变革技巧与制度设计。研究建构创业知识创新的能力,并由专家访谈及问卷调查来加以验证本研究所设。研究流程为,先拟出产业知识创新推动模式,即建构产业双路循环知识管理体系,应用于半导体产业的创新管理范畴中。并通过专家访谈的内容归纳出推动知识创新的关键要点,再进一步将关键要点纳入问卷中加以整理及验证,来找出能真正协助实际界知识创新的推动重点,如此可供产业在实施知识创新体系与制度时参考。研究采取双重验证方式,专家访谈时针对各半导体产业的不同企业,每一企业至少访谈两家以上。访问完毕后则参照知识创新理论并将各实际界的做法归纳成一初步的体系架构,再依据此体系及访谈内容对原先设计的研究变数假设与问卷内容进行修正,直至体系架构符合研究架构各半导体企业的想法,并确认为未来知识创新体系与制度。同时发出问卷,实地确认使用者对此理想体系与制度的接受程度如何,以求发现实际运作时可能发生的问题与变数,如此可防患于未然,尽量降低实际运用时的阻力与困扰。

本研究访谈问题如下:①该产业特性。②该企业简介。③该企业主要创新流程与竞争核心所在,在组织学习上是否进行强化。④该企业在知识创新方面推动的情形。⑤在知识创新方面的管理制度、相关活动与推动技巧。

后续的专家访谈的题目包括:①您认为贵公司的促进组织学习的因子与做法有哪几项是可以被重视的? 执行的状况如何? 是否有因子与做法没被提及而可以补充的? ②您认为贵公司在这些被提出的阻碍组织学习的因子与做法有哪几项是已被警觉到的? 设法排除的状况如何? 是否有因子与做法没被提及而可以补充的? ③您认为上述所有的因素方面若以目前的执行状况来说,所呈现的组织学习能力与组织中同事创新方面的工作能力是否有所助益? 您认为足够了吗? 是否有成长的空间? 如果加强执行本研究所列举的做法,您认为会有明显的帮助吗? 哪些做法您认为帮助会较大? ④在所列举的强化对策中,您认为哪些对贵公司的组织学习与员工工作能力的提升会有帮助? 而目前贵公司已采用哪几项对策? 未来考虑新增与持续采用的又是哪些? ⑤对于组织学习所能获得的成效来说,您认为除了提升员工创新方面的工作能力之外,还包括哪些实质效益? 或者有哪些无形效益? ⑥在员工创新方面的工作能力上,您认为有哪些是贵公司所重视的? ⑦您认为有哪些学习能力是贵公司所需要或要求员工具备的?

问卷聚焦于双环路学习思维、学习组织形态/现况与期待、相关赏罚制度/行为影响与感受程度、组织成员在意的需求所在与价值观等,并进而找出单环跨入双环的 Gap 如何突破的解决之道。设计问卷时,参考专家访谈所得信息及相关文献。问卷设计完成后测试前,需经指导教授及邀请协助发卷者事先过目并做前测后,经修正后才正式发出。问卷设计所依据的文献主要包括:根据 Argyris & Schon(1978)的组织学习理论,类型分为单环路学习(调适型学习)与双环路学习(创新型学习)设计问卷的主轴;参考 Moser(1985)、Olser & Ruekert(1995)及 Yenng & Ulrich(1999)对于创新绩效衡量的观点加以设计问卷。以半导体产业为研究范围,研究囿于企业的合作意愿,仅就上述专业代工部分企业进行抽样,故所得研究结论可能无法适用上述所有企业。问卷调查的对象仅针对抽样公司中的研究发展部、制造工程部、工业工程部及其他技术部的基层员工(以工程师为主),且专家访谈的对象限于负责公司创新活动或是知识创新推动的专业主管,故所得研究结果可能无法代表所有员工的意见。在资料分析方面,研究采用多变量分析来进行,运用 SPSS 分析工具。依研究假设需要,对所回收的问卷进行统计资料分析。

4.3 实证分析

本研究专家访谈的主要目的在于进行研究变数选取时修正参考,以便进一步确立研究架构的完整性。先由理论观点汇集出发,再由实际观点的修正来了解其实际适用性,通过半导体各代表性企业的知识创新推动专家进行实地访谈,根据所得到的宝贵意见来辅助奠定实证研究的基础。为顾及受访公司的机密与知识产权,陈述中均以 A、B、C 等代替原公司名称。

4.3.1 集成电路制造业(代工)

1. 产业特性介绍

半导体业因集成电路设计与制造等专业工厂设置的风潮,带动产业集中,进而提升半导体的前后段价值链的完整性与竞争力,均以代工为主要业务。由其发展历程可以发现,专业代工能够胜过垂直整合企业进而取得其订单,关键在于:持续的工艺改善与工艺创新、高度的产品良率、极快的交货速度、设备运转最有效率。

2. 创新流程与相关强化措施

C 公司认为,集成电路设计的复杂度更加倍,摩尔时代结束后技术创新成长的速度会比较缓慢,不再遵从摩尔定律,但是应用创新的速度不见得会同步减缓,因此集成电路产业的成长也不会随之变慢。C 公司为求回应此趋势,持续寻找能够创新的人才,在基层人才方面要求必须有个人的思考能力,而比较高级的人才则不仅自己能创新,还要鼓励部属创新。在文化上,C 公司首先是奖励创新,如果创新成功,公司有丰厚奖励。其次是就算创新失败,也不会惩罚,唯一的惩罚是没有奖励。A 公司则是以用人唯才为其创新策略中的重要一环,甚至大胆直接挖取对手的高级干部,且只看其优点长处,而不要求干部完美。A 公司首创员工分红制度以留住优秀员工,再以频繁的组织调动来进行创新转型。A 公司鼓励员工说实话,容许员工抱怨及公开辩论。同时,A 公司强调面对现实,最重要的是保障客户满意度、员工满意度、市场占有率及竞争者优劣动向。在迅速方面,则讲求决策明快、行动果敢、充分授权、减少组织层级,去除不必要的审核制度。

3. 知识创新的推动情况

C 公司认为其核心竞争优势在于优异的知识管理能力,并认知到组织的知识管理主要是聚焦于组织内的经验,其流程使知识可以有效记录、分类、储存、扩散以及更新的过程。以下是 C 公司知识管理与组织学习实际推动的各项重点:

1) 标杆学习:不断地标杆学习,便可以不断激荡出最好的知识。C 公司中的知识工作者为求不断在激荡中出最好知识,随时准备在标杆学习相关领域最好的知识。做法是每人每天由工作中或是书本中挖掘出最好的工作方式以及专业知识,并随时把学到的新技术用在工作当中。同时,高级主管不但很容易接受新技术,也一直督促基层员工要这样做。这种分享知识的风气散布在 C 公司每个角落。最高领导者一看到什么好文章,随时与同事共享。其他主管也会时常与同事分享新学习到的知识。即使是出国,同事们也不忘汲取最新知识,常常在挖掘信息。而内部的标杆学习也频频上演,例如某个工厂操作一个机器若是能达到最好的效能,一定会记录下来,以供别的工厂学习。

2) 跨部沟通与组织记忆:C 公司对于跨部门的沟通十分积极,也就是要做到多沟通,把一些分歧化解。各个部门主管有空就跟所服务的用户沟通,所谓用户也就是公司中其他各个部门的人,甚至还跟用户打球,培养工作默契。而各个工厂每天早上八点半到九点半,都会由厂长召开生产会议,讨论工厂昨天发生的事情。开会讨论的结果,都会列入记录,再分门别类列入各自相关档案,让后人也可参阅资料,不要再发生同样的错误。同时建有一个档案中心,专门列管相关档案资料。多年来,C 公司累积了各种建厂专业知识,并且有系统地建文件,以及将各种建厂作业整合成标准化流程,并存入计算机档案。知识管理的一个重要特色是组织中要能将知识储存、标准化、建档,同时知识要能在组织内扩散出去,让没有经验的人来接手时,只要参考各种有关的工作知识储存,就可立即上手。一般来说,半导体设备大家都买得到,盖厂成本大家也都差不多,问题是要使设备最有效率、不良率低、工艺时间短,则需要全体员工的集体智能。

3) 聪明复制:运用中央档案的概念,则可聪明复制新的分厂。也有所谓的复制主管来确保其他厂的人是否做到正确的复制。C 公司内部有所谓的教学手册,只要工厂建好,机器搬进来,就会有教学手册教新技术员上机生产。教学手册会提醒技术员上机时可能会碰到什么困难,要预先避免犯错。这等于是把既有经验记录与传承下去,不会因为有人离开而让经验中断。每个工厂都有一个技术整合的人,会把最好的技术与知识拿出去分享给技术委员会的成员。在人事考核项目中,能不能将自己的工作经验记录、编码、储存,并与人分享经验,则是重要项目之一。

4) IT 扮演重要角色:在知识储存与分享方面,信息科技部门人员扮演很重要的支持角色。在公司内部,每个部门的人都有他的上下游客户。所以即使身在 IT 部门,也不太从技术者的角度来看事情,而是应该想如何让用户用得愉快。由于跟建厂有关的知识可以储存与扩散,C 公司各厂自动化程度均已超过 95%,有的几乎达到 97%~98%。支持 C 公司可以做好知识管理的一大工具就是信息科技。C 公司信息部门十分积极,会主动替客户思考事情要如何完成。C 公司信息部门所持的想法是想方设法让计算机做足计算机可以做的事情,让人只做计算机无法取代的判断、决策的事。信息也让整个 C 公司工艺透明化,让客户可以通过网络将 C 公司的工厂当成自家后院的工厂,在相当程度上实现虚拟工厂的构想。为了保存知识,C 公司备有非常安全的防范措施,每一份资料都各自存在两个不同建筑物的计算机内。C 公司有形的知识资本包括专利、资料、客户档案、工艺技术、做事方法以及商业机密等。营销业务部门目前也在积极累积知识,C 公司与某客户企业多人洽谈,则个人各担当什么职务、对未来市场走向的看法如何、需要 C 公司怎么协调等,都要列入报告中。在 C 公司的客户服务部,客户的型号与曾发生的问题,都可以在电脑中查到。

5) 知识扩散:凭借讨论与分享的机制,C 公司将每个员工的工作经验以计算机编码储存,使得进入 C 公司的新员工很快就可以踏着前人的脚印前进。在 C 公司,新员工一进来都会指派一个资深工作者带领。以工厂为例,通常老员工会花两天的时间,告诉新员工该如何使用机器,并安排上课。同时,新员工也要花很多时间阅读编码储存的知识。

6) 知识更新:每月 C 公司营运的最高主管会定期与几个技术委员会一起温习与学习。学习中,最高主管会评估最近两个月工厂有何重大事情发生,如何避免再度发生,标准化作业进行状况,有哪些事情当天会议就要决议等。其他副总经理也都会列席。C 公司很多标准文件也会定期复习与更新,工艺的更新就在这种委员会的定期召开中拍板定案。

7) 领导人的能力:C 公司之所以转型成功,主因是领导人强势导引公司员工一定要热爱学习,要使 C 公司成为一个学习型组织。几年前,C 公司之所以能在短短一年中由制造导向调整为客户导向的企业，最主要的原因是 C 公司早已被领导人培育成学习型组织。C 公司所谓的客户导向是客户要什么，全公司都当一回事，想尽办法去满足客户的需求。也就是客户要什么，不管是工厂或业务人员都会集体动起来。领导人以身作则，不断拜访客户，与客户讨论，并随时随地告诉公司员工，顾客的价值最大。C 公司最大的特点是主管不断给员工挑战，员工要走得很快，提醒现在有很多竞争者想入这个市场。而强势、冷静、严谨与热爱学习的领导人塑造出 C 公司热爱学习的文化。一个人很愿意跟人接触，就表示他很愿意学习，如果他不愿意学习且一成不变，就表示他跟不上别人，可能会被进步中的组织淘汰。C 公司内部自然形成一种自己不努力工作与学习就会被淘汰的企业文化。C 公司人事部下就有一个学习发展部，不断为 C 公司员工安排各种训练课程。C 公司并不光靠待遇留住人才，最重要的是要让员工有学习发展的机会，如此员工才会愿意留下来。

A 公司的认知则是把如何做好知识管理的工作，作为产业提升效能的重要议题。A 公司员工均非常重视知识的贡献、储存、分享和再利用。A 公司的知识管理首先需要一群人的心理活动与记录，其次在已经具备了正确的观念及平台的功能后，再加上环境及适当的组织，即导引出更好的效益。当继续第二阶段的发展，由于一路上遇到对的人与事，使得第一阶段推动知识管理的试验厂所得到的知识管理成果能让大家看到，随后刚好组成了技术委员会，经过全公司的知识盘点，了解公司的重要知识资产范畴以研发及生产技术为核心，初期决定建构以技术为导向的知识管理。于是，从使用的工程师做知识方案到二、三级主管当审查者，适合的即可跨厂分享与应用，通过技术委员会的组织，一层一层地扩散开来。第三阶段的目的则是在合并转型时，知识文件分散在各个资料库，无法集中管理，另一方面专家也分散在各地方，难以快速找到正确的专家，协助解决问题。因此，成立全公司知识管理推广小组，以便承接推动全公司知识管理项目，该小组成员凭其对知识管理的热忱与无私的奉献，原本局限于一个工厂内推行的知识管理，已扩展成为跨厂及功能部门的全公司知识管理。目前，技术委员会下已经有厂务、蚀刻、扩散、薄膜、制造、工艺整合、可靠度工程、组件工程、统计工艺管制等多个技术委员会及一些功能部门，一同来推动公司内的知识管理。

A 公司推动知识管理的步骤，可依序分为下列项目：第一，确定与评估需求。公司欲导入知识管理之前，必须要先确定与评估组织欲达到的需求与期望，例如塑造组织学习与分享的文化，提升组织的竞争力，并创造组织营运的附加价值。最好是配合组织目标，善用知识管理工具来辅助达成组织的营运绩效。第二，拟定策略与工作计划。A 公司已多年推行企业 e 化，且具备完善的网络与信息平台，通过电子化文件管理与电子会签流程，使得文件传递与储存，既快捷又安全，并普遍达到无纸化的办公环境。然而以技术为导向的知识文件，例如训练教材、题库、最佳练习、课程训练、异常处理与改善、新工艺开发等技术文件，却分散于各地，没有集中管理。另外，知识交流与分享机制不够健全，造成知识交流与分享不甚顺畅。根据上述考虑因素及为求有效落实知识管理，成立专责单位，负责知识管理推广与执行；建立适合全公司的知识分类，整理现有资料；应用信息科技，建构知识贡献、储存、分享知识库；组织知识社群，成立技术委员会；提供线上技术讨论，建构技术网站；全面导入与教育训练，塑造知识分享的文化；结合专业技术课程、项目、e-learning，提升同事专业知识及问题解决能力。第三,成立组织架构及分工。知识管理推广小组为全公司知识管理推展最高指导单位且直接隶属于董事长,主导知识管理推行方向与做法。在功能的执行方面,各技术委员会或功能部门依需要设有一至多位知识管理推广代表,负责各单位知识管理执行工作。各单位均成立文章审查小组成员,担负知识文件审查及评等工作。各技术委员会也建构技术网站,每个网站设有网站版主及专家群。建立知识管理系统,以累积与分享核心技术及生产 Know-how。建立技术与解决问题专家制度,集结跨厂际相同领域专家群,组合成为专业知识社群,凭借技术委员会快速扩散并分享课程训练、最佳实践,各厂若有重大异常或难以克服的技术问题或瓶颈,可通过技术委员会成员来讨论或寻求支持。计划与执行跨厂技术整合,发挥整体综效。遴选各领域专家资格,建立公司人才库。通过技术委员会扩展人脉,促进彼此的沟通,有助于各厂专家彼此知识交流与经验分享。技术委员会运作会伴随产生大量知识文件,有助于充实知识库。第四,拟定知识管理运作流程。扩展知识管理初期,建议先以公司的核心技术切入,再扩展至其他知识领域,通常成功概率较高。另外,核心技术所累积的知识也较丰富,较能快速得到知识管理所带来的成效。依据所规划的知识范畴,即可着手制定知识地图。知识地图的作用主要提供知识搜寻的指引方法之一。经过知识盘点后,可以了解公司内部现有及未来可能产生的知识来源。知识地图需依据知识类型来分类,而不是依据文件类型来分类,这是第一个需注意的原则。有了知识分类,即可着手制定知识管理运作流程。首先,描述知识库运作流程,有知识贡献方面(文件撰写、送审、品质评定、存入知识库等)、知识使用方面(知识库接口、文件搜寻、读者回馈等)、其他(如知识审核与更新、绩效评估与激励、知识附加值与创新等)。建构知识库系统接口,考虑使用便利性与阅读权限控制。欲达到使用便利性,应建立全公司员工统一入口网站。员工可通过此入口网站,进入公司内部所有文件资料库、公司内外部网站、新闻中心、出版中心、项目中心、知识中心等,另外也结合电子邮件撰写与收发。进入知识中心后,可选择进入下列接口:知识库、社群网站(技术委员会网站)、技术交流园地、知识管理推广小组充电站。关于知识审核与更新、绩效评估与激励、知识附加值与创新等,均对知识管理的运作成效与维护,提供正面的附加价值。众所皆知,知识可能过时或不合时宜,所以知识文件需要定时被撰写者拿出来审阅。因此,每一篇知识文件均制定有效期限,文件过期会自动通知撰写者审阅是否需要更新或删除。另外,制定知识贡献与分享激励办法,才能促使知识库的内容源源不断且品质提升。知识管理的激励措施,分为士气激励与实质奖励。获得经营阶层的支持与各级主管的共识,是非常重要的。同时,通过教育训练,告知员工知识贡献与分享对组织与个人均有极佳的助益。关于实质奖励方面,计有知识产出绩优奖、最佳知识文件品质奖、特定主题知识服务奖等。虽然奖励项目不多,但同事可通过知识管理成果发表会发表个人贡献事迹,一方面可以让各级主管对同事的表现留下深刻印象,另一方面同事可以将贡献事迹列入个人绩效考核表的贡献事迹列举项目中,作为主管进行同事考核评估或升等升职的参考。第五,系统设计与测试。规划与开发知识管理系统,需要考虑知识贡献与扩散分享的便利性,另外需要有严密的安全控制功能。知识管理系统的普及化的计算机硬件及互联网构建,以利于跨国际与跨厂际的电子化知识交流;完善的文件管理系统与电子传签功能,以利于文件送审与储存;建构知识库系统;建构社群网站;提供知识管理入口网站;提供全文检索搜寻引擎功能;提供文件安全控制功能;搭配其他有助于知识交流的电子化系统与功能,如视讯会议、网络电话与虚拟会议室等。第六,导入阶段。全面性导入知识管理的计划应涵盖公司内欲导入的社群或组织、导入的优先级、组成各社群的知识管理推动小组、编定使用说明书及规范、编排训练教材与课程安排、培育讲师、制定绩效评估与奖励办法等。第七,评估与持续性改善阶段。只要公司需要不停地学习与追求新知,推动知识管理项目就不会停止。A 公司知识管理推动计划中,绩效评量机制主要有三个方面:同事在知识文件与技术委员会两方面的贡献,分别予以评量奖励;知识管理推动小组绩效衡量指标;知识管理整体绩效衡量指标。

4.3.2　集成电路生产的上下游产业:供货商与客户

1. 产业特性介绍

近年来,国内集成电路专业代工市场急速扩张,吸引大量企业投入,造成近几年供需严重失衡,各企业都出现亏损。为回应上游制造业不断进行合并的风潮,国内封装测试市场势必会进行新的产业结构重整,为迅速扩大产能及降低成本企业进行海外并购及海外设厂的动作,迎接国际垂直整合大厂订单释出,形成集团化对抗形态。集成电路专业代工企业上下游策略联盟投入一贯化后段工艺服务是各企业正在努力的方向,策略联盟可掌握最新产品发展的动态并确保服务品质,整合式后段工艺服务可减少客户生产时所需时间,以降低生产成本,由于电子业从下订单到出货的时间越来越短,对准时出货的要求也越严格,上下游企业结盟对生产流程的掌握及订单出货时间的控制能力较强,生产品质也能维持一定水准,一般而言,集成电路芯片跌价速度相当快,生产时间的延迟就意味着产品价值的消逝,为能以最有效率的方式服务上游制造客户,各专业代工企业唯有朝上下游(包括材料与设备供应企业以及集成电路设计等客户端)结盟方能给客户最完整的服务。各专业代工企业间的水平整合将是必要的,除了有助于产能的扩充,也可与释出订单的客户建立策略合作关系。未来国内各专业代工极有可能形成几个垄断企业互相抗衡,而非现在多企业互相竞争的局面。

2. 创新流程与相关强化措施

G 公司属于半导体设备供货商,具备整合性服务的优势,产品种类多样,这是 G 公司与其他竞争者不一样的地方。运用这个优势,G 公司培养出核心能力并传送价值给客户,依照产业不同的需求去配合客户。要制造晶圆代工的优势,就得让更多整合组件制造商(IDM)下单给它们,使 IDM 企业脱离一定要具备厂房的概念。因此,晶圆代工首先要将成本控制好,这是 IDM 愿意下单给它们的必要条件,但这仍不足以让 IDM 下定决心。其次,晶圆代工还要在技术上领先,并制造技术优势,让 IDM 非用它们不可,否则自己制造不出这么先进的产品。

在不同的时期,G 公司跟晶圆代工配合的方向也不一样。第一阶段 G 公司聚焦在成本上,让成本持续降低。集成电路产业很年轻,一开始晶圆代工在技术工艺部分比较需要支持,所以 G 公司会聚焦在培养人才上。G 公司除了在本地让设备运转,还要让晶圆代工在本地开发出比 G 公司所给予的技术更能配合需求的工艺技术,并以更快的速度做研发。G公司并不是要提升个体研发的能力,而是整体研发的效率。因此在研发过程中,除了一些研究,例如选择材料或不同的技术外,G 公司也可以很快地研发出适合代工的新产品应用。但有时 G 公司想做的,代工客户却不见得能接受。所以 G 公司会积极与客户进行深入讨论,让客户认为有价值并将这个范围释放给 G 公司。基于环境的快速变化,知识产权的宣传和保护很重要。要参考过去别人成功的做法,并积极地申请专利,进而将它价值化。一定要有专门管理知识产权的专属单位,把自己每天创造出来的新技术记录下来,变成可传承的知识,这样的创新会因为基础更扎实而愈来愈有效率。

H 公司属于释出集成电路代工订单的企业,主力产品同时存在以三种不同技术分别开发的产品。针对这种情形,一方面,希望已经成熟的技术发展经验能够有助于新技术的开发,另一方面,也希望刚起步的技术在开发过程中的所有经验都能保留下来,以利日后解决问题。首先,H 公司在分析其主力产品市场现况与趋势及 H 公司发展主力产品所具有的优劣势之后,针对公司不同规格的产品提出建议发展方向。同时,也有其他动态随机处理器(DRAM)厂因前景不明而欲跨足 H 公司的主力产品市场,所以 H 公司也分析了这些企业的动态与竞争优劣势,作为技术及市场布局的参考。在知识产权日渐受到重视的今天,H公司在发展新技术的同时,除了保存自己的知识产权外,也要避免在无意间触犯他人的知识产权。因此,H 公司收集并分析在 H 公司所发展主力产品范围内全球主要供货商的专利,归纳出各厂的专利布局方向,并找出较具威胁性的专利,供研发人员参考,以避免日后研发时误触专利"地雷"。

3. 知识创新的推动情况与相关管理制度和活动

G 公司推行知识管理的目的,是希望通过知识管理及信息科技创造新的营运模式,获得更健康的工作态度、建立新的领导能力及成就专业的实现等竞争优势。在知识管理应用方面,目前正在进行与工程师共创价值计划。很多知识都在人的身上,如何将他们的经验传承下来,让其他工程师可以很容易地学习,对于公司的成长和技术的整合很重要。知识管理可以让价值有相乘的效果。因为集成电路技术流程很复杂,所以知识管理更加重要。推动知识管理不能是强迫,而是要自发,一定要让工程师很愿意参与知识管理,而且公司也要有奖励,才能培养互相学习的文化氛围。知识管理可以帮助一个公司发展得更好,而培养喜欢学习、互相信任的文化则是做知识管理最重要的基础,有这些文化之后,才能开始运用、建构知识管理。

G 公司现在已经将整个公司信息系统的基础做好,这个工作的重要性在于有很多资料库,而资料库之间要能整合才能一致,传输可靠。第一步就是要将全公司的架构建构在一起,而建立好的架构也进出很多信息,必须让信息很容易流通,才能沟通、学习,这方面是公司必须执行的。除了内部流通外,还有对外的沟通。对外会有两种沟通:第一种沟通是跟客户,要让客户可以很快地告诉你,他需要什么样的结果,让他可以运用信息平台和我们沟通。客户可以很容易向 G 公司总部表达他的需求,这也是知识管理的一部分。第二种沟通是与企业之间。当 G 公司把生产、设计外包时，这些企业可以很快地知道 G 公司要求的规格。用这种信息平台才能和企业有很好的沟通，也才能运用外面的能力来帮我们补强设计、生产。当 G 公司在建设信息平台时，可以与半导体专业代工等产业连接。产业的连接不只是生产的需求，还包括设计的规格、以后的趋势、产量的预测，这对产业的景气预测、波动都会有比较正面的帮助。

在推行知识管理项目前，G 公司知识管理部曾针对高级主管、工程师进行访谈。经过整理，决定推出四个知识管理项目，包括与工程师共创价值第一阶段活动，并将它扩充为共创价值第二阶段活动，以及智能整合营销和知识社群等。G 公司采取知识管理整体导入架构，来规划知识管理项目中知识管理系统的发展蓝图，整个项目的推动主轴，兼顾了策略、流程、人员及科技等四方面，并搭配项目管理与变革管理。由于工程师数目约占总人数的六成，G 公司选择与工程师共创价值第一阶段活动为落实知识管理的第一步。而知识管理部发现，有很多问题其实第一线的工程师才是最了解的人，因此决定好好借用他们的能力和知识。所以，与工程师共创价值活动将工程师的知识循环分为三大领域——学习、运用与创新、分享，搭配书面文件及社群互动等两个循环，使得知识的流量及存量都能同时增加。再通过发达的信息技术，将现有的资料库整合起来，经过适当分类，把庞杂且重复的信息做整理，方便员工使用。

对于知识管理，H 公司所期望进行并达成的目标主要是将最好的企业知识，不管是工程方面，或企业经营方面得以保留，这样企业才能永续经营。一般来说，设备机器可以买得到，但企业经营的方法和累积的经验知识，却是没办法一下子买到的。知识管理最重要的目标，是希望建立企业的进入竞争障碍，有进行知识管理的企业，就可以和别人拉大距离，阻绝竞争企业的追赶脚步。例如有许多领域的代工业看似简单，但冲到全球第一的原因是里面有许多宝贵的知识经验，别人纵使想要抄袭也没有那么快。鉴于内部知识整合的迫切需要，H 公司成立了知识管理中心，指派一名副总经理担任中心主管一职，下辖法务、信息工程及知识发展共三处，其中法务处负责法律及知识产权、专利等相关业务，信息工程处负责公司内外部的信息系统建设及维护，知识发展处则负责 H 公司知识管理导入的工作，下辖工程知识发展与知识管理两部。由于 H 公司知识管理部门的主要成员在加入该组织前，就已具备研发工程师与专利工程师的双重背景，因此这项工作虽然繁重，但还是有能力完成。从这项分析中，可了解各竞争企业未来的技术发展方向及趋势。基于上述的各项分析结果，H 公司提出了知识管理的策略原则，其要点如下：H 公司在生产已有多年量产经验的产品时，萃取其电路设计及工艺开发经验，供开发新技术相关人员参考。对于经过两年开发而即将量产的产品，其开发过程所产生的知识，可作为量产后解决问题，及与策略联盟大厂合作开发计划参考。与策略联盟大厂合作计划目前仍处于开发初期，应设计适当的制度与平台，使开发过程中所产生的知识与经验能自然保存。建立主要产品线新闻网，让相关人员随时掌握产业及技术研发动态。设立专利信息与管理部门，分析各竞争企业对 H 公司主要产品线的相关专利，避免研发过程误触专利"地雷"。

根据上述策略原则，H 公司制定了具体的分阶段实行步骤，以期能完整保存相关知识，

将知识创造者的专业经验,有效传递给知识使用者,发挥最大综效并激发新的知识创造。各阶段的重点与欲达成的目标如下所述:

第一阶段:收集并完整保存个人与组织经验

- 建立主要产品线专属知识管理网页。
- 制定奖励办法以鼓励知识分享。
- 竞争企业技术与专利布局分析。

第二阶段:经分析整理,将个人经验转化为组织知识

- 建立市场信息资料库。
- 挖掘已存在于文件管理系统中的技术资料。
- 收集存放于各部门或个人的知识文件。

第三阶段:促进知识有效分享与再利用

- 举办公司论坛,以知识再利用为论坛主题。
- 成立主要产品线社群,以促进知识分享风气。
- 建立新人训练教材资料库。

第四阶段:加强并系统化知识管理机制(让知识管理成为日常工作的一部分)

- 将知识管理绩效与奖励或绩效考核结合。
- 收集用户意见作为改进参考。

关于组织学习,H公司先让同事对知识管理部门有所认识,不定期举办与电子产业有关的专题讲座,结果出席状况与反应都非常良好。另外,由各部门推派代表,发表其工作经验及心得,由公司内部高级主管担任评审,给予优秀同事金额不同的奖金作为奖励。在活动中也找到了一些对知识管理工作有高度认同感的同事,而这些同事就很自然地成为该公司推动知识管理的"种子部队"。这样做除了可将知识管理的观念带进日常工作中,还有助于知识社群的成型。此外,该公司设有各种专题讨论区,让有类似经验、知识的员工能在此交流互动。凭借这些无论是通过内部网络,或直接面对面的知识交流,员工不断地将个人的知识转化成为组织的知识。加上信息平台强大的搜寻功能辅助,经验与知识的传承将更有效率,于是,学习型的组织形成,而这也有助于缩短学习曲线,与不再犯同样的错。

4.4 结论与讨论

由知识创新专家访谈,对所重视知识创新的相关强化对策进行汇总分析:

鼓励员工吸收新知识、不断学习是公司的重要政策。

对于强调客户第一,以客户需求为创新取向依据,都同意是该公司的基本理念。

绝大部分受访公司均通过技术委员会等知识社群来进行专业知识的分享交流与累积。

受访专家中,绝大部分都认同重视员工的创新能力是其公司的经营重心。

大部分受访者均强调必须为员工以及跨部门运作营造无障碍的沟通环境。

受访公司中,大部分受访者都同意其在高级主管主导下,均渐次形成热爱学习的文化。

有一半的受访者认同，公司主动提供资源与奖励，来鼓励员工积极创新，并且不计成败，就算失败也不予处罚。

在各个半导体生产流程的产业中，有一半的企业积极引进不同专业领域及不同特质的外来人才。

超过一半的受访专家强调，拥有聪明复制能力的组织，才具有无可取代的竞争力。

受访公司中，有一半的专家认同重视基层员工意见与创意的草根性策略。

有一半的受访者声称，其公司凭借切入核心技术的分析，进行知识地图的绘制。

只有两家公司的专家认为，建立不强调阶级的团队运作是重要的，大部分专家较强调纪律运作的重要性。其差异点在于不强调阶级的公司多属于 IC 设计业。

本研究共发出 346 份问卷，选取对象为半导体行业具有代表性的 16 家企业，最终通过相关领域经理人的协助，得到其中 12 家企业的首肯配合。从 2016 年 3 月起三个月内共发出 346 份问卷，总计回收 279 份，在剔除填答不完整以及其他确认无效的回卷后（认知根据例如：填写问卷时一律只填入单一值答案，以及明显随意勾选答案，为避开反向题与侦测题项者），得到有效问卷共 263 份，有效问卷回收率高达 76.01%，因而断定本研究的问卷样本回收数已超出可接受的水准。因此，研究便是基于这些实际上的困境与需求出发，希望能找出一条路径，使负责实际经营的专业经理能够有机会得到一些较能够贴近实际需求的有效对策。

1. 双环路学习理论暨相关强化对策与学习成效提升的相关性验证

本研究通过对半导体产业整体供应链的基层使用者的实证研究后发现，对整体双环路学习而言，若能同时进行增强促进双环路学习因子，则能有效提升其组织的学习能力，而且组织内成员在创新方面的工作能力也能同时提升（包括学习新知识的应用能力、解决问题的能力、对问题提出响应对策的能力、创新意愿及对多重解决方案的选择能力）。而对于双环路学习有所影响的具体各层面因素，经过因素分析中的主成分因素分析法，共归纳出六大影响方面。

1）具有真诚与成长学习导向的组织文化与组织学习能力提升、组织成员在创新方面的工作能力提升之间的关系。

在具有真诚与成长学习导向的组织文化这个方面，半导体产业中的员工若能了解到部门经营方向与政策制度的信息，与主管的双向沟通渠道畅通，被鼓励参与跨部门活动与合作，拥有学习成长的机会并连接纳入考核，则对于组织学习能力的提升以及组织成员在创新方面的工作能力的提升均有相当大的助益。此方面适用的对策，分别是共同演化（Eisenhardt & Galunic，2000）、实践型社群（Wenger & Snyder，2000）、取得平衡点——实际执行实际 v. s. 标准化流程（Brown & Duguid，2000）及知行差距——能言善道的陷阱（Rfeffer & Sutton，1999）。如此连接后，可有效进行实际的改善，以提升组织的学习能力与成员在创新方面的工作能力。

2）员工取得有效资料与组织学习能力提升、组织成员在创新方面的工作能力提升之间的关系。

就员工取得有效资料这方面而言,半导体供应链中的员工如果可以得到足够的信息搜寻系统与工具而且有能力使用,能够运用所取得的资料对部门运作的优缺点进行分析,能够使用系统性思考与多样化工具解析资料以解决问题,以及引进外来如技术或管理活动等资源,则对于组织学习能力的提升与组织成员在创新方面的工作能力的提升都会有尚能接受的相关效果。于这个方面的强化对策,是知识管理策略的选定(Hansen,Nohria & Tierney,1999)。经过这般的串联,组织便能够进行有效的实际改善,组织学习能力与组织成员在创新方面的工作能力都能真正提升。

3) 避免主管单方面把持操控工作安排和保护部属与组织学习能力提升、组织成员在创新方面的工作能力提升之间的关系。

在避免主管单方面把持操控工作安排和保护部属这个方面,半导体产业中的员工如果能够对自己的工作范围与做事方法拥有自主权,能被允许对工作标准流程、部门规章制度等提出质疑、建言,以及被鼓励冒险创新而不计成败,则对于组织学习能力的提升与组织成员在创新方面的工作能力的提升都将有可以接受的相关效益产生。此方面所用的强化策略,包括草根性策略(Mintzberg,1987)及去除阻碍学习的良好沟通(Argyris,1994)。衔接以后,组织便可以进行有效且实际的改善,组织学习能力与组织成员在创新方面的工作能力也才可以得到实际的提升。

4) 避免主管单方面领导与组织学习能力提升、组织成员在创新方面的工作能力提升之间的关系。

对于避免主管单方面领导这个方面,半导体产业的员工如果能得到主管对新对策在分析与决定实行的充分授权,被鼓励在工作上持续创新,被允许参与工作规划与目标设定,以及被重视在工作上有自我承诺的负责态度,则对于组织学习能力的提升与组织成员在创新方面的工作能力的提升均有相当明显的相关效益。此方面所用的强化对策,是草根性策略(Mintzberg,1987)。进行连接后,可真正开始实际有效的改善行动,组织学习能力与组织成员在创新方面的工作能力也才能真正提升。

5) 避免员工自我防卫与组织学习能力提升、组织成员在创新方面的工作能力提升之间的关系。

在避免员工自我防卫这个方面,半导体产业中的员工若能舍弃过去的成功模式、直觉式思考、过于简单的分析工具、顺从主管的命令,以及主管能鼓励员工从错误中学习,则对于组织学习能力提升会出现能够接受的相关效果,但对于组织成员在创新方面的工作能力提升来说,研究并未发现具有足够的相关性。这方面的相关强化对策,需进行摒弃"打火救急"文化的恶习(Bohn,2000),加以串联之后,可进行实际上有效的改善活动,组织的学习能力也就可以得到真正的提升。

6) 避免私下防护式的绩效评估与组织学习能力提升、组织成员在创新方面的工作能力提升之间的关系。

就避免私下防护式的绩效评估这个方面而言,半导体供应链中的员工如果可以被鼓励对自己的工作绩效好坏进行分析探讨,将新产品销售绩效纳入考核成绩,以及将部门绩效与客户要求的符合程度公开验证,则对于组织学习能力的提升与组织成员在创新方面的工作能力的提升都将产生可以接受的相关效益。此方面所用的强化对策,是去除阻碍学习的良好沟通,经过衔接之后,则组织便可推动真正能落实执行的改善行动,组织的学习能力以及组织成员在创新方面的工作能力也才能有效提升。

2. 研究贡献

本研究通过专家访谈与使用者(基层员工)问卷调查双重验证式的实证研究,整理出的结论有:第一,在此探讨的双环路学习理论中所提及的第一型(单环路)学习的去除以及第二型(双环路)学习的强化,证实需同时并进不能偏废,可视所归纳出的六大细部方面为其整体组织学习进行推动时的优先顺序,虽然各有其重点与相对应的特有对策,但绝大部分都能产生一定程度的实质效益,证明对组织有相当的效益。第二,证实只要找到与双环路学习理论中所提及的第一型(单环路)学习去除以及第二型(双环路)学习强化相对应以及与组织学习相互连接与补强的强化对策,Argyris & Schon(1978)提出双环路学习理论在现实环境中执行上的困境与对此高难度任务的疑虑将被克服,即证实双环路学习理论在现实环境中是可以确实执行的。

由于 Argyris & Schon(1978)提出双环路学习理论在现实环境中执行上的困境与对此高难度任务的疑虑,可凭借这些与组织学习相互连接与补强的理论根据,共同建构成与双环路学习理论相互连接的强化对策,由实证研究确认其与组织学习能力、组织成员在创新方面的工作能力两大方面的提升关联性。以下将对策推行顺序、执行细节以及与其理论根据连接列表说明,内容详见表 4-2 所示:

表 4-2　强化组织学习对策推行顺序、执行细节以及与其理论根据连接

强化组织学习的对策	双环路学习对策名称与内容(提出对策的学者与年份)	对策活动与细节	主导变数(问卷方面)中介变数
共同演化	进行跨部门学习,员工在组织中不断地分享与学习,并建立共同理念与信任感(Eisenhardt & Galunic, 2000)	(Ⅵ.1)部门主管与员工双向沟通渠道畅通 (Ⅵ.2)部门主管重视员工接受各部门所提出变革的意愿 (Ⅵ.3)部门主管鼓励员工参与跨单位沟通与合作 (Ⅵ.4)部门主管鼓励员工参与单位间非正式活动 (Ⅵ.5)部门主管与其他单位主管	
实践(型)社群	参与者之间能时常私下交流沟通,以不受拘束与深具创意的方式分享知识,以便面对问题时有新的解决方法(Wenger & Snyder, 2000)	(Ⅶ.1)部门主管鼓励员工将其学习所得分享给其他同事 (Ⅶ.2)部门主管鼓励员工参与部门内外学习活动 (Ⅶ.3)部门主管鼓励员工培养第二专长	强化能自由、明白告知的抉择的做法,即互动与工作是由部属、主管与相关部门共同协调,使部门间的互动增强; (增强组织内/部门间互动)员工的冒险心、创新意愿增强,团队精神以及与他人合作的群体意识亦增加,跨部门合作因而强化

续 表

强化组织 学习的对策	双环路学习对策名称与内容 （提出对策的学者与年份）	对策活动与细节	主导变数(问卷方面) 中介变数
取得平衡点	在正式流程与实际执行面的实际经验需建立平衡点，亦即不能偏废，对策为不断鼓励提出最佳实际经验，然后运用组织流程支持进行传播(Brown & Duguid,2000)		
能言善道的陷阱	领导者需知言行合一，除了表达能力之外需注意执行力(Jeffrey Pfoffer & Robert I. Sutton,1999)	(VII.4)部门主管鼓励员工以学习的心态来探讨工作表现 (VII.5)部门主管强调资深人员的经验传承，并将成效纳入考核 (VII.6)部门主管重视员工对于各种学习的投入程度 (VII.7)部门主管鼓励员工之间所分享的学习经验具有实用性 (VII.8)部门主管鼓励员工对所犯错误进行检讨改进 (VII.9)部门主管对员工所提建议案进行公开讨论	强化对自己的抉择有一内在承诺，并持续监督执行的做法，亦即以面对问题与成长导向的方式来面对自己与组织(真诚与成长导向的组织文化员工凭借取得直接可视察的资料，以及通过公开与当面澄清的方式来讨论并解决困难问题，一切行为均以学习导向、信任独立自主及自我承诺为规范)
草根模式下的策略形成	高级设定方向，基层自由发挥细节，即为谨慎下的意外突现(Mintzberg,1987)	(I.1)部门主管能够舍弃过去成功模式，以全新思维来设定经营目标 (I.2)部门主管能够使用各种不同方法，以找出经营核心 (II.1)部门主管鼓励员工只要适度分析对策可行性，避免丧失最适当的执行时机 (II.2)部门主管鼓励员工在工作上持续创新 (II.3)部门主管允许员工参与工作规划(含任务与目标设定) (II.4)部门主管允许员工弹性设定自己要做的事 (II.5)部门主管允许员工决定自己做事的方法 (II.6)部门主管鼓励员工对工作流程提出建言 (II.7)部门主管鼓励员工对非属于自己执掌范围提出建言 (II.8)部门主管鼓励员工对部门制度提出建言	避免主管单方面根据历史进行目标控制(目标管制)； 避免主管单方面操控工作分配与定义(部门主管领导方式)； 避免所设目标不允许员工疑惑或改变； 避免员工产生"自扫门前雪"的心态以及防卫性人际关系

续 表

强化组织学习的对策	双环路学习对策名称与内容（提出对策的学者与年份）	对策活动与细节	主导变数（问卷方面）中介变数
你的知识管理策略为何？	必须根据企业竞争策略方向而定，整体策略或个人化策略必须择一为主，切莫双管齐下反而会削弱企业（Hansen, Nohria & Tierney, 1999）	(V.1)部门主管主动对员工说明部门经营方向及政策制度等信息 (V.2)部门主管鼓励员工根据资料，对部门优缺点进行分析 (V.3)部门主管提供足够的信息搜寻系统与工具 (V.4)部门主管协助员工有能力通过信息系统取得所需信息 (V.5)部门主管协助员工能够使用系统性思考与多样化工具分析资料以解决问题 (V.6)部门主管支持导入外来管理活动 (V.7)部门主管支持导入外来技术 (V.8)部门主管主动引进与既有员工不同思维的人才，使员工取得有效资料（部门主管协助员工取得有效资料）	员工可凭借有效信息来了解目标设定缘由、执行方式以及将有何成果，进而能以开放心态自我检讨
阻碍学习的良好沟通	主管的言行必须一致，建立员工内在动力，使全员能参与坦诚的双向沟通（Argyris, 1994）	(IV.1)部门主管重视员工对工作保持自我负责的态度 (IV.2)部门主管重视员工接受各部门所提出变革的意愿 (IV.3)部门主管鼓励员工从事计划周详的冒险行动 (IV.4)当有特殊情况发生，部门主管授权员工自行拟定回应措施 (IV.5)部门主管允许员工利用上班时间，进行自发性创新活动 (IV.6)部门主管要求将新上市产品销售成绩纳入员工绩效评估 (IV.7)部门主管要求绩效资料符合客户要求的公开验证 (IV.8)部门主管鼓励员工对个人工作绩效好坏进行分析	避免主管为求博得好评，而进行把持资料、创造规则与操纵会议等强调理性的防护措施（部门主管照应部属）； 避免造成员工不知真相、焦点模糊、不明是理，进而使员工的自主性降低，无法自我承诺
摒弃"打火救急"的恶习	进行问题分类与深入分析，而非解决个别问题。避免不计代价及时完成任务（Bohn, 2000）	(III.1)部门主管鼓励员工从错误中学习 (III.2)部门主管鼓励员工舍弃过去成功模式来执行任务 (III.3)部门主管鼓励员工避免只依循直觉及简单的分析工具来执行任务 (III.4)部门主管鼓励员工避免单方面顺从主管的命令 (III.5)部门主管鼓励员工不使用既有手法、工具来执行任务	避免员工为求回避同侪负面批评的自我保护（部门主管要求员工各司其职、恪守本分）； 避免员工完全服从上司指示或欺上瞒下，形成自卫型行为（包括不信任、不冒险、强调文凭与权利的竞争）

第5章
产业知识创新的空间分布分析：
省域专利产出视角

根据《国家创新指数报告 2012》的统计，2005—2011 年，我国研发投入强度（R&D/GDP）由 1.32％上升到 1.84％，2012 年研发投入强度已达到 1.97％。然而 2013 年由康奈尔大学、英士国际商学院（INSEAD）和世界知识产权组织（WIPO）共同发布的《全球创新指数》报告中则认为，中国的全球创新指数位列第 35 位，较 2012 年的第 34 位下降一名。这当中存在其他国家和地区研发投入加大，以及相应制度和政策强化的影响，但除了突破制度锁定及创新政策体系当中所存在的协同性问题外，还需要对中国科技创新的动力机制及发展规律进行持续深入的探索。中国省域自然地理条件、经济、社会、科技、人口和文化空间差异显著，生产专业化与地域分工使创新资源的流动和集聚具有明确的区位指向性。同时，各区域间的创新差距还受经济发展水平和所选技术的发展阶段约束，相应的区域创新发展战略与政策工具就需要根据其向生产力转化的有效性和环境的敏感性进行合理安排。因此，研究区域创新活动的基础结构与创新绩效，揭示区域创新行为特征与发展规律，对于研究产业知识创新具有重要的意义。

5.1　相关文献综述

由于智力资产已被看作企业创新竞争力的关键，知识产权逐渐成为企业价值创造的重要来源。其中，专利作为发明人利用其知识产权获取利益的一种方式，是技术革新和发明的"有形证物"。虽然在衡量新产品、新的生产流程及服务的引进方面，专利的作用有限，然而专利产出尤其是发明专利的数量和质量在考察创新绩效与知识溢出方面依然是重要的测算指标。专利通过激励研发活动促进创新并间接刺激区域经济增长，同时产业结构的调整也需要发挥专利的引导作用。我国学者对于专利制度与经济发展之间的关系进行了大量的理论和实证研究。同时，还有许多研究见诸评价指标体系的构建和技术创新投入与创新效率的关系模型研究方面。此外，不少学者如官建成、虞晓芬等从投入产出的角度，采用数据包络方法（DEA）对基于专利产出质量的中国区域创新绩效进行了评价和研究。史修松等采用随机前沿函数方法测算了中国区域创新效率及其空间差异，并认为区域创新经费投入对区域创新效率的推动作用大于人力资本。然而上述研究均未考虑知识溢出与空间相关性在规模收益递增和区域创新过程中的作用。因此，在知识生产理论的基础上，吴玉鸣等人探讨了省域研发与创新的空间效应，并认为中国的区域专利创新存在明显的空间相互作用和集聚效应。张丽华等则进一步从区域层面考察了集聚经济对我国技术创新活动的作用，并认为集聚经济通过不断吸引技术创新要素从而形成累积循环效应，能够有效提高技术创新活动的生产效率。王锐淇采用空间计量经济方法对我国区域技术创新的空间相关性和知识溢出效应进行了考察，并认为技术创新能力及其影响因素在区域内部及区域间的扩散效应具有显著的差异。在此基础上，马军杰等采用全要素生产率分析框架，对所构造的用于考察专利绩效动态变化的 DEA-Malmquist 指数进行了空间计量经济分析，并对各区域的创新贡献度和区域间相互作用机制及其影响因素进行了综合考察。

上述研究当中，更多的是关注区域创新绩效或专利产出质量的演变规律揭示与形成机制分析，缺乏对区域创新或专利"投入—产出"活动差异的详细分类研究与明确的边界考察。而对于不同区域和技术领域的知识产权所属主体来说，区域创新基础结构的局部优势迥异。企业需要根据其核心科技能力及发展轨迹进行区域分析与决策，实现科技、知识与资源的有效沟通和应用。采用聚类分析方法能够有效辨别各地区研发与创新能力的结构差异与类型边界。但是基于传统时间序列分析的聚类方法，很难解释区域差异对创新的影响范围和程度，而基于一般截面分析的传统聚类方法，抹杀了指标的动态属性，虽然能够对空间效应进行衡量，却无法反映每个区域的创新行为和绩效的变化规律、发展轨迹与所属类型及其特征。

面板数据（panel data）作为截面数据与时间序列数据的组合数据集，具有许多优良的特性，克服了时间序列数据多重共线性、数据量不足等困扰，因而已被广泛应用于包括模式识别、数据分析、图形处理、市场研究、管理评价等许多领域当中。Bonzo D. C. 最先将多元统计方法引入面板数据分析，运用概率连接函数改进聚类分析方法。朱建平建立了单指标面板数据统计量，并构造了面板数据的相似性指标，然而这与传统的二维聚类没有本质上的区别。郑兵云对单指标统计量进行合成处理，构造了多指标面板数据统计量，然而通过在时间维度上取均值，采用将面板数据退化为截面数据，且将方差、协变量等统计量均值化的处理思路，会造成数据信息的丢失。肖泽磊构建综合评价函数序列矩阵的相似指标，并对面板数据进行降维处理和系统聚类分析，但对于数据间动态变化和关联效应的思考不足，并且同样存在信息损失问题。为此，李英果对距离相似性指标计算进行了改进，增加了个体间的"增长速度"距离和"变异系数"距离，然而这种方法的不足之处是它对指标的增长速度的局部变化不能进行区分，不能刻画时间序列局部变化特征。任娟进一步考虑了面板数据的水平指标、增量指标和增量变化率指标的时间序列。然而，上述文献其本质上依然是分析样本单个变量的空间曲线变化，没能考虑个体间在三维空间中的几何形状，也没有考虑到曲线间的相互关系，如坡度。坡度在经济学中反映的是投入产出比。因此，面板数据的聚类应该从三维曲面的几何形状上去描述两个曲面的相似性。张可等在灰色关联聚类方法基础之上，探讨了行为矩阵序列的曲面族描述方法，并通过计算个体间在三维空间中的几何相似度进行了聚类分析，但没能考虑个体在三维空间中的距离。显然，两个三维曲面空间几何相似,但相距较远,不能归为一类。三维空间中相似的样本归为一类,该类中的样本应该是在空间绝对距离比较相近,同时,区别于二维空间,样本之间的三维空间分布几何形状应该也是相似的。

此外,在许多分类问题当中,分类对象之间缺乏明确的界限,往往存在即此即彼的现象。因此,欲采用传统聚类方法将每个待分类对象严格划分到某个类中,存在一定的不合理性。为此,人们开始采用模糊的方法处理聚类问题。在众多的模糊聚类算法中,模糊 C 均值聚类算法(FCM)应用最为广泛。它按照某种判别准则,将数据的聚类转化为一个非线性优化问题,并通过迭代来进行求解。其中的模糊划分矩阵 U 既具有一定的明晰性,又保持了样本数据在空间中分布的模糊性,从而提高了类别的正确性。

在前人研究的基础上,首先对面板数据的空间特征进行了分析,给出了面板数据三维空间中的曲面描述方法,并从"绝对数量""增长速度""几何相似性"和"曲面空间绝对距离"等几个方面对曲面相似性指标进行了定义和构建,通过将模糊 C 均值算法中的距离替换为曲面相似性指标,提出一个同时考虑个体在三维空间中的距离和几何相似度的相似指标计算方法。构建了能够反映 2000—2010 年中国省域专利产出活动的多指标面板数据,对中国 31 个省区市创新能力的类型特征及其地域分异规律进行了探索。

5.2 数据结构描述与聚类方法设计

5.2.1 面板数据的结构与几何描述方法

面板数据同时包含截面与时间序列信息,其结构比较复杂,严格意义上应该用三维来表示。假设研究总体有 N 个,每个样本的特征用 m 个指标表示,时间长度为 n,则 $x_{ij}(t)$ 表示第 i 个样本第 j 个指标在 t 时间的数值。在平面上将其转换为二级二维表的形式,如表 5-1 所示:

表 5-1　面板数据结构

时间	1			⋯		t		⋯		n	
样本	指标				指标				指标		
	1	⋯ j ⋯	m		1	⋯ j ⋯	m		1	⋯ j ⋯	m
1	$X_{11}(1)$ ⋯	$X_{1j}(1)$ ⋯	$X_{1m}(1)$ ⋯		$X_{11}(t)$	$X_{1j}(t)$ ⋯	$X_{1m}(t)$ ⋯		$X_{11}(n)$ ⋯	$X_{1j}(n)$ ⋯	$X_{1m}(n)$
⋮										⋯	
i	$X_{i1}(1)$ ⋯	$X_{ij}(1)$ ⋯	$X_{im}(1)$ ⋯		$X_{i1}(t)$	$X_{ij}(1)$ ⋯	$X_{im}(t)$ ⋯		$X_{i1}(n)$ ⋯	$X_{ij}(n)$ ⋯	$X_{im}(n)$
⋮										⋯	
N	$X_{N1}(1)$ ⋯	$X_{Nj}(1)$ ⋯	$X_{Nm}(1)$ ⋯		$X_{N1}(t)$ ⋯	$X_{Nj}(t)$ ⋯	$X_{Nm}(t)$ ⋯		$X_{N1}(n)$ ⋯	$X_{Nj}(n)$ ⋯	$X_{Nm}(n)$

由于数据表方法不便于表现面板数据的几何特征,本书考虑将面板数据中每个指标对应的数据作为三维空间中的点,分别将样本和时间作为对应点的坐标。则单个指标包含的

所有数据作为 $N \times n$ 矩阵，在三维坐标系中可以表示为一个曲面，整个面板数据可表示为空间中的一簇曲面。

定义 1 面板数据 X 中第 i 个对象(样本)在第 s 个指标 t 时刻的值为 $x_i(s, t)$，称 $\boldsymbol{H}_i(s, t)$ 为指标 i 的行为矩阵(图 5-1)，面板数据 $\boldsymbol{X} = \{X_1(s, t)，\cdots，X_i(s, t)，\cdots，X_N(s, t) \mid s = 1, 2, \cdots, m; t = 1, 2, \cdots, n\}$ 称为指标行为矩阵列。

$$\boldsymbol{X}_i(s, t) = \begin{bmatrix} x_i(1, 1) & x_i(1, 2) & \cdots & x_i(1, n) \\ x_i(2, 1) & x_i(2, 2) & \cdots & x_i(2, n) \\ \vdots & & & \\ x_i(m, 1) & x_i(m, 2) & \cdots & x_i(m, n) \end{bmatrix}$$

定义行为矩阵 $\boldsymbol{X}_i(s, t)$ 和 $\boldsymbol{X}_j(s, t)$ 之间的空间绝对距离函数为：

$$D_{ij} = \sqrt{\text{sum}((X_i(s, t). - X_j(s, t)). ^2}} \tag{5.1}$$

式中：". $-$" 和 ". ^{2}" 运算符对矩阵单个元素进行计算；sum 函数对所有矩阵元素进行求和；D_{ij} 代表对象 i 和 j 在三维空间的绝对距离。

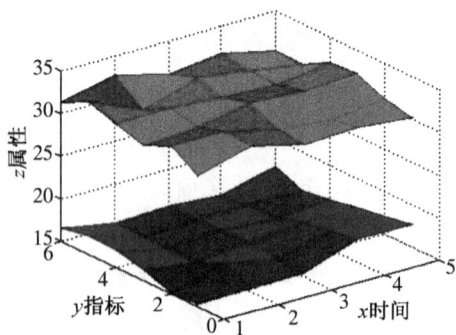

图 5-1 面板数据的曲面空间图

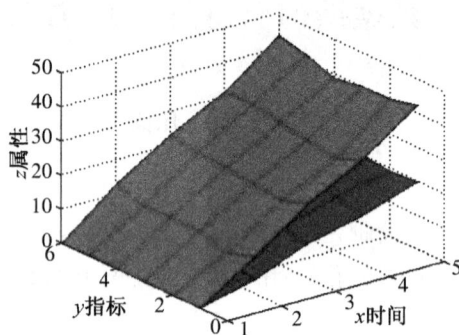

图 5-2 始点零化曲面图

定义 2 设指标序列 X 中第 i 个指标的行为矩阵为

$$\boldsymbol{X}_i(s, t) = (x_i(s, 1)，\cdots，x_i(s, t)，\cdots，x_i(s, n))。$$

定义 D 为行为矩阵的初始点零化算子，记

$$\begin{aligned} X_i^0(s, t) &= X_i D \\ &= [x_i(s, 1) - x_i(s, 1)，\cdots，x_i(s, t) - x_i(s, 1)，\cdots，x_i(s, n) - x_i(s, 1)] \\ &= [x_i^0(s, 1)，\cdots，x_i^0(s, t)，\cdots，x_i^0(s, n)] \end{aligned}$$

其中 $x_i(s, j)$ 为 N 维列向量。X_i^0 为 x_i 的始点零化曲面(图 5-2)。

引理 1：零化曲面 X_i^0 和 X_j^0 之间的体积就是行为矩阵 $\boldsymbol{X}_i(s, t)$ 和 $\boldsymbol{X}_j(s, t)$ 间的体积，体积函数公式为：

$$V_{ij} = \Bigg| \sum_{s=1}^{m-1} \sum_{t=1}^{n-1} \frac{1}{3} \left[x_i^0(s+1, t) + x_i^0(s, t+1) - x_j^0(s+1, t) - x_j^0(s, t+1) \right] +$$

$$\sum_{s=1}^{m-1} \sum_{t=1}^{n-1} \frac{1}{6} \left[x_i^0(s, t) + x_i^0(s+1, t+1) - x_j^0(s, t) - x_j^0(s+1, t+1) \right] \Bigg| \quad (5.2)$$

证明之前先给出定义 3。

定义 3 对行为矩阵列 $\boldsymbol{X} = \{ X_1(s, t), \cdots, X_i(s, t), \cdots, X_N(s, t) \mid s = 1, 2, \cdots, m; t = 1, 2, \cdots, n \}$ 有:

$\boldsymbol{X} = \{ A_i x_i + B_i y_i + C_i \mid i = 1, 2, \cdots, N, x_i \in [s, s+1], y_i \in [t, t+1], s = 1, 2, \cdots, m-1; t = 1, 2, \cdots, n-1 \}$ 为 X 对应的曲面簇。

当 $s+t \leqslant x_i + y_i \leqslant s+t+1$ 时:

$A_i = x_i(s+1, t) - x_i(s, t)$, $B_i = x_i(s, t+1) - x_i(s, t)$,

$C_i = -s \times A_i - t \times B_i + x_i(s, t)$;

当 $s+t+1 \leqslant x_i + y_i \leqslant s+t+2$ 时:

$A_i = x_i(s+1, t+1) - x_i(s, t+1)$, $B_i = x_i(s+1, t+1) - x_i(s+1, t)$,

$C_i = -(s+1) \times A_i - (t+1) \times B_i + x_i(s+1, t+1)$;

证明引理 1:

设 X_i^0 和 X_j^0 分别是行为矩阵 $\boldsymbol{X}_i(s, t)$ 和 $\boldsymbol{X}_j(s, t)$ 对应的零化曲面。

$$|s_i - s_j| = \int_1^m \int_1^n X_i^0 - X_j^0 \, \mathrm{d}x \mathrm{d}y$$

$$= \int_1^2 \int_1^2 X_i^0 - X_j^0 \, dx dy + \int_1^2 \int_2^3 X_i^0 - X_j^0 \, dx dy + \cdots + \int_1^2 \int_{n-1}^n X_i^0 - X_j^0 \, dx dy +$$

$$\int_2^3 \int_1^2 X_i^0 - X_j^0 \, dx dy + \int_2^3 \int_2^3 X_i^0 - X_j^0 \, dx dy + \cdots + \int_2^3 \int_{n-1}^n X_i^0 - X_j^0 \, dx dy + \cdots$$

$$\int_{m-1}^m \int_1^2 X_i^0 - X_j^0 \, dx dy + \int_{m-1}^m \int_2^3 X_i^0 - X_j^0 \, dx dy + \cdots + \int_{m-1}^m \int_{n-1}^n X_i^0 - X_j^0 \, dx dy$$

令: $A_{i1} = x_i^0(s+1, t) - x_i^0(s, t)$, $B_{i1} = x_i^0(s, t+1) - x_i^0(s, t)$

$A_{i2} = x_i^0(s+1, t+1) - x_i^0(s, t+1)$, $B_{i2} = x_i^0(s+1, t+1) - x_i^0(s+1, t)$

$A_{j1} = x_j^0(s+1, t) - x_j^0(s, t)$, $B_{j1} = x_j^0(s, t+1) - x_j^0(s, t)$

$A_{j2} = x_j^0(s+1, t+1) - x_j^0(s, t+1)$, $B_{j2} = x_j^0(s+1, t+1) - x_j^0(s+1, t)$

由定义 3 有:

$$\int_1^m \int_1^n X_i^0 - X_j^0 \, \mathrm{d}x \mathrm{d}y$$

$$= \int_s^{s+1} \mathrm{d}x \int_t^{t+s+1-x} A_{i1}x - A_{j1}x + B_{i1}y - B_{j1}y - s \times A_{i1} +$$

$$s \times A_{j1} - t \times B_{i1} + t \times B_{j1} + x_i^0(s, t) - x_j^0(s, t) \mathrm{d}y +$$

$$\int_s^{s+1} \mathrm{d}x \int_{t+s+1-x}^{t+s+1} A_{i2}x - A_{j2}x + B_{i2}y - B_{j2}y - (s+1) \times A_{i2} +$$

$$(s+1) \times A_{j2} - (t+1) \times B_{i2} + (t+1) \times B_{j2} + x_i^0(s+1, t+1) - x_j^0(s+1, t+1) \mathrm{d}y$$

$$= \int_s^{s+1} \left\{ \left[\frac{1}{2}(B_{i1}-B_{j1}) - (A_{i1}-A_{j1}) \right]x^2 + [2s(A_{i1}-A_{j1}) + (A_{i1}-A_{j1}) - s(B_{i1}-B_{j1}) - \right.$$

$$(B_{i1}-B_{j1}) - (x_i^0(s,t)-x_j^0(s,t))]x + \left[\frac{1}{2}(B_{i1}-B_{j1})s^2 + (B_{i1}-B_{j1})s + \right.$$

$$\frac{1}{2}(B_{i1}-B_{j1}) - (A_{i1}-A_{j1})s^2 - (A_{i1}-A_{j1})s + (x_i^0(s,t)-x_j^0(s,t))s +$$

$$(x_i^0(s,t)-x_j^0(s,t)) \Big] \Big\} dx + \int_s^{s+1} \left\{ \left[-\frac{1}{2}(B_{i2}-B_{j2}) - (A_{i2}-A_{j2}) \right]x^2 + \right.$$

$$[-2s(A_{i2}-A_{j2}) - (A_{i2}-A_{j2}) + s(B_{i2}-B_{j2}) + (x_i^0(s+1,t+1) -$$

$$x_j^0(s+1,t+1))]x + \left[-\frac{1}{2}(B_{i2}-B_{j2})s + (A_{i2}-A_{j2})s + \right.$$

$$(A_{i2}-A_{j2}) - (x_i^0(s+1,t+1)-x_j^0(s+1,t+1)) \Big] s \Big\} dx$$

$$= \left\{ \frac{1}{6}(A_{i1}-A_{j1}) + \frac{1}{6}(B_{i1}-B_{j1}) + \frac{1}{2}[x_i^0(s,t)-x_j^0(s,t)] - \right.$$

$$\frac{1}{6}(A_{i2}-A_{j2}) - \frac{1}{6}(B_{i2}-B_{j2}) + \frac{1}{2}[x_i^0(s+1,t+1)-x_j^0(s+1,t+1)] \Big\}$$

$$= \frac{1}{3}[x_i^0(s+1,t) + x_i^0(s,t+1) - x_j^0(s+1,t) - x_j^0(s,t+1)] +$$

$$\frac{1}{6}[x_i^0(s,t) + x_i^0(s+1,t+1) - x_j^0(s,t) - x_j^0(s+1,t+1)]$$

因此有:

$$V_{ij} = \left| \sum_{s=1}^{m-1}\sum_{t=1}^{n-1} \frac{1}{3}[x_i^0(s+1,t) + x_i^0(s,t+1) - x_j^0(s+1,t) - x_j^0(s,t+1)] + \right.$$

$$\sum_{s=1}^{m-1}\sum_{t=1}^{n-1} \frac{1}{6}[x_i^0(s,t) + x_i^0(s+1,t+1) - x_j^0(s,t) - x_j^0(s+1,t+1)] \Big|$$

5.2.2 模糊 C 均值面板数据聚类方法设计

1. 相似性指标

定义 $\text{sim}(i,j) = \alpha D_{ij} + \beta V_{ij}$ 为三维空间个体 i 和 j 的相似度,即称加权后的综合距离。α,β 为权重值。定义的相似性指标表明,同属一个聚类簇中的个体距离应该空间绝对距离越小,而且三维空间中的几何形状应该相似,其中 V_{ij} 可以代表不同曲面的自身变异和随时间变化趋势的相似度。

2. 参考性指标

李因果等通过计算二维变量增长速度距离(Increment Speed Euclidean Distance,ISED)和变异系数距离(Variation Coefficient Euclidean Distance,VCED)来刻画个体时间和指标方向的变化,描述面板数据的三维空间变化特征。其中,增长速度距离用于描述个体某单个指标从时刻1到 n 的折线波动;变异系数距离用于描述个体某一时刻从指标 1 到指标 m 的折线波动。这种方法本质上还是将三维曲面降解为二维曲线来描述三维空间曲面的相似性,但是这种方法刻画的二维曲线并不是独立的,有重复计算。定义 3 通过计算面板数据曲面的三维空间的距离和形状,从整体上刻画了曲面相似性,其中曲面三维形状变化包含了增长速度距离和变异系数距离代表的含义。本章为了便于对分类结果进行细节描述,采用有关增长速度距离和变异系数距离的定义方法对分类结果进行讨论。

增长速度距离计算公式如下:

$$D_{ij}(\text{ISED}) = \left[\sum_{k=1}^{m} \sum_{t=1}^{n} \left(\frac{\Delta x_{ikt}}{x_{ikt-1}} - \frac{\Delta x_{jkt}}{x_{jkt-1}} \right)^2 \right]^{1/2} \tag{5.3}$$

式中: $\Delta x_{ikt} = x_{ikt} - x_{ikt-1}$, $\Delta x_{jkt} = x_{jkt} - x_{jkt-1}$; Δx_{ikt} 和 Δx_{jkt} 表示两个相邻时期的绝对量差异。

变异系数距离计算公式如下:

$$D_{ij}(\text{VCED}) = \left[\sum_{t=1}^{n} \left(\frac{\bar{x}_{it}}{S_{it}} - \frac{\bar{x}_{jt}}{S_{jt}} \right)^2 \right]^{1/2} \tag{5.4}$$

式中: $\bar{x}_{it} = \frac{1}{m} \sum_{k}^{m} x_{ikt}$, $S_{it} = \frac{1}{m-1} \sum_{k}^{m} (x_{ikt} - \bar{x}_{it})^2$; $\bar{x}_{it}$ 表示 t 时期第 i 个个体 m 个指标的均值; S_{it} 表示 t 时期第 i 个个体 m 个指标标准差。

上述计算中采用欧氏距离,当然也可以采用其他常见的距离形式,如:马氏距离和兰氏距离等。由于标准化后的数据计算的增长速度和变异系数与原始数据不一样,而且当原始数据接近均值或者极小值时,标准化后的数据会出现趋近于零的极小值,这样公式(5.4)计算后会产生奇异的极大值。因此,本书计算增长速度过程中原始数据不采用标准化,而是将类中心反标准化进行计算。

3. 模糊 C 均值聚类

用 $\text{sim}(i, j)$ 替代模糊 C 均值聚类方法中的距离,采用模糊聚类方法对面板数据进行聚类。具体步骤如下:

确定类的个数 c,初始化幂指数 m 和隶属度矩阵 $\boldsymbol{U}^{(0)} = (u_{ik}^{(0)})$。

计算聚类中心 $\boldsymbol{V}^{(l)}$:

$$v_i^{(l)} = \frac{\sum_{k=1}^{n} (u_{ik}^{(l-1)})^m x_k}{\sum_{k=1}^{n} (u_{ik}^{(l-1)})^m} \quad i = 1, 2, \cdots, c$$

修正隶属度矩阵 $\boldsymbol{U}^{(l)}$,计算目标函数值 $J^{(l)}$:

$$u_{ik}^{(l)} = \frac{1}{\sum_{j=1}^{c} \left(\frac{d_{ik}^{(l)}}{d_{jk}^{(l)}} \right)^{\frac{2}{m-1}}}, \quad i = 1, 2, \cdots, c; k = 1, 2, \cdots, n$$

$$J^{(l)}(U^{(l)}, V^{(l)}) = \sum_{k=1}^{n} \sum_{i=1}^{c} (u_{ik}^{(l)})^m (d_{ik}^{(l)})^2$$

式中：$d_{ik}^{(l)} = \text{sim}(x_k, v_i^{(l)})$。

对给定的隶属度终止容限 ε_u，或者最大迭代次数 $L_{\max}$，当 $\max\{|u_{ik}^{(l)} - u_{ik}^{(l-1)}|\} < \varepsilon_u$，或者 $|J^{(l)} - J^{(l-1)}| < \varepsilon_u$ 其中一个条件满足时，或 $l \geqslant L_{\max}$ 时，停止迭代。否则转式(5.2)。

经过上述步骤，得到最终的隶属度矩阵 U 和聚类中心 V，根据隶属度矩阵 U 可以确定所有样本的归属。

5.3 数据说明与实证研究

5.3.1 数据来源与指标选取

本书中的数据均来自中国公开发表的统计出版物和中国政府相关网站，主要包括《中国统计年鉴》(2000—2010)、《中国科技统计年鉴》(2000—2010 年)、中华人民共和国国家知识产权局及其网站和国家统计局发布的公开数据。鉴于数据的可获得性，实证分析中所用的样本包括除了香港、澳门特别行政区和台湾地区的中国大陆 31 个省、自治区、直辖市，简称为省区市。

如前所述，专利是衡量地区创新能力和创新产出最常用的指标。然而由于专利授权审批时间漫长，特别是最能反映创新成果的发明专利，其审批授权时间长达 3 年之久，使专利授权时间滞后。拟采用万人拥有专利申请量作为区域创新产出指标，而为了更好地反映区域专利申请结构和创新质量，进一步采用发明和实用新型专利的申请数量来表征创新产出。研发投入强度也是一个综合性指标，反映国家对科技创新活动的重视程度，主要包括资金和人力资本投入。其中，研发(R&D)是衡量区域创新能力最重要的活动；同时，要引导社会创新资源向科研领域集聚，稳定科研队伍，需要国家财政支出持续向科研领域倾斜，以实现国家创新能力的可持续发展。因此，本书选用"R&D 经费支出"和"地方财政科技拨款占地方财政总支出的百分比"两个指标来衡量区域创新系统的资金投入水平和区域重视程度。除了资金投入以外，区域创新能力与其人力资本投入具有不可忽视的联系。为了衡量区域直接创新产出能力，选择"万人科技活动人员数量""万人科学家与工程师人数""研究与试验发展(R&D)人员全时当量"作为区域创新系统当中人力资本投入的指标。然而由于"研究与试验发展(R&D)人员全时当量"数据是从 2002 年开始统计，因此对于缺省数据采用插值处理。此外，区域发展水平和社会建设的物质基础决定了科技研发及其商业化的阶段和模式，相应的对于区域创新的投入取向、能力和水平具有重要的影响，同时区域创新产出能力也集中体现了科研活动成果对产业结构升级和经济发展水平的影响，因此选用人均 GDP 作为衡量区域经济发展水平及创新投入能力的重要指标。构建了包括 2000—2010 年 31 个省域 8 项指标的面板数据集。中国省域专利产出指标体系见表 5-2所示：

表 5-2　中国省域专利产出指标体系

一级指标	二级指标	三级指标	单位
产出	专利数量	发明专利申请量	件/万人
		实用新型专利申请量	件/万人
投入	资金	R&D 经费支出	亿元
		地方财政科技拨款占地方财政总支出的百分比	%
	人力资本	研究与试验发展(R&D)人员全时当量	千人/年
		万人科技人员投入	人/万人
		科学家与工程师人数	人/万人
创新投入能力	经济发展水平	人均 GDP	千元

5.3.2　实证分析结果

　　要从复杂数据当中产生具有科学性和明确辨识度的分类体系,其关键在于对数据样本和指标间基于某种距离的相似性进行测度,这涉及对样本单元的多维度考察,包括对截面上样本单元的多指标特性进行研究和对某些指标的时间序列值进行分析。因此,为减少信息损失,本书中除了考虑区域各指标的绝对水平,还将其动态发展趋势纳入分析,包括对各指标发展速度及其局部变化特征的测算;同时还包括通过考虑个体在三维空间中的距离和几何相似度对数据间动态变化与关联效应的测算。本书中的方法是通过"绝对距离"和"体积距离"加权后的综合距离来考察这种曲面的相似性。从表 5-3 可以看出,绝对距离的三列数值均大于体积距离,但都在同一数量级别,说明面板数据的差异同时来自绝对距离和体积距离,曲面的相似性应该从三维整体来刻画。

表 5-3　各类距离综合列表

距离类型		到类中心最大距离	到类中心平均距离	类内平方和
聚类距离	绝对距离	22.384 6	6.396 0	945.953 2
	体积距离	13.665 7	3.658 7	589.102 8
	综合距离	15.723 7	5.027 4	767.528 0
参考距离	增速距离	38.681 2	2.954 6	643.537 2
	变异距离	9.272 5	0.227 3	396.957 4

　　为了进一步从细节方面考察样本与类中心的关联性,本书采用"增速距离"和"变异距离"对观测单元的"几何相似性"进行描述。通过考察指标间"到类中心的最大距离"和"平均距离"可以看出,"增速距离"均大于"变异距离",这说明由体积距离描述的曲面三维空间变化特征主要取决于"增速距离"。在此基础上,进一步比较"绝对距离"和"增速距离"发现,根据平均值计算的"绝对距离"为 6.396 0,大于"增速距离"的 2.954 6,表明总体上样本

单元相似性取决于指标间的绝对数量的差异;然而考察"到类中心最大距离"发现,"增速距离"为 38.681 2,大于"绝对距离"的 22.384 6,这说明基于指标增速的样本曲面起伏度更大,这意味着部分样本之间的差异(异常点)或许会更加取决于指标增长速度。同时,根据"绝对距离"和"增速距离"测算的类内平方和分别为 945.953 2 和 643.537 2,均大于变异距离的 396.957 4,这进一步证明各指标在绝对数值和时间轴上的变异情况对曲面相似性共同起决定作用。

在表 5-3 的基础上,计算出了反映中国 31 个省区市专利产出情况的综合距离矩阵(限于文章篇幅未示),并在分类数取 7 的情况下采用模糊 C 均值方法进行运算得到聚类结果(表 5-4),其中指标函数的迭代过程见图 5-3 所示。

表 5-4　中国省域专利产出聚类结果

聚类结果			人均专利产出	绩效	增速	
					产出	投入
Ⅰ	1	北京	(1)北京、上海 (2)浙江、江苏 (3)广东	(1)广东、浙江 (2)上海、江苏 (3)北京	(1)江苏 (2)广东、浙江 (3)北京、上海	
	2	上海、江苏				
	3	广东、浙江				
Ⅱ	4	辽宁、山东、湖北	(1)天津(2)辽宁、山东(3)湖北、湖南、四川	(1)辽宁、山东、湖北(2)湖南、四川、天津	(1)山东 (2)辽宁、湖北、四川、天津 (3)湖南	(1)湖南 (2)四川、湖北 (3)辽宁、山东、天津
	5	湖南、四川、天津				
Ⅲ	6	河北、山西、吉林、黑龙江、广西、海南、贵州、江西、陕西	(1)福建、重庆、陕西 (2)吉林、黑龙江、安徽 (3)河南、宁夏、河北、山西、新疆 (4)内蒙古、海南、江西、云南、甘肃、广西、青海、西藏	(1)河北、吉林、黑龙江、重庆、安徽、陕西、河南、福建 (2)山西、广西、海南、贵州、江西、内蒙古、云南、西藏、甘肃、广西、青海、宁夏、新疆	(1)安徽 (2)河南、福建、陕西、重庆 (3)河北、黑龙江、山西、江西 (4)其余省区市	(1)福建 (2)内蒙古、吉林、重庆、山西 (3)黑龙江、江西 (4)其余省区市
	7	内蒙古、重庆、安徽、福建、河南、云南、西藏、甘肃、青海、宁夏、新疆				

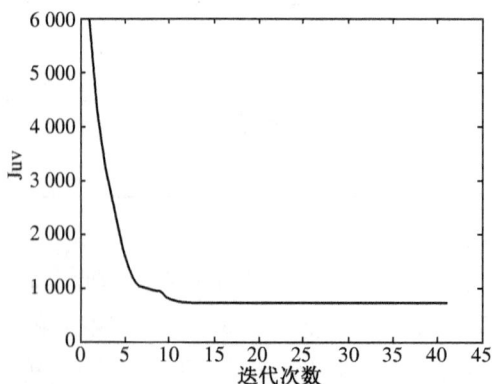

图 5-3　指标函数值变化趋势

依据数据的几何相似性和空间绝对距离特征,从区域专利产出与投入的绝对数量、结构、人均水平、增速和绩效等几个方面对上述七类区域进行了考察和归纳,大致可以分为三个层次:

(1) 第Ⅰ层

①从人均专利产出水平来看,北京、上海、江苏、广东、浙江在全国名列前茅,这与基于人均 GDP 指标考察的区域经济发展水平呈明显正相关关系;其中,江苏、广东、浙江的专利产出水平总量高于北京和上海;然而,北京、上海的人均专利产出水平最高,其次为浙江和江苏,广东最低。此外就结构来看,上海、江苏、广东的发明专利所占比例最高,浙江次之,北京最低。②综合考察区域投入—产出水平发现,广东、浙江两省的专利产出绩效水平要高于上海和江苏,而北京则最低。首先在投入方面,北京的平均研发资金投入水平最高且较为稳定,其次为浙江和广东,上海和江苏最低;研发经费当中来自于财政拨款的比例上海为最高,其次为北京,而广东、浙江、江苏最低。同时,广东和江苏的研发人员投入总时数最多,其次为北京和浙江,上海最低;但北京无论是在人均科技人力资源水平还是其中专职研发人员比例方面均远超其他省区市,上海和浙江次之,广东和江苏最低。③此外,从增长速度来看,江苏省专利产出与要素投入最快;而广东、浙江两省无论是发明还是实用新型专利,其增长速度均低于江苏,而同时考察其投入与产出增长速度特征,发现二者增速距离均较为接近;北京与上海则无论在投入还是产出方面,其增速特征均较为相似,上海增速距离略低于北京。

(2) 第Ⅱ层

①总体来说,辽宁、湖北、山东、湖南、四川、天津等省区市的专利产出数量位居全国中上,基本与其经济发展水平一致。其中山东最高,辽宁、四川、湖北次之,湖南、天津略低;然而由于人口基数原因,天津的人均专利产出水平最高,其次为辽宁和山东,湖北、湖南、四川明显最低;但其中四川、天津的发明专利所占比例略高于其余各省区市。②在区域投入—产出水平方面,第 5 类区域总体绩效低于第 4 类区域。首先在投入方面,湖南、山东的研发经费最高,其次为四川,辽宁、天津最低;然而就来自地方财政拨款所占比例来说,天津最高,其次为辽宁和山东,四川、湖南最低。同时,山东的研发人员投入总时数最多,其次为辽宁、湖北、四川,天津最低;此外,天津、湖南无论是在人均科技人力资源水平还是其中科学家与工程师所占比例方面均高于湖北地区,辽宁、四川次之,山东最低。③从增长速度来看,总体上增速距离相差不大。其中山东的专利增长速度最快,其次为辽宁、湖北、四川和天津,湖南最慢;然而从研发投入来看,湖南增速最快,其次为四川和湖北,辽宁、山东和天津最慢。

(3) 第Ⅲ层

① 从专利产出总量来看,河南、福建、安徽最多,其次为河北、重庆、陕西、黑龙江等省区市,吉林、山西、广西、贵州、江西、云南、新疆次之,内蒙古、甘肃、宁夏、海南、青海、西藏等最低。而采用人均指标则发现与各区域经济发展水平存在明显正相关关系,其中福建、重庆、陕西最为靠前,其次为吉林、黑龙江、安徽,再次为河南、宁夏、河北、山西、新疆等省区,而内

蒙古、海南、江西、云南、甘肃、广西、青海、西藏等省区市最低。此外就结构而言，海南、福建、青海、西藏的发明专利所占比例略高；其次为重庆、安徽、云南、陕西、宁夏等省区市，其余区域相差不大。②在区域投入—产出水平方面，虽然第 6 类区域绩效水平总体要高于第 7 类区域，然而并非始终如此，其中河北、吉林、黑龙江、重庆、安徽、陕西、河南、福建的绩效水平要高于 6、7 类其余省区市。首先在投入方面，陕西省研发资金投入最多，其次为河北、贵州、黑龙江、广西、海南等省区市，吉林、山西、重庆、安徽、河南等省区市次之，其余区域最低，其中除福建外均为西部地区。就财政拨款所占比例来看，除福建（高）和西藏（低）以外，其余省区市差距不大。就研发投入时数来说，陕西与河南最高，其次为河北、黑龙江、福建、山西、吉林、重庆等省区市，其余中西部地区则最低。此外，海南的平均人力资源水平最高，当然这与其人口基数较小有关。而事实上，陕西省无论是科技人力资源水平还是专职研发人员比例均占优势，山西、吉林、黑龙江、河北、江西、贵州次之，其余省区市则较低，这当中也有人口基数的原因，例如河南、安徽等。③从增长速度来看，西藏无论是在专利产出还是投入方面其增速距离都较快，然而其变异随机性过大，因此从分析当中剔除。安徽省近年来专利增长速度最快，其次为河南、福建、陕西、重庆等省区市，且增速距离较大；另外，河北、黑龙江、山西、江西等也在逐年增长，其增速距离相对较小；剩余省区市增长缓慢，有些西部省份甚至出现下降趋势。在研发投入方面，福建省的研发经费与人力资本投入增长速度最快，而内蒙古、吉林、重庆、山西在研发经费投入方面虽然增长相对较快，但科技人力资源增长速度一般；其余省区市总体增速距离相差不大。

5.4　结论与讨论

通过构建曲面相似性指标，对模糊 C 均值聚类方法当中的距离进行了优化，并对中国省区市专利产出面板数据进行了聚类应用。实证研究结果显示，新方法能够有效解决多指标面板数据聚类当中的诸多传统问题，且分类效果较好。

1) 书中所使用的方法其本质是根据对象的几何相似性和空间绝对距离判断样本与类中心的关联性，通过模糊 C 均值聚类进行距离分析。本书充分考虑了面板数据的三维空间特性，尤其是其动态性和局部变化特征，有效利用了面板数据的属性信息，并考虑到了样本数据的不确定性，克服了以往方法中数据丢失或不足的问题，使其结果更具解释力。

2) 中国各地区的专利生产和投入指标，无论是总量还是人均水平均表现出了明显的增长趋势，然而增速虽然表现出一定的空间异质性和自相关性，但其地域分异规律并不显著。同时，人均专利产出数量及质量（发明专利所占比重）与区域经济发展水平密切相关。书中各项指标从东部沿海到中西部地区之间由高到低呈明显阶梯分布。从产出绩效来看，总体呈增长趋势，也有部分区域表现出停滞和下降现象，同时其地域分异存在明显的空间异质性和自相关性，其中绩效最高的地区仍集中在东部，中西部整体大多偏低，然而除个别省区市外，其平均差距尤其是东、中部地区间有缩小的趋势。

3) 从投入结构来看，中国研发经费投入增长非常迅速，其中来自政府财政投入所占比例有上升趋势;此外,从人力资本投入来看,研发人员储备和专职人员比例及投入时数均有所增长。然而研发资源在区域间配置极不均衡,研发经费增长更多集中在东部沿海地区,中西部地区资金与人力资本投入比以及研发经费的人均增幅总体上仍低于东部地区。同时,部分来自政府财政投入较多的地区,其产出绩效甚至总量低于来自企业和社会资本占优的区域,而后者通常研发投入时数更多。进一步来说,虽然由政府推动的研发投入对于区域专利产出能力的快速提升具有重要作用,然而区域创新效率更加取决于研发主体的性质以及研发人员对于工作的热情和投入。

4) 中国整体研发投入和产出的增加以及区域间产出绩效的平均差距缩小,意味着由专利产出水平所衡量的创新活动和创新能力在区域间存在溢出。然而这种溢出仍然存在不均衡性,其更多地集中在东部发达地区和部分中部省区市,并开始逐渐向中部其他地区和部分西部地区扩散。同时,区域专业化分工使其在研发领域和技术路径的选择上存在客观差异,导致研发资金投向与人力资本积累存在路径依赖。在此基础上所形成的区域创新能力具有强烈的地域特征和专业指向性,这使知识源与接受区域之间可能存在空间配置错位。同时,随着距离的增加,知识源的辐射能力减弱,区域间研发能力在结构上的差异增大,空间依赖与自相关作用开始减少。这意味着要提升区域创新能力和挖掘区域创新潜力,依然需要中央政府进行顶层设计,优化研发资源配置,实现区域协同创新。而地方政府则一方面需要在原有创新能力的结构基础上继续发挥优势;另一方面,则需要避免由区域根植性和制度锁定及技术路径依赖所造成的负面影响,进一步挖掘区域创新动力。

5) 进一步看,知识产权助推制造业创新升级。2014 年底,国务院发布了《深入实施国家知识产权战略行动计划(2014—2020 年)》,强调知识产权日益成为国家发展的战略性资源和国际竞争力的核心要素,深入实施知识产权战略是全面深化改革的重要支撑和保障。截至 2014 年,我国每万人口发明专利拥有量达 4.88 件。2014 年,我国发明专利申请受理量 92.8 万件,同比增长 12.5%,位居世界第一,占三种专利申请受理量的 39.3%。专利合作条约(PCT)申请受理量 26 169 件,同比增长 14.2%。在有效发明专利中,早些年国内所占比例略低于国外,但近年来保持平稳增长势头,所占比重已有明显提升,国内所占比例从 2006 年的 33.3% 稳步提高到 2013 年底的 56.7%。有效发明专利正在为我国经济发展方式转变提供有力支撑。美国国家标准技术研究院一份研究报告指出,90% 的科研成果还没走向市场,就被埋没在从基础研究到商品化的过程中,形成科技创新过程中的"死亡之谷"。数据显示,美国高新技术项目的成功率只有 15%~20%,另有 60% 受挫,20% 破产,即使成功的项目能维持 5 年以上不衰的也只有 5% 左右,美国生物技术项目的失败率更是高达 90%。在科技成果转化过程中,需要采取多种措施,克服障碍因素,使更多的科技成果跨越或跳脱"死亡之谷"。科技成果转化是多种因素综合作用的结果,关键因素可以从技术供体、技术本体、技术受体等几个方面分析。

发展知识产权密集型产业对制造业创新升级具有重要作用。当前,我国产业结构处于产业价值链的中低端,其直接原因是产业创新能力薄弱和技术自主性不强,而占据产业价值链"微笑曲线"两端的产业一个靠的是专利、标准,另一个靠的是商标、品牌,都是高度依赖知识产权发展的。因此，推进中低端向中高端攀升的过程，本质上就是提升产业自主知识产权数量，培育发展知识产权密集型产业的过程。当前，知识产权密集型产业已经成为发达国家支撑经济发展的重要动力来源，美国、欧盟的研究表明，凡是知识产权比较密集的产业，其劳动生产率都显著高于其他产业，从业人员收入高出 40%～50%，其能耗却比其他产业低 30% 以上，这既符合产业创新的战略思路，又顺应了建设新常态下中国制造 2025 的发展大势。

　　促进知识产权与中国制造 2025 的发展建议：第一，打造知识产权创业城。为了发挥知识产权创业在创新创业活动中的引领和示范作用，发挥知识产权对创新创业的服务支撑作用，促进创新载体和资源的集聚，推动知识、资本、人才、技术等各类资源有机融合，打造战略性的创新产业链和创业生态系统，可以选择特定的区域建设知识产权创业城。知识产权创业城的定位：打造知识创新资源的集聚地、打造创业创新活动的孵化地、构建国际知识产权交易平台、形成知识产权价值实现的生态系统，将知识产权和科教资源的"蓄水池"变为"发酵池"，为创新驱动发展增强知识产权动力。呼应"中国制造 2025 行动纲要"的推进，突出知识产权密集型产业发展，在新一代信息产业、软件业、文化创意产业、智能电网、新材料、新能源等方面汇入更多的知识产权资源，实现竞争力和市场价值的全面提升。第二，设立知识产权价值评估中心。科学评估知识产权是实现知识产权价值的基础条件，随着知识产权数量的不断积累和增加，如何实现知识产权价值成为突出问题。第三，设立知识产权交易所。韩国的知识产权强国战略把"促进知识产权商业化""建立公正的知识产权交易秩序"和"建立知识产权流通、商业化信息基础设施"三方面工作列入了 11 项重点工作中，构建将国家知识产权收集、流通体系一体化的综合系统，提升国家技术资产的利用效率和使用便利性，促进国际知识产权交易。中国香港于 2012 年成立了知识产权交易所，目标旨在充分体现、挖掘和提升知识产权的市场价值，通过对知识产权的登记、保护、评估、融资、交易等服务，搭建知识产权公共服务平台、集聚知识产权产业资源、拓展知识产权交易市场，计划建成世界上最大的知识产权交易所之一。新加坡正雄心勃勃地规划，谋求建设成为亚洲的全球知识产权中心，努力建成知识产权交易和管理中心、优质申请中心和争议解决中心，形成有活力的知识产权生态系统来支持企业保护其知识产权，管理和最大化知识产权价值。第四，推动知识产权证券化、资本化。知识产权证券化、资本化是实现知识产权价值，发挥知识产权效益的重要形式，探索和促进科技成果特别是知识产权的资本化及证券化，已成为重大的理论和现实问题。

第 6 章
从模仿到创新:中国汽车制造业的知识创新分析

在知识经济的时代里,企业必须在创新及冒险中寻求发展。企业为了应付永无止境的科技变革,必须持续地创新。市场中有企业进行创新,就会使得某些企业产生模仿动力,两者之间存在密不可分的交互影响。因此,究竟什么样的社会条件或商品特性会助长模仿文化的风行? 当企业创新成功时是否容易成为独占者? 消费者会因而获利? 如果说新技术的开发与应用是经济成长的原动力,那么长期之下模仿者必然存在不利生存的隐忧,假使模仿者选择转型成研发者是不是就能够超越原先的领导企业成为市场中的新巨头? 随着时间流逝市场上领导企业的地位是会越来越稳固还是会被其他竞争者取代发生"蛙跳"的现象?

6.1   文献回顾

Pepall(1997)以研发两阶段博弈模型,研究企业的创新及模仿行为。企业必须在第一阶段决定研发的投入水平,第二阶段决定最终财物的产出水平。假设市场上有两个企业,进行两阶段非合作博弈,先进入市场的企业 1 为创新者,而后进入市场的企业 2 因可节省成本,故有动力从事模仿,最后两厂的所得分配会呈现相同现象。就福利效果来说,当专利权政策存在时,企业的利润较高,因此创新较易发生,但若没有采取相关政策来抑制模仿,则企业的创新意愿低落,将使整体社会福利最小。

Brezis et al. (1993)的蛙跳模型说明了技术落后国要取代技术领先国,成为市场中的新霸主,必须满足研发者和模仿者间的工资差异大、新旧技术可被拿来比较、旧技术的经验对于新技术的开发没有帮助、新技术"最后"要能提供技术进步比旧技术多的可能等条件。

Barro & Martin(1995)探讨研发国与模仿国的经济成长,当模型假定模仿者模仿研发者研发产品种类越多,则其需要花费越高的模仿成本,且若模仿者最终的模仿成本高于自行研发的成本(即模仿国的最终财物生产技术与可供使用的劳动力都高于研发国很多时),则两国会产生角色的互换,模仿者成为技术领先的研发国,而原先的创新者成为技术落后的模仿国。

然而传统模型假定所有企业皆为同质,故以代表性企业分析市场内所有企业的行为,只是在现实生活中企业的决策往往互有差异,每一家企业也不可能对未来具有完全预知的

135

能力，因此仅能就其所拥有的信息做出最佳的判断。为放宽传统经济学以代表性个人、完全理性加诸于经济分析的限制，Nelson & Winter(1982)即开启了以计算机仿真来解释技术变迁的大门，后有多位学者继续发展。本研究在于将仿真环境推高至复杂适应性系统的层次，将异质性、适应性、互动性及反馈的概念带入经济体系的每个企业中，使每个企业拥有自己的决策法则，并且能够通过与其他企业的互动结果来重新调整自己的决策，以增强自我对环境的适应能力。

6.2 研究方法及模型建构

6.2.1 资源分配与策略编码

本架构下，每一个染色体都代表一个企业的资源配置策略，定义研发企业与模仿企业的基因编码如下：

（研发企业）

| 企业编号 | 标签 | 总禀赋 | 生产 | 研发 | 反模仿 |

（模仿企业）

| 企业编号 | 标签 | 总禀赋 | 生产 | 模仿 | 搜寻 |

染色体中的企业编号可视作每一家企业的公司名称，而标签这个变数则是为了定义企业究竟是扮演哪一种角色，当这个变数为 1 时，代表企业是研发企业，若这个变数为 0，则表示企业是模仿企业。通过观察企业编号与标签两变数，便可追踪企业角色变化的情况。此外，模型中的每家企业皆需满足预算限制式，就研发企业而言，支配于生产、创新与反模仿的资源应等于总禀赋，亦即生产、创新、反模仿三项比例的加和应等于 100%。本期期初可支配总禀赋来自于企业上一期的所得，因此每一个染色体不但反映了企业资源分配的状况及角色的扮演亦反映了企业的规模大小。例如我们观察到一个染色体的表现为[7，1，7 000，35，54，11]，7 表示公司名称为 7，1 代表 7 号企业当期选择扮演一个研发者的角色，并且 7 号公司可支配的总禀赋为 7 000 元，这 7 000 元中的 35%分配在生产、54%分配在从事研发、11%用来做反模仿。

6.2.2 研发企业资源分配与产量的决定

本书采用 D'Aspremont & Jacquemin(1988)的看法，若欲得到较高的研发成果，则势必要投入加倍的研发成本，因此研发的边际成本为递增，故将研发成本函数设为：

$$RC_i = \frac{1}{2} r_i (x_i)^2 \qquad (6.1)$$

式中：r_i 为效率参数，其值越小，效率越高；x_i 为第 i 家企业的研发成果。式(6.1)中的 RC_i 可通过染色体中的总禀赋乘上研发支出比例这个变数而得，效率参数(r_i)，则是由 Beta

分配中抽出的一个乱数值 2,用来表示企业从事研发的"不确定性"。当我们得到研发支出
(RC_i)与效率参数(r_i)后就可解出企业的研发成果(x_i)。由于 r_i 为 Beta 分配所抽出来的一
个乱数($r=$ Beta(a, b)),其中,a 为实验者对研发困难度的控制,实验者可自行输入介于
1~10 之间的数值,a 值设得越大,表示研发的困难度较高,抽到越大的 r 机会越大,亦即得
到较小研发成果的机会越大。当然,企业可以通过努力来得到比较好的研发成果,所以 b 为
研发企业的研发支出投入(RC_i)的一种呈现,实际在处理时将 RC_i 标准化到 1~10 之间,若
企业越致力于研发,获得较小效率参数（即较大研发成果）的概率也会较高。故 r_i 会介于
0~1 之间,但我们排除等于 0 的状况。

反模仿则是研发企业用来防止模仿企业剽窃其研发成果所做的防护措施,例如搜集模
仿企业罪证的支出、律师费用等皆可视为反模仿成本,而被告的赔偿就是反模仿这项支出
带来的好处。我们将第 i 家反模仿支出写成式(6.2)。每家研发企业应分配多少资源于反
模仿则由模型的演化机制来决定。

$$DMC_i = h \tag{6.2}$$

本书的研发成果为降低单位生产成本（cost reduction）的技术研发。故若研发企业不
从事研发,则必须要以一个相当高的原始生产成本(c)进行生产,所以我们定义企业进行研
发后的单位生产成本(c_i)如式(6.3)所示。

$$c_i = c \sim x \tag{6.3}$$

研发企业将资源分配于研发与反模仿后剩下的部分则用于生产活动,式(6.4)定义了
研发企业分派多少资源于生产。且因式(6.3)决定了研发企业的单位生产成本(c_i),故由式
(6.5)可得第 i 家研发企业的当期产量(q_i)。

$$A_i = \text{Total Wealth} - RC_i - DMC_i \tag{6.4}$$

$$q_i = \frac{A_i}{c_i X} \tag{6.5}$$

6.2.3　模仿企业资源分配与产量的决定

作为一个模仿企业自然是不需要研发与反模仿这项支出,那么模仿企业又将它的资源
做何分配呢? 天下没有免费的午餐,模仿企业要盗取研发企业的研发成果,也得投注一定
程度的努力,因此我们可以想象模仿企业其实也存在一个"研发部门",不过这个研发部门
并不是做研发,而是一个专门将研发企业的研发成果加以解密以利自己生产的部门,我们
把这个部门的支出称为模仿支出(MC_j)。

$$MC_j = z \tag{6.6}$$

既然模仿企业是专门剽窃他人研发成果的企业,其必须寻找所欲模仿的对象,这部分
的成本称为搜寻成本,可视为模仿企业支付给商业间谍的费用,本模型假设商业间谍市场
有一稳定的行情,但是商业间谍所搜集回来的情报却未必派得上用场,例如模仿企业雇用 5
名商业间谍埋伏在研发企业群中,但模仿企业尽模仿 5 份商业情报中研发成果最佳的研发

企业,另外 4 份商业间谍的资料则未被采纳,如同模仿支出一般,搜寻支出(SC_j)亦是通过演化机制决定的。

$$SC_j = s \tag{6.7}$$

模仿企业单位生产成本(c_j)的决定非常类似研发企业,不过研发企业因投入研发得到研发成果(x_i)以降低生产成本,而模仿企业则是通过解码部门的努力将所模仿的研发企业之研发成果(x_i)加以破解,变成自己的生产技术,然而模仿企业究竟可以模仿到什么样的程度则取决于它投注于解码部门的资金,即模仿支出(MC_j)的多寡决定了模仿企业对研发企业研发成果的复制能力(d),当模仿支出(MC_j)越高,则复制能力(d)越高的"概率"也会越大。如同研发支出之于研发成果,我们亦用 Beta 分配的概率密度函数来描绘模仿企业复制能力(d)与模仿支出(MC_j)间的关系。可由式(6.8)得到模仿企业的单位生产成本(c_j),式(6.8)决定了模仿企业的单位生产成本(c_j),通过成本函数的推导可得第 j 家研发企业的当期产量(q_j)。

$$c_j = c \square\, dx_i \tag{6.8}$$

$$A_j = \text{Total Wealth}\square\, MC_j \square\, SC_j \tag{6.9}$$

$$q_j = \frac{A_j}{c_j} \tag{6.10}$$

6.2.4 研发企业与模仿企业间的攻防战

当市场内的 N 家研发企业与 M 家模仿企业产量决定后,商品的当期价格(P_t)便可由式(6.11)决定,并且由式(6.12)、式(6.13)得到个别研发企业的当期利润(π_i)及模仿企业的当期利润(π_j)。

$$P_t = a - \sum_{i=1}^{N} q_i - \sum_{j=1}^{M} q_j \tag{6.11}$$

$$\pi_i = (P_t \square c_i) \times q_i \tag{6.12}$$

$$\pi_j = (P_t \square c_i) \times q_j \tag{6.13}$$

研发企业在模仿企业对其研发成果进行解码的当下并没有办法察觉他们研发辛苦努力的心血已经遭人盗用,一直要到模仿企业生产的模仿品销售到市面上后,研发企业才能发觉是否有其他企业侵犯了他们的知识产权。研发企业是否能逮到模仿者要看模仿企业的模仿支出与研发企业间的反模仿支出间的拉锯,原因是如果模仿企业投注越多的模仿支出在解码部门,如高薪聘请模仿功力纯熟的工程师,则该模仿企业生产出来的产品"看起来"越不像是模仿品,因此除非研发企业也在反模仿上费了很大的苦心,否则很难举证模仿企业的犯罪事实,只能任由不肖企业逍遥法外。为了表达上述概念,我们通过式(6.14)hyper tangent 函数的转换,将研发企业的反模仿支出与模仿企业的模仿支出之相对大小转换成0~1 间的数值,并定义这个数值为研发企业胜诉的概率(f_n)。如果说反模仿支出远高于模仿支出,我们只能说研发企业逮到模仿者的机会很大,但这并不是件必然的事情,所以我们将此研发企业控告成功的概率代入伯努利分布(Bernoulli distribution)来决定此侵权案谁胜谁负,若$S_n=1$则表示研发企业胜诉,假使$S_n=0$则代表研发企业无法向模仿企业索赔,见式(6.15)所示。

$$f_n = \tanh\left(\frac{DMC_i}{MC_j}\right) \tag{6.14}$$

$$S_n = \text{Bernoulli}(1, f_n) \tag{6.15}$$

当研发企业胜诉(即$S_n=1$),那么可以要求模仿企业作一赔偿,研发企业下期可支配总禀赋(w_i)与模仿企业的下期可支配总禀赋(w_j)分别如式(6.16)与式(6.17)所示。其中$(1-r\%)$代表模仿企业侵犯他人知识产权而付出的代价。

$$w_i = \pi_i + (1-r\%) \times \pi_j \tag{6.16}$$

$$w_j = r\% \times \pi_j \tag{6.17}$$

如果研发企业败诉(即$S_n=0$),那么必须吞下模仿者模仿其创新的苦果,此时研发企业与模仿企业的适合度(fitness)分别由式(6.18)与式(6.19)所决定。

$$w_i = \pi_i \tag{6.18}$$

$$w_j = \pi_j \tag{6.19}$$

6.2.5 遗传算法与企业的适应性行为

利用遗传算法作为架构基于代理人计算经济模型的工具,每一个染色体都被视为一家企业当期的资源配置策略,而企业下期可支配的总禀赋也就是我们用以评定企业资源分配策略表现好坏的准则,在遗传算法中称为适合度。通过遗传算法适者生存不适者淘汰的筛选机制,企业为了适应环境求取生存必须不断调整资源配置策略,如通过交配运作元来参考经济体系中其他企业的策略,或者通过突变的运作刺激企业采用开创性的新策略。此外,加入利基(niche)的概念来限制企业学习的对象。以下介绍体系中企业策略演化的机制。

步骤1:计企业(i)与市场中其他企业(j)下期可支配禀赋的差距(S_{ij}):

$$S_{ij} = |\text{Fitness}(i) - \text{Fitness}(j)| \tag{6.20}$$

步骤2:将企业间下期可支配禀赋差距标准化:

$$\text{New } S_{ij} = S_{ij}/(\text{max}-\text{min}) \in [0,1] \tag{6.21}$$

步骤3:引入利基的概念,依标准化后企业的下期可支配禀赋差距,将企业归入不同的族群。所以若$\text{New } S_{ij}<\delta$(我们给定的参数),那么就把$i$厂从市场所观察到$j$企业的资源分配策略纳入$i$厂的配对池里$MP(i)$,所以$MP(i)$中的所有企业的财富状况都是$i$厂较接近的,因此他们的资源分配策略对$i$厂来说具有参考价值。

步骤4:重复步骤1,直到每一个企业都形成自己的配对池为止。

步骤5：企业转型机制设计。

（1）挑出企业 i 自己的策略。

（2）从企业 i 的配对池中以抽出不放回的方式随机抽取两个其他企业的策略，但是每个策略被抽到的可能性则依轮盘法决定（roulette wheel selection）。其中适合度较高者代表"父亲"，适合度较低者称为"母亲"，并分别定义"父亲"的适合度为 $F(f)$，"母亲"的适合度为 $F(m)$。

（3）比较企业 i 与 $F(f)$ 及 $F(m)$，来决定企业是否要改变其所扮演的角色及资源配置的策略。

当 $F(i)>F(f)>F(m)$ 时，表示企业 i 与其财富差距不大的企业相比较下是表现最好的，因此企业 i 不会改变自己所扮演的角色，可能只对其资源分配依步骤7有所调整。

当 $F(i)<F(m)<F(f)$ 时，则表示与企业 i 财力相当的企业中，企业 i 相对其他企业的表现比较差一些。若"父亲"所扮演的角色与企业 i 相同，则表示并非企业 i 所扮演的角色使自己获利较差，而是企业 i 资源分配策略相对不如他人，因此企业 i 会参考较成功者"父亲"的策略对自己下一期的资源配置依步骤6调整。如果企业 i 所扮演的角色与"父亲"不同但与"母亲"相同时也依步骤6来参考"母亲"的策略。但是如果企业 i 所扮演的角色与"父亲"及"母亲"都不同，那么就表示企业 i 在这个族群中相对上财富较低的原因可能来自于自己扮演的角色不对，因此企业 i 会选择改变他所扮演的角色，由于企业 i 对新的角色没有经验，所以对资源的分配则是参考"父亲"与"母亲"的策略再依步骤6处理。

当 $F(f)>F(i)>F(m)$ 时，且当"父亲"与企业 i 所扮演的角色相同时，表示企业 i 在这个角色上尚有进步空间，因此他会参考"父亲"的策略，依步骤6调整出自己下期分派的资源方式。若企业 i 所扮演的角色与"父亲"不同，但与"母亲"相同，则表示在财富类似的这个族群中，企业 i 的表现虽然不及"父亲"来得好，但是他相较于这个族群中其他与之相同角色的企业而言，表现也还差强人意，于是我们给企业 i 一个改变角色的机会，一旦企业改变了他的角色，那么我们就认定企业 i 会去复制"父亲"的策略来作为他下一期资源分配的策略。如果企业 i 选择了原来的角色，那么他可能就会依步骤6参考"母亲"的策略，调整自己的资源分配。假使企业 i 扮演的角色与"父亲"及"母亲"皆不相同，那么我们亦给企业 i 一个改变角色的机会，如果他选择改变，则可以利用"父亲"及"母亲"的策略依步骤6来组合出新的决策，如果他选择保有本来的角色，那么我们允许企业 i 依步骤7有一个重新调整资源配置的机会。

步骤6：交配，可以视为企业 i 参考其他企业的策略后对资源分配所做的一个调整。企业1对于下一期策略会有一部分的想法来自对其原先策略的坚持，一部分来自于企业2表现得比较好的冲击，因此企业1几经考虑后会依式（6.22）产生一个新的策略组合。

$$x_i = x_1 \times \frac{f_1}{f_1+f_2} + x_2 \times \frac{f_2}{f_1+f_2} \tag{6.22}$$

步骤7：突变可视为企业对资源分配策略灵机一动的新鲜想法，本模型的做法是将策略结构中的后三个变数各加上一个乱数值，最后采用重新调整的方式，使之满足预算限制式。

步骤8:在这个机制下的企业是稳健的,因此他们并不会贸然地于下期使用新策略,于是我们假设其他企业情况不变下,将新的策略代入市场的基本运作中重新执行一次,便可得到我们新策略的潜在适合度(potential fitness)。只有新策略的潜在适合度大于旧策略的适合度,企业才会使用新策略,否则企业依然会采行旧策略,这个动作称为精挑细选。

步骤9:回到步骤5,重复执行,直到所有企业下期策略都决定为止。

6.3 问题分析

基于代理人计算经济模型最大的特色在于可以同时观察总体的经济现象,也可观察市场中每个企业的行为变化,将利用不同参数设计(表6-1)所得的模拟结果分别就总体与个体不同的特定问题加以分析。

表6-1 参数设定表

市场条件参数设定				
Market NO.	1	2	3	4
Initial wealth	7 000	7 000	7 000	7 000
Initial cost (c)	300	300	150	150
Alpha value of the demand curve (a)	1 000	1 000	1 000	1 000
Beta control parameter of RD (a)	7	7	7	7
Beta effective parameter of RD (k)	6	6	6	6
Beta control parameter of Imitative (b)	2	2	2	2
Unit cost of searching	20	20	20	20
Profit rate after penalty (r)	0.9	0.5	0.9	0.5

GA 参数设定		
Number of generation	50 Probability of mutation	0.01
Population size	30 Probability of switching	0.80
Probability of crossover	0.9 Parameter of niching (δ)	0.50

问题1:加强知识产权的保障是不是保障研发企业的唯一途径?

我们可以通过参数的设定来建构出两个不同文化风格的社会,为模拟知识产权的保障程度对研发企业及模仿企业的影响,故将较不重视知识产权市场的 profit rate after penalty 设为0.9,而较重视知识产权市场的 profit rate after penalty 设为0.5(表6-1,市场1与市场 2)。图 6-1、图 6-2 显示无论法律对知识产权的保障程度如何,模仿企业要成为市场上的赢家都不是件容易的事情。不过,当法律对模仿者只是略施小惩时,模仿企业短期内还是有生存的空间,然而一旦法律对模仿企业施以严刑峻法,模仿企业的生存空间马上会遭受威胁,如图 6-2 所示,演化至第 4 期后模仿企业就对市场毫无影响力。除此之外,我们也由这两个实验中发现,其实研发企业本身就具有一种自我保护的力量,而这股力量从何而来就留待问题 2 再探讨。

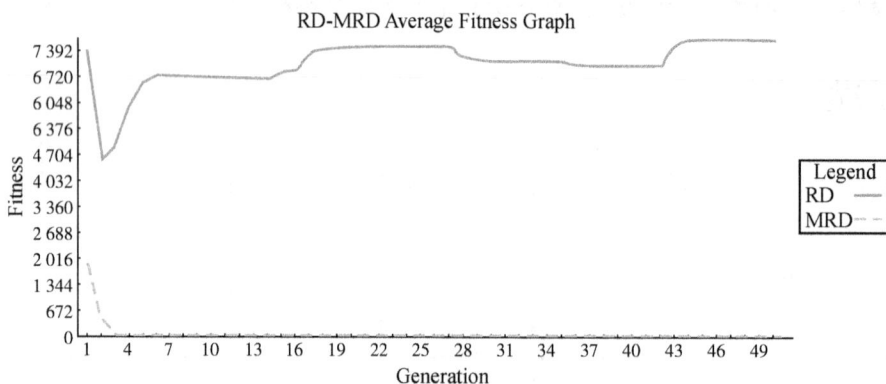

图 6-1　较不重视知识产权社会下的研发企业及模仿企业平均适合度
（**RD**:研发企业,**MRD**:模仿企业）

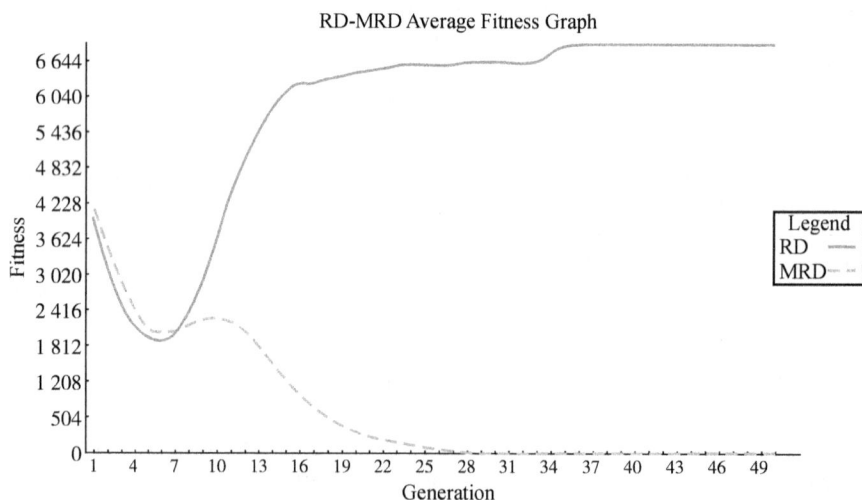

图 6-2　重视知识产权社会下的研发企业及模仿企业平均适合度
（**RD**:研发企业,**MRD**:模仿企业）

　　问题 2:当模仿企业可以不费任何成本就能完全复制研发企业的研发成果时,研发企业该如何自保?

　　由问题 1 中得知即使法律对知识产权的保障并不是那么的周全,然而研发企业仍有实力能成为市场中的优胜者。但如果存在一种令模仿企业能够不费吹灰之力就能完全复制的商品(如 CD 唱片)，那么研发企业是否仍能保有问题 1 中的自我保护能力呢？这次实验中，所给予的参数设定与问题 1 完全相同，但是我们让模仿企业对于研发企业的研发成果具有完全的复制能力。在此种情况下，如果法律不严格处罚模仿企业，则模仿企业便很容易吞掉整个市场，研发企业的生存空间将遭受到威胁(图 6-3)，这与唱片业者所面临的情况不谋而合。但若政府能够严惩模仿企业，则研发企业将会受到保护，模仿者没有办法在法律保护下求得生存空间(图 6-4)。

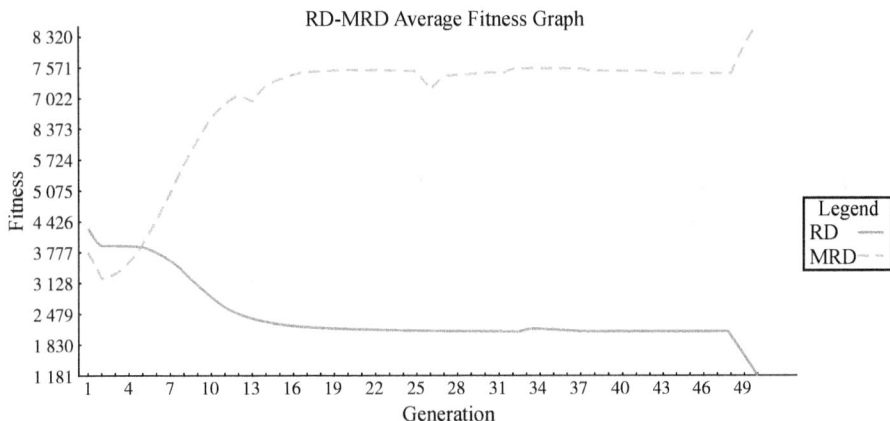

图 6-3　较不重视知识产权且模仿企业对研发成果具 100% 的复制能力
市场下的研发企业及模仿企业平均适合度

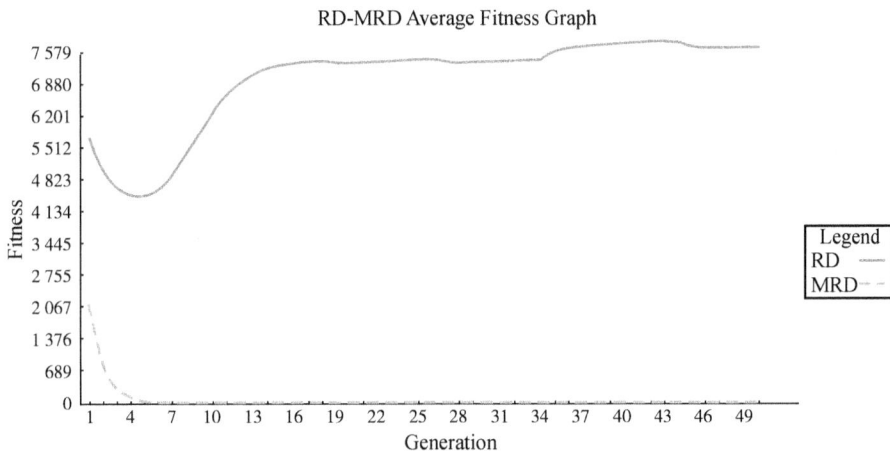

图 6-4　重视知识产权且模仿企业对研发成果具有 100% 复制能力
市场下的研发企业及模仿企业平均适合度

由问题 1、2 的讨论可知模仿文化之所以猖獗，除了受到法律及其执行成本的限制外，还取决于商品本身被复制的难易程度。在技术被复制的程度 100%、模仿者可以轻轻松松搭便车的商品市场里(如唱片业)，政府尤其要对模仿业者施以重罚，方能解决严重的盗版问题。然而现实生活中，并非所有的模仿者都能不支付任何代价即取得研发企业的研发成果，尽管有些研发成果会很快变成一般性知识，具有公共财产的性质，但研发企业还是有能力保有部分的研发成果使其成为私有财产,这是因为企业的研发成果很可能仅适用于某种特定的操作程序或者是企业拥有部分不为外人知的秘方,故只要技术被复制的程度不是 100%,模仿企业就难以完全取得研发企业的研发成果,即使法律不严格管制模仿者的行为,研发企业研发成果的自我保护机制也会自动抑制模仿企业在市场上的获利能力。根据 Mansfield (1981)的研究,制药业的模仿代价最高,所以企业欲靠模仿来生存应该不是一件容易的事。

问题 3:当不同产业间存在不同的研发属性时,企业的资源配置有没有不同?

高科技产业与传统产业的研发属性往往有所差异,高科技产业(如半导体业、网络业、软件业)等产品都是位于产品生命周期的成长阶段,生产技术常处于开发与改良的状态,因此增加研发支出所带来的研发成果往往可以节省较多的生产成本。而传统产业(如水泥业)的产品常处于产品生命周期中的成熟或衰退阶段,因此企业投入研发对工艺的改善效益不大,故能节省的成本不多。我们通过不同参数的设定(表 6-1,市场 1 及市场 3),模拟此两种不同研发属性的产业,并观察个别企业的资源配置状况。其中,由于研发投入对技术密集的高科技产业来说能节约的成本幅度较大、对传统产业能节约的成本幅度较小,因此我们将高科技产业的 Initial cost 设为 150、传统产业的 Initial cost 设成 300,当然,我们也可以借由 Beta effective parameter of RD 的控制达到相同的目的。

由图 6-5 可知当产业的研发属性是属于成本节约幅度较大的技术密集产业时,研发企业对研发及反模仿的支出会相对高于图 6-6 非技术密集产业下的研发支出。当成本的节约幅度大时,能够成为市场上优胜者的企业并非一味盲目生产,追求产量的企业,除了生产之外,必须分配一定的资源于研发部门上及采用适度的反模仿,方能在市场上占有一席之地。图 6-5 显示前 16 期应是由模仿企业领先研发企业,此时,研发企业研发支出的多寡牵动着模仿企业模仿与搜寻的支出。由于模仿企业的过度生产破坏了市场行情,故研发企业得以重新调整策略将模仿者驱离市场。由于并没有任何企业的市场占有率大幅领先其他竞争者,创新失败的企业可能会担心其原有的市场慢慢被销蚀掉,所以为了避免这种不幸的命运,他们会增加对研发部门的投资或者调高生产部门的经费预算,以寻求更适当的自我防卫,此调整过程使得市场的价格呈现上下波动之态势。而图 6-6 说明了当研发的属性是属于成本节约幅度较小的非技术密集产业时,研发投资所能为企业带来的边际效益相对于以传统方式生产所能获取的好处并不高,因此市场上的领导企业支配大量资源于其生产企业。尝试着投入较多资源于研发部门的企业之所以难以生存的原因在于其他企业的大量生产使得市场价格下跌,再加上研发的贡献性小,所以着重研发的企业所能生产的产量更少,利润更加被压缩。因此在此类型的市场中,投入太多的资源于研发对企业来说是一种变向的资源浪费,如水泥业等。也由于投入研发并不会成为企业的优势策略,因此当企业成为市场中的独占企业后,产品的单位生产成本还是很稳定,故能为企业扩充的禀赋也只是缓慢成长,所以市场上的价格会呈现比较稳定的局面。

问题 4:企业的创新是否为自身带来独占的力量?企业间的技术差距是否随着某家企业规模的增长而扩大?对消费者福利又有何影响?

延续问题 3 的参数设定,继续探讨创新、独占与福利之间的关系。由图 6-7 的赫芬达指

Resource Distribution Graph

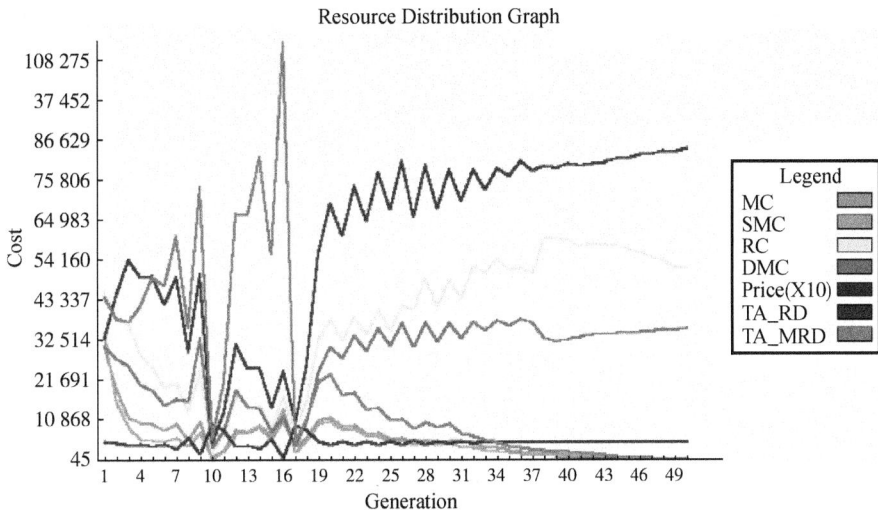

图 6-5　技术密集产业下研发企业与模仿企业资源配置图（MC：总模仿支出，SMC：总搜寻支出，RC：总研发支出，DMC：总反模仿支出，Price：10 倍的商品价格，TA_RD：RD 企业总生产支出，TA_MRD：模仿企业总生产支出）

Resource Distribution Graph

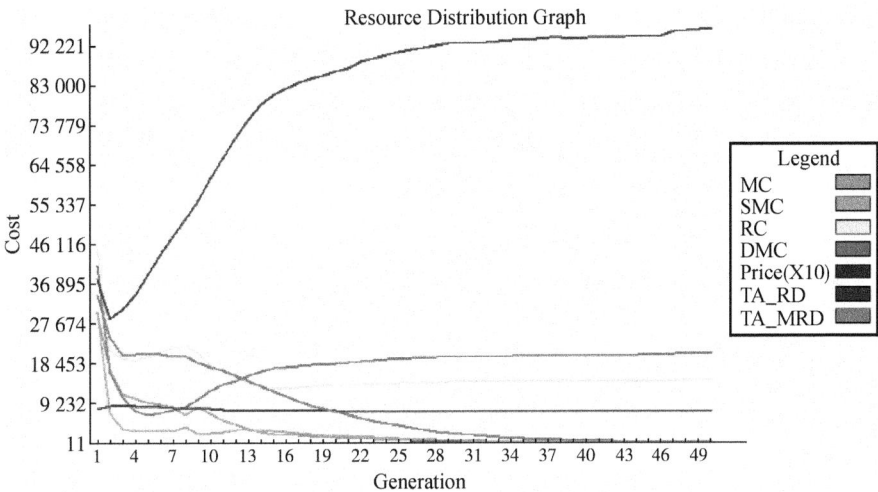

图 6-6　非技术密集产业下研发企业与模仿企业资源配置图（MC：总模仿支出，SMC：总搜寻支出，RC：总研发支出，DMC：总反模仿支出，Price：10 倍的商品价格，TA_RD：RD 企业总生产支出，TA_MRD：模仿企业总生产支出）

数走势可发现在技术密集产业里，似乎没有任何一家企业可以完全独占整个市场，主要是因为成本节约的幅度大，企业研发成功所能为企业带来的好处也较大，所以企业下期的禀赋得以迅速累积。然而这并非对某一家特定的企业如此，对市场上其他家研发企业亦是如此，对特定企业来说，下期可支配禀赋未必会增加，反而有可能会减少，因此市场的赫芬达指数会呈现高低、上下起伏的态势，故企业要成为市场上的独占企业并不容易，但是在此研发属性下很容易演化成少数几家大厂相互竞争的情况。现实生活中的网络及信息软件业，都可能产生图 6-7 的现象。

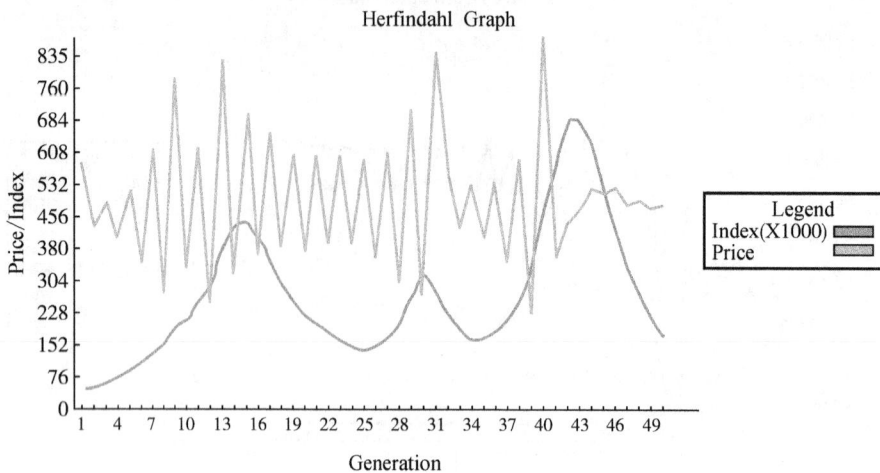

图 6-7　技术密集产业赫芬达指数与价格走势图

　　非技术密集产业的赫芬达指数走势则单纯许多,领导企业会设法尽可能地增加产量,将对手驱离市场,享受没有竞争压力下的利润。然而这样的结果对消费者而言却未必不利。此实验结果与 Cabral & Riordan (1994)的看法不谋而合,他们由整体社会福利的角度,认为企业若通过掠夺性竞争行为夺取独占地位,对消费者不必然会造成伤害。图 6-8 显示当赫芬达指数越高(即企业独占力越彰显时),消费者消费物品的价格反而较低,这是因为大厂之所以能形成独占是因为先前正确的资源配置策略所致,此成功的效果会因企业规模的扩大而回馈市场,因此消费者的福利会增加。

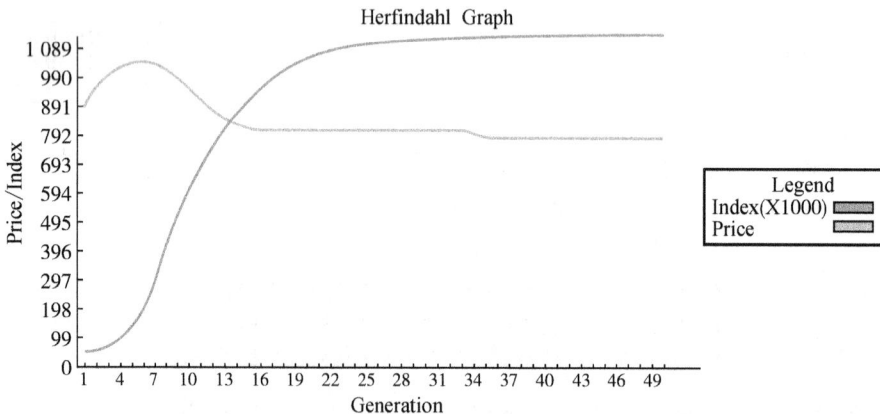

图 6-8　非技术密集产业赫芬达指数与价格走势图

　　此外,根据仿真结果显示,无论是技术密集或非技术密集的产业,企业间的技术差距大抵皆有扩大的趋势,主要原因在于无论市场是被一家、两家或三家所把持,都有部分企业领先、部分企业从竞争中湮没,因此资源分配策略错误的企业便无法再与大厂相抗衡,所以企业间的技术差距会扩大。

问题 5:市场中的研发企业与模仿企业数目是否会呈稳定比例?

由图 6-9 可知,企业要扮演研发者或模仿者是在演化早期就已决定,可能的原因在于策略演化的机制中采用了利基,由于企业只会选择与之实力相当的企业策略来参考,因此某种程度上局限了企业角色变化的可能性。

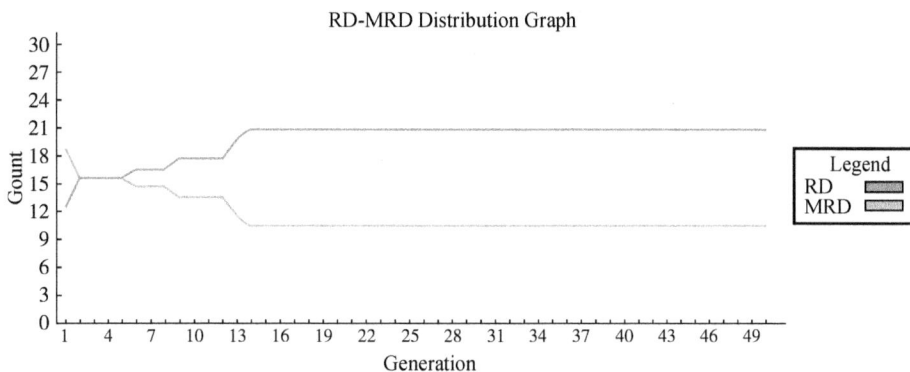

图 6-9　研发企业与模仿企业分布图(市场 1)

问题 6:领导企业之所以成功的策略何在?

表 6-2　领导企业策略表

市场形态	市场占有率(%)	领导企业形态	领导企业策略		
非技术密集 法律较不重视知识 产权	60	研发企业	产量策略		
			生产(%)	研发(%)	反模仿(%)
			76	18	6
非技术密集 法律重视知识产权	100	研发企业	产量策略与反模仿策略并行		
			生产(%)	研发(%)	反模仿(%)
			45	11	44
技术密集 法律较不重视知识 产权	19	研发企业	生产的分配高于总禀赋的 50%,研发与反模仿 再均分生产外的资源		
			生产(%)	研发(%)	反模仿(%)
			52	25	23
技术密集 法律重视知识产权	29	研发企业	着重研发与反模仿		
			生产(%)	研发(%)	反模仿(%)
			25	47	28

注:本表为模拟至 50 期,适合度最高的案例企业资料。

表 6-2 是根据模拟而得的个案整理,列出的领导企业终期策略。由表 6-2 可发现,只要商品的研发属性属于非技术密集,则市场容易形成一厂独大的局面,而此一龙头企业所采取的成功策略便是采取产量政策,尽可能地扩大其市场占有率,利用累积规模来将对手驱离市场。而商品的研发属性属于技术密集的产业,则容易形成少数大厂竞争,市场内的

竞争企业都面临可能一夕致富也可能随时成为泡沫的环境,因此其适合度也相对不稳定,企业除了在生产部门的支出不能太低必须维持一定的市场占有率外,同时也需要投入相当的成本于研发部门,否则领导地位很可能被第二名或第三名的企业所取代。

问题7:企业选择转型是否能够扭转乾坤?

根据模拟结果的观察,"蛙跳"并不容易发生。企业选择改变角色后想成为领导企业或至少成为市场中的前三强,则其生存的市场要具备以下条件:越早转型对企业越有利,由于演化的前几期胜负尚未定,拥有大额资本的企业尚未形成,故企业于此时改变角色,只要策略正确仍然有实力与原先的领导企业一决雌雄;当市场面临一项极大的冲击,使得所有企业皆惨遭亏损命运时,则无疑是给转型企业一个全新的机会与原先的领导企业站在相同起跑点上竞争;除非企业转型前的禀赋已名列前茅,否则想要在市场上占有一席之地的机会不大。

基于代理人计算经济模型是将仿真环境放置在复杂适应性系统的框架下,在这个动态的体系下,许多情况的产生并非实验者所能掌控,得视整体经济体系共演化的结果而定,亦无法去预期模拟结果会得到一致性的答案:只要模仿具有难度,则模仿企业并不像我们想象中那么容易成为市场中的优胜者;研发效果小则价格会比较稳定,反之价格的波动度大;在此研发企业与模仿企业相互竞争的代理人基模型下形成独占局面对消费者而言未必不利;领导企业的市场占有率越高,则企业间的技术差距越大;转型后企业要成为领导企业并非易事;演化过程具有强烈的路径依赖特性,使得强者恒强、弱者恒弱成为常态性的演化结果。

6.4 中国汽车制造业的知识创新

我国汽车工业经过50多年的发展,已形成了比较完整的汽车产品系列和生产体制,建成了第一汽车集团(简称一汽)、东风汽车集团(简称东风)和上海汽车集团(简称上汽)等大型企业集团,国产汽车市场占有率超过95%。

6.4.1 我国汽车业市场开放的过程

第一阶段:模仿与创新的20世纪六七十年代。1953年一汽在长春动工兴建,1956年建成投产,第一个产品是解放牌载重卡车。由于当时中国的工业基础极其薄弱,所以主要零部件以及凡是跟金属有关的零部件全部由一汽生产。在技术上,一汽建设和投产过程中就是把苏联的图纸、工艺和整车设计照原样拿过来。由于苏联的气候比中国冷得多,而引进的车型太单一,不适合中国南北温差大的环境。因此,一汽的技术人员对解放卡车进行一些本土化的改进。1958年南京汽车制配厂仿制出跃进牌轻卡。1958年上海汽车装配厂试制出上海牌轿车。1964年北京汽车制造厂试制出越野吉普车。

一汽在1958年试制出第一辆红旗高级轿车。红旗轿车从设计到制造的整个过程都是一汽自主开发的,包括220匹马力的发动机、两挡变速箱和底盘。由于没有任何外国的技术援助,一汽的技术人员借当时吉林工学院的老式外国样车进行分析;从进口的废钢材中寻找废弃的汽车零件(如发动机缸体等),然后进行测绘反求,研究其内部结构。

我国汽车工业从 20 世纪 70 年代初开始在国防和地方汽车工业大发展,最大的项目是建设东风汽车集团(当时称二汽)。东风主打产品东风卡车的原型是由一汽在 1962 年开发的解放载货车并免费将这款车的全套设计转给了东风,成为东风载货卡车的技术来源。东风自己研发的第一个车型是东风越野卡车。地方工业产品中最有名的是北京牌载货车。70 年代,各地的一些汽车修理厂利用卡车底盘组装客车,发展出一些客车厂。在地方交通、城建部门的布点下,后来又发展出来一些改装专用汽车的工厂。

第二阶段:合资模式为主的 20 世纪八九十年代。改革开放后,由于与发达国家技术差距的压力,迫使我国汽车工业迅速走向依靠合资模式的技术引进阶段。

我国汽车工业的第一个中外合资企业是北京吉普汽车有限公司,由北京汽车制造厂与美国 AMC 汽车公司(后来 AMC 被戴姆勒-克莱斯勒公司收购)于 1983 年 5 月签约,1984 年 1 月正式开业,合资经营期限为 20 年。第二个是上海大众,1983 年上海通过购买 CKD 组装德国大众公司的桑塔纳轿车,1985 年 3 月合资成立上海大众公司。桑塔纳组装了三年后,国产化率却只有 2.7%。经过将整个上汽所属的企业全部以为桑塔纳配套为目标进行重组和技术改造,1990 年桑塔纳零部件国产化率达到 60%,1997 年零部件国产化率达到 90% 以上。但是,为对引进产品进行国产化,却付出了丧失自己原有的整车产品、自主品牌和开发平台的代价。另一合资的先驱企业是广州标致,但 1997 年合资项目宣告失败。

1989 年一汽开始组装一汽奥迪,并在奥迪的平台上开发新红旗。1991 年一汽与德国大众公司合资成立一汽大众,并从 1992 年开始生产大众的捷达轿车。1996 年一汽奥迪项目并入一汽大众。二汽因被列入国家重点支持范围成为轿车定点企业,但因为没有生产轿车的历史,所以只能通过建设全新的项目(如东风神龙富康轿车等)进入轿车工业。

第三阶段:自主创新的 21 世纪。市场换技术的本意是希望在出让市场的条件下,外国企业能够源源不断地向中国企业输出技术,然后通过国产化吸收这些技术。但在中国企业无力通过自主开发提供竞争性产品的条件下,无论是大众还是雪铁龙都在实践中采取了延缓升级换代的拖延战术,而且始终不愿意在品牌营销和价格制定等方面放松控制权。面对这种僵局,国家通过引进更多的外国企业以迫使外国企业加快转让产品技术的速度。1997 年上汽集团与美国通用汽车公司合资成立上海通用;1998 年广州与日本本田公司在广州标致的废墟上建立广州本田;1999 年意大利菲亚特集团与南京跃进汽车集团公司合资经营江苏南亚自动车有限公司;2000 年天津汽车工业集团与日本丰田汽车公司合资成立天津丰田汽车有限公司;2001 年长安集团与美国福特公司合资成立长安福特;2002 年上汽集团、上海通用和广西柳州五菱汽车公司签订合资协议成立通用五菱。

随着对进入管制的松动,中国汽车工业出现了自主品牌和自主开发的企业。从 2001 年起,华晨、哈飞、吉利和奇瑞相继获得生产和销售轿车的正式许可。

2001—2008 年中国自主品牌汽车销量见图 6-10 所示:

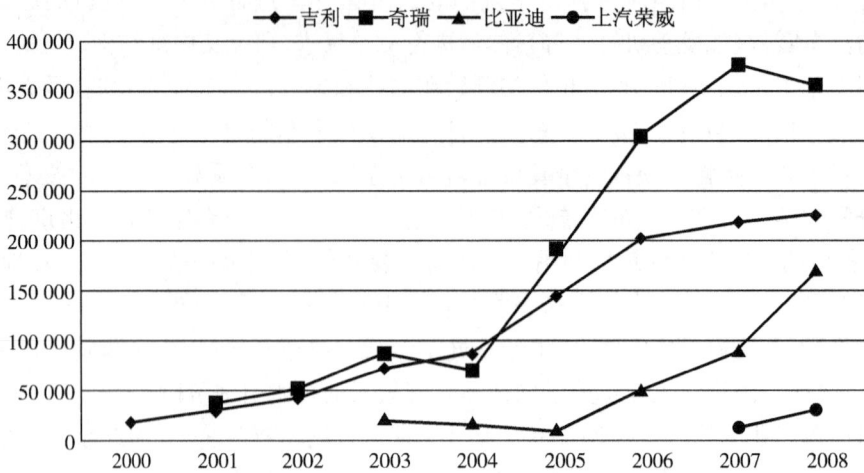

图 6-10　2001—2008 年中国自主品牌汽车销量
资料来源：中国汽车工业统计年鉴(2002—2008)。

6.4.2　我国汽车制造业的技术学习过程

世界汽车业的发展模式主要分成产业依附型和产业主导型两类。产业依附型模式是指一个国家的汽车业比较落后，只能靠引进一些汽车大国的先进技术、设备、管理及资金等来发展本国的汽车业。通常采取与外资企业进行共同经营或外资主导型方式，重大决策问题由外资主导或者共同决策，风险共担，利益共享。产业主导型模式即通常所说的自主开发、自主建设、自主生产及自主销售，一切重大问题都是自主决定的。而产业发展模式影响产业技术学习过程。世界汽车业的主要发展模式见表 6-3 所示：

表 6-3　世界汽车业的主要发展模式

国家	人口 （万人）	历史最高产量 （万辆/年）	汽车业发展	自有品牌 （有或无）
美国	27 800	1 290	产业主导型	有
德国	8 222	570	产业主导型	有
法国	5 908	360	产业主导型	有
意大利	5 730	210	产业主导型	有
日本	12 700	1 350	产业主导型	有
韩国	4 684	300	产业主导型	有
西班牙	3 963	250	产业依附型	无
巴西	17 000	200	产业依附型	无
墨西哥	9 888	150	产业依附型	无

产业依附型模式下的从技术引进到形成自主创新能力的过程，一般称为技术学习过

程。许多国家产业技术能力的提高一般经历技术引进、创造性模仿能力到自主创新(创新能力)三个阶段,每一个进步都是技术学习的过程。

1) 技术引进

生产技术的引进并不仅仅是简单的拿来即可,往往得根据技术要求引进设备和过程,并与原来的设备和过程按工艺进行重组。尽管企业在此阶段无法掌握该技术的原理和诀窍,对引进技术有很大的依赖性,使企业被纳入到先进的技术体系中,并会逐渐掌握主流的技术范式,走向技术轨道的国际前沿。这个阶段技术学习主要以"干中学"和"用中学"的方式进行,即通过生产过程中工人操作技能的提高,提高产品质量,降低生产成本。同时,在用户使用经验的基础上,进行产品工艺的部分调整,是企业学习设计技巧的第一步。在企业对引进技术的消化过程中,也开始对工艺和管理流程进行部分的改进与调整,最后形成规范化的工艺与管理标准,同时一些技能知识与价值观也成为企业员工的共识。

20 世纪 80 年代,上汽集团与德国大众联手成立了上海大众,后与美国通用联手成立了上海通用。通过合资,不仅取得了设计、性能等多方面的积累,同时集中培养了生产、市场、管理等方面的人才。上汽旗下的上海泛亚技术研究中心,在内饰、外饰、动力总标定、底盘调整上,形成了一定的开发能力。2004 年 12 月,上汽以 6 700 万英镑购入罗孚 75、25 两款车型和全系列发动机的知识产权。2005 年 7 月,南汽以 5 300 万英镑收购了罗孚 MG-Rover 和发动机生产分部,收购清单包括 MG 和奥思丁品牌,四个整车平台的生产技术和设备,三个系列发动机,一整套先进的发动机研发设施。根据收购而来的罗孚的四个整车平台,上汽与南汽推出"荣威"和"名爵"两个自主品牌,并以车型平台和发动机系列归类生产。2007 年 12 月,上汽又以 21 亿元现金和上海汽车 3.2 亿股股份,收购了南汽控股股东跃进集团的全部汽车业务。

上汽桑塔纳国产化工作在中外双方的共同配合和努力下,经过选择配套厂→提供图纸→首样检测→工装样品试验→道路试验→批量订货等一系列步骤,为上海大众配套的零部件生产企业达 200 多家,初步形成了一个门类比较齐全、技术较为先进的零部件生产体系。由于汽车工业原有零部件工业体系的技术落后,在零部件国产化中,技术引进和建立合资企业发挥了重大作用。多年来,以桑塔纳轿车为龙头,带动了一大批零部件企业的合作。例如在关键零部件上通过许可证转让、设备购买等方式,许多配套厂引进了生产技术。桑塔纳汽车配套部分企业引进技术的情况见表 6-4 所示:

表 6-4　桑塔纳汽车配套部分企业引进技术的情况

生产厂家	产品	技术来源	主要内容
延锋汽车内饰件厂	内饰件	意大利、日本	内饰件及关键设备
汽车镜总厂	镜片	日本、德国	镜片生产线、模具等
汽车齿轮厂	齿轮	奥地利、德国	转底炉等感应设备
汽车锻造厂	曲轴锻造	瑞士	移位自动热镦机
汽车工业总公司	组合开关	德国	组合开关制造设备、技术

续　表

生产厂家	产品	技术来源	主要内容
汽车工业总公司	分电器	法国	分电器制造设备、技术
汽车工业总公司	减震器	德国	减震器制造技术
汇众汽车制造公司	连杆	美国	连杆加工技术、设备
钢圈厂	车轮	美国	车轮生产线
汽车电器厂	点火线圈	德国	生产线
离合器厂	离合器	英国等	膜片离合器制造技术
汽车工业总公司	密封条	德国	密封条生产线
汽车工业总公司	锥齿轮	德国、瑞士	锥齿轮研齿机
重型汽车厂	后桥	德国	后桥生产设备
汽车齿轮厂	变速器	德国、西班牙	变速器生产设备

资料来源：中国汽车工业年鉴，1993、1994、1995。

上海大众经过：CKD（组装汽车）→国产化（缩小技术缺口）→联合设计（培养技术开发能力）→独立产品设计这样的道路，现已基本掌握了产品制造工艺技术，但在制造装备水平上与国外差距较大。另外，尽管整车的产品开发能力没有形成，但在一些零部件国产化过程中，不但促进了制造技术的掌握，而且逐渐形成了独立的产品开发能力。

2）创造性模仿能力

创造性模仿能力的形成一般是通过研究开发中、合作中或基于联盟的学习而锻炼出来。研究开发中学习可以从简单模仿延伸过来，但直接的延伸往往不会有效。因为此时要求对设计原理的掌握、对产品构架的整体理解和对用户需求的了解，都远远超过简单模仿时的个别技巧。通过与跨国公司的合作设计或者引入高水平的研发人员，是获取设计技能与产品构架知识的最佳途径。企业与其产品用户的密切联系和合作，通过产品改变而赢得竞争优势。当企业通过合作掌握了必要的技术设计知识或市场知识后，就使自己站在一个新的技术平台上，创新能力的进一步培养就得靠自己在研究开发中学习。企业技术人员是通过参与外面专家的研发活动，通过观察和模仿专家们的行动、语言和组织关系来获取知识。因此，与仿制能力相比，创造性模仿能力已有所创新。创新能力更多依赖于研发人员的技能和对学科与市场需求的理解，以及研发组织的关系和协调知识。

20世纪八九十年代，依靠技术引进，通过消化吸收引进技术，经过十多年的努力，已经有相当一部分产品拥有自主知识产权。一汽在引进技术的基础上，开发具有自己知识产权的红旗98。这表明通过吸收引进技术，我国轿车工业具有了一定的创造性模仿能力。同时，汽车行业引进技术已从单纯引进生产、制造技术转变为同时引进产品开发技术，并开始与国外合作开发换代产品。例如上海通用别克、广州本田雅阁、一汽大众奥迪 A6、上海大众帕萨特和上海通用赛欧等与国际市场同步的轿车产品，还有豪华大客车和达到国际90年代水平的零部件产品。目前，国产轿车的平均故障间隔里程已达到 1.5 万千米，质量较高的首次无故障里程已达 2.4 万千米,载货汽车平均故障间隔里程已达到 1 万千米。国产汽车的安全性也有很大提高,ABS、安全气囊和防侧滑控制系统等技术已在部分国产轿车上应用。

3) 创新能力

从创造性模仿到自主创新意味着一次更大的飞跃,在此过程中,我国汽车企业必须学习在一个更广、更长远的社会经济、技术发展和用户需求的框架中来考虑研究开发活动。但此路正与我国汽车产业的战略调整紧密相关,而重中之重是自主技术、品牌的形成与产业主导型战略的是否建立。

以创新为特征的技术学习过程表现为:从技术引进到生产能力形成,再进化到创新能力。技术学习过程表现为一个技术能力不断提高的过程。生产能力形成和创新能力形成构成了产业技术能力发展的阶梯,每一个进步都是学习的结果,每上一个台阶都是技术能力的一次跃迁。我国汽车制造业的技术学习过程见图 6-11 所示:

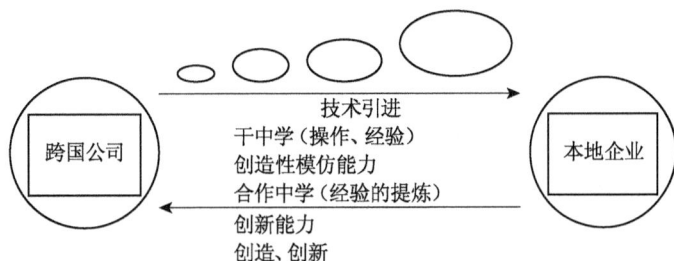

图 6-11　我国汽车制造业的技术学习过程

奇瑞汽车有限公司(简称奇瑞公司)主要是通过合作和模仿确保独立自主开发能力。比如在奥地利 AVL 公司协助下,由奇瑞公司主导从 2005 年开始启动 ACTECO 计划,全面系统地正向开发动力系统技术。至 2008 年,形成了三大系列至少 18 款发动机,排量从 0.8 升到 4.0 升,型号则包括从直列 3 缸到 V 型 8 缸;从德国、意大利引进了 9 条代表国际最高工业水平的发动机生产线,近 200 台数控加工设备(CNC)以及相应的信息控制工业网络系统;奇瑞公司自主开发了一系列发动机尖端技术,正准备商用化,比如缸内直喷(GDI)、进排气气门连续可变正时技术(D-VVT)、静音链传动、电磁式进排气阀(EMV)等。在底盘方面,早期奇瑞公司采用了反求开发策略,比如早期的风云、旗云底盘基本上模仿大众捷达,QQ 底盘模仿大宇,但随后在底盘技术上也采取正向开发策略;非常重视在同一平台同时开发多种车型。在整车外形设计方面,奇瑞公司也是早期模仿(QQ 早期模仿大宇,风云/旗云模仿 Seat Toledo),然后开始自主设计,但遭到挫折,A3 等新车型的设计都外包给欧洲设计师,A3、A6 均出自意大利设计公司 Pininfarina。

吉利汽车集团(简称吉利集团)则是通过模仿和购买使用过程培养了自主开发能力。吉利汽车的核心技术包括发动机动力系统、底盘逆向开发,主要参考了丰田汽车的技术。吉利早期豪情车系模仿天津夏利汽车,发动机开始使用丰田汽车 8A、5A 发动机,在丰田汽车涨价变相拒售的压力下开始开发自主发动机,通过 1.3 升发动机的开发,把原理吃透,后来研制 1.5 升、1.6 升、1.8 升发动机速度加快。在变速箱技术开发方面,吉利集团则是完全依靠自己取得的成功。吉利集团 2002—2005 年连续开发自动变速箱,Z 系列自动变速器已批量生产。在整车外形设计方面,因为低成本的要求,吉利汽车一直依靠自己设计开发。

一汽集团借鉴外国车型的设计和发动机技术,开发自主品牌的衍生车型。如一汽奔腾项目基于马自达 6 的平台,底盘和发动机都借鉴马自达汽车的技术。奔腾项目耗资不菲,2008 年该车销量达到 5 万多辆,在自主品牌中算是有不错业绩的中高端车型,但耗资 8 亿~10 亿人民币。海马汽车的海福星项目同样是基于马自达 303 的成熟技术。海马早先和马自达合资生产 303,取名福美来。海马和马自达公司分手后推出了海福星,基本上和原来的福美来一样,只是换掉了马自达原装进口的发动机,改用更加便宜的国产 4G18 三菱发动机,海福星销量 2008 年大致在 8 万辆。我国自主设计车型的实际开发水平见表 6-5 所示:

表 6-5　我国自主设计车型的实际开发水平

我国汽车品牌	设计水平
华晨骏捷	由意大利乔治亚罗参与造型设计,德国保时捷进行技术底盘调校
奇瑞瑞虎	由意大利 Bertone 设计公司倾情打造外形,日本 SIVAX 布置及断面校核
长安奔奔	由世界顶级汽车设计公司 IDEA 公司一手打磨
江淮瑞鹰	优化设计由 JAC 意大利设计中心设计总监 TALLIO 直接负责
吉利金刚二代	样车是在海外完成的
海马 S1	由日本某设计公司完成效果图设计及油泥制作,样车前部尾部由日本公司完成,侧围由上海研发中心自己制作
哈飞新路宝	与意大利 Pininfarina 公司联合设计开发

资料来源:北京华经纵横经济信息中心(2008)。

比亚迪股份公司(简称比亚迪公司)自 2003 年进入汽车行业,最初也是模仿先进车企的设计,并且引进核心零部件来使用。比亚迪 F3、F6、F0、M6 分别被指与丰田花冠、凯美瑞、AYGO、普瑞维亚车型高度相似。F3 使用了三菱汽车的 4G18 发动机,F6 的 2.4 升车型则装配三菱汽车的 4G69 发动机,以及原装进口的手自一体变速箱。但与众不同的是,比亚迪汽车从一开始就基本放弃了燃料汽车的研发,而是直接一步跨越到电动汽车阶段。2008 年 12 月,公司推出搭载了全球最先进的 DM 双模系统的 F3DM 双模电动车。所谓双模,是指既可以在纯电动(EV)模式下行驶,又可以在混合动力(HEV)模式下行驶,目前掌握双模技术的只有通用、丰田等少数几家汽车公司,但通用、丰田的电动汽车一次充电只能行驶 25 千米,比亚迪 DM 电动汽车能行驶近 100 千米。依靠比亚迪的电池技术,比亚迪的电动车具备续驶里程长、环保、安全、动力性能强劲等特征。比亚迪汽车利用其在电池技术方面的优势及产业链整合开拓新能源汽车领域,它制定的是"大电池小内燃机"的发展路线,在推进燃油车发展的同时,推进双模电动汽车的商业化。比亚迪公司由100多人组成的专利管理部门,负责专利研究和企业专利保护;比亚迪公司整合了电动汽车的上游产业链,掌握了驱动电机控制技术制高点,加速电动汽车的商业化步伐。跳代发展有望使比亚迪公司在下一代汽车技术上占得市场先机。

6.4.3 我国汽车业创新能力存在的问题与建议

1) 我国汽车业创新能力存在的问题

第一,汽车业管理体制的混乱。目前我国汽车行业管理体制,除了工商、税收、专利商标、海关等独立性和专业性很强的管理职能由不同行政管理部门行使外,与汽车产业、产品和企业相关的政府管理职能分别被若干部门分割过细,造成多头、多环节、重复管理,增加了政府的管理成本和协调成本。在汽车生产环节,发改委归口管理投资项目审批、颁布产品公告(产品准入许可)和技术改造项目的财政贴息,科技部负责共性与先导性技术的研发管理,商务部负责进口零部件的配额管理,国资委负责国有资本控股或参股企业的股权管理。在汽车使用环节,进口管理职能由商务部负责,汽车金融和保险管理职能由人民银行总行和中国保监会行使,新车注册、机动车检验、机动车驾驶证和驾驶员管理以及道路交通管理由公安部门负责,汽车维修保养的管理职能由交通部门行使,城市交通基础设施规划与建设由城市规划部门和交通部门联合行使,汽车尾气排放、噪声污染管理职能由环保部门行使,强制性认证、质量管理和标准化管理工作由质量监督检验检疫部门行使,汽车报废管理职能由汽车更新领导小组办公室负责。围绕着汽车产品,有十几个部门在二十多个环节上实施了行政管理职能。

第二,汽车零部件企业的过度分散。我国汽车零部件企业分布在全国27个省区市,汽车的零部件过万种。我国汽车零部件生产既表现出较大的分散也显示出一定的集中,在全国26个省区市内都有某一或多种汽车零部件最大企业,而一些紧密相关汽车零部件的最大企业相隔千里之外,如活塞、活塞环与活塞销的三个最大生产企业分别在山东滨州、安徽安庆与湖南株洲,半轴、半轴螺栓与半轴套管的三家最大生产企业分别在辽宁丹东、贵州贵阳与河南南阳等。我国最大的汽车零部件企业主要集中在上海、浙江、江苏、安徽与山东这一区域,在161种主要汽车零部件中,有52种汽车零部件的最大生产企业集中在该区域,约占四成。如果不考虑汽车零部件的生产规模,那么在一些汽车生产大省区市内则基本上都可以自行配套,如江苏境内分布在各地的115家汽车零部件企业生产了超过150种主要汽车零部件。湖北省境内各地的123家规模大小不等的汽车零部件企业生产了全部的汽车零部件。

第三,R&D经费的不足。我国汽车工业创新能力的缺乏与生产企业对R&D的重视程度分不开。据对中国汽车工业主要厂家R&D费用的分析,除一汽、东风有些年份略高于1%外,其他都低于1%。而汽车工业跨国公司的R&D费用占其销售额的比重一般在3%~5%。如果从R&D费用的绝对数来看,我国汽车业的差距就更大了。因此,R&D投入的不足影响了新技术和新产品的开发能力,长远看将会严重影响我国汽车工业的国际竞争力。国内外1998年研究人员与研究开发费用对比见表6-6所示：

表6-6　国内外 1998 年研究人员与研究开发费用对比

	研究人员（人）	研究人员占总职工数的比例（%）	研究开发费用（万元）	研究开发费用占销售额的比例（%）
通用本部	6 000	—	6 320 000	4.9
福特	12 000	2.80	5 040 000	4.4
大众本田	6 000	5.20	2 674 400	4.2
丰田	12 100	14.00	2 693 600	3.8
克莱斯勒	7 000	—	6 282 400	5.1
一汽	7 865	5.05	10 777	0.3
东风	4 600	3.44	25 931	1.2
北京	959	2.21	3 531	0.5
天津	1 469	2.75	27 977	2.6
上海	2 771	4.60	53 646	1.4

资料来源：刘洪德，等. 2003. 技术进步在促进中国汽车工业发展中的作用探析[J]. 中国软科学，(7)：95-101.

随着汽车工业技术水平的提高，中国汽车工业劳动生产率近几年也有一定程度的提高。1990—1998年，按每个职工每年生产的汽车数量计算，劳动生产率从0.35辆提高到0.83辆。其中，中国几个较大的汽车企业人均年产量为3辆左右，1998年上汽集团每人年均生产3.67辆，一汽集团为2.57辆，天汽集团为2.67辆。但与国外汽车工业相比，中国汽车工业劳动生产率仍处于较低水平。1998年德国、韩国、日本汽车工业的劳动生产率分别为10.3辆/（人年）、12辆/（人年）、39.9辆/（人年）。

第四，全球化背景下的产业重组。加入WTO后，面对更加开放的市场环境，我国汽车行业的市场结构正在发生变化，竞争日趋激烈。从"6+3"汽车跨国公司来看，他们基本上已经完成了在中国的战略布局。国内汽车企业的重组也全面展开，如上汽集团、一汽集团、东风公司等先后进行产业重组，但国际化的战略拓展仍旧不足。

2) 若干建议

第一，体现自主创新能力的国家汽车创新工程战略。国家汽车创新工程就是围绕我国汽车的技术和产业创新，由国家组织官产学研的联合，通过资金支持和科学管理，协作攻关、重点突破，抓住新一轮世界汽车业发展的主动权。通过国家汽车创新工程，促使我国自主的、有国际竞争力的汽车品牌成长，形成我国更为强大而长久的产业创新能力。同时，建议政府将机动车认证、注册、年检、维修等管理职能统一到一个部门来行使。

第二，创新集成与优化发展下的汽车零部件业。由于我国长期实行重整车轻零部件的发展政策，以及地方政府出于对地方经济利益和就业等方面的考虑，对零部件的生产采取封闭式指定配套的发展模式，依附于整车制造企业。要促进我国汽车产业的发展，在未来全球竞争中占有一席之地，就必须大力促进零部件工业的发展。

我国汽车产业结构与产品结构不合理，且大部分零部件企业与整车制造商之间是固定的配套关系,这就需要对汽车产业内部的组织结构和相互之间的关系进行调整和优化。同行业的企业之间的兼并重组是一个重要的竞争手段,强强联合改变了系统的结构,使之具有更强的系统功能,建立和提高企业的核心竞争力,获得企业的规模效益。零部件企业从整车制造业之中独立出来,可以使系统的关系变得清晰而有序,如整车企业负责车型开发设计、积木式整车组装和品牌建设,零部件企业则负责零部件的模块化、系统化开发设计与制造,合作创新,从而加强子系统之间的物资、能量与信息的交换,使汽车产业更具活力。

第三,提高创新能力的全球化。我国汽车产业要彻底打破地方保护主义,就要利用市场机制和政府宏观调控的手段,引导企业跳出狭隘的局部利益圈子有序地发展,使汽车行业不仅在国内得到充分开放,而且还面向国际市场,积极参与国际分工与竞争,以适应入世后的国内市场开放和经济全球化的发展趋势。目前,我国很多零部件企业都很关心全球采购问题,全球采购是由汽车工业本身的特性所决定的,它是汽车工业的组成部分,整车制造商根据 QSTP 标准在全球进行供应商的选择。因此,我国的整车制造商可以选择国外零部件供应商以降低成本,提高质量,零部件企业也可以经过发展壮大而被更多的国外采购商选择。

第四,产业集群优化。汽车产业集群形成与发展的成功关键因素至少有以下几项:一是具有良好的机械制造业与相关产业基础;二是存在较大的汽车需求市场,最好存在大量挑剔的汽车消费者;三是拥有一批充满活力的企业和具有较强竞争意识与创新精神的企业家,导致该区域的竞争较激烈;四是具备一些优质的不可移动的生产要素,能够吸引其他可移动的生产要素落户本地。考虑到我国汽车业的特殊性,还需要增加本地汽车产业的历史与现状、落户该地的国际汽车集团公司的发展态势、本地的市场化进程和国有企业的改革力度等因素。我国许多区域已形成具有一定竞争优势的汽车产业集群,但如何发展成为具有较强国际竞争优势的汽车产业集群,需要努力进行相关知识创新的准备。

第五,大力发展制造业服务化。从企业职能来看,加工制造与生产服务的价值存在明显差距。除了产业链上重点研究领域的研发、制造和营销外,生产服务是能够为制造业企业转型升级带来足够价值空间的重要环节。在汽车产业领域,生产服务占产业利润 50%以上,生产服务利润空间是销售或零部件制造的 2~3 倍。制造业向服务化模式转型开始于20 世纪 90 年代,比较典型的例子要数 IBM、GE、XEROX 等跨国公司的转型。制造业服务化现象的发生、发展变化规律是怎样的? S. W. Brown 等(1994)总结出了基于服务的制造(service based manufacturing)、服务增强型制造(service-enhanced manufacturing)、服务导向型(service-oriented)制造、产品服务系统(product service system)等概念。植草益(2001)介绍了电信产业内部各企业群之间的融合,说明了技术发展在产业融合中的重要作用。郭跃进(1999)、厉无畏(2002)、周振华(2003)对制造业与服务业相互融合的特征进行了总结。孙林岩等(2007)提出了服务型制造业的概念,指出服务型制造是制造与服务相融合的新产业形态,是新的先进制造模式。服务型制造是为了实现制造价值链中各利益相关者的价值增值,通过产品和服务的融合、客户全程参与、企业相互提供生产性服务和服务性生产,实现分散化制造资源的整合和各自核心竞争力的高度协同,达到高效创新的一种制造模式。它是基于制造的服务,是为服务的制造。

第7章
产业知识创新平台分析：以石墨烯产业为例

在全球化环境的快速变化下，竞争优势来自于企业内部平台的效率，当产业逐渐发展到完整供应链，竞争优势转移到供应链平台之间的竞争（Decarolis & Deeds, 1999; Folta, 2006; Gunasekaran, Patel & McGaughy, 2004），最后随着产业间关联性的增加，产业竞争就不仅是个别企业或供应链上下游整合竞争，需建构健全的商业生态系统，同时产业的竞争也从个别企业与产业群聚的竞争转变为商业生态系统的竞争。

商业生态系统（business ecosystem）是由 Moore（1993）所提出，认为组织或个人会基于核心的技术或运作规则，彼此进行合作，产生经济群聚，以服务相同的最终顾客为目标，并通过供货商、主要的生产者、竞争者和其他的利益关系人，形成商业生态系统。所以群聚的产业概念和商业生态系统是不同的，群聚强调扩散且企业之间竞争激烈，商业生态系统则强调连接的重要性，通过合作获得成长。过去有许多研究探讨商业生态系统价值创造来源（Amit, 2001; Brandenburger & Stuart Jr, 1996; Peltoniemi, 2004; Porter, 1985; Stabell, 1998），生态系统的平台形态与演进（Gawer, 2009; Rong, Lin, Shi & Yu, 2013），以及探讨不同领域的动态环境变迁（Li, 2009; Peltoniemi & Vuori, 2004; Zhang & Liang, 2011），但是对于产业平台形成原因、有效运作设计机制与演化相关问题的研究有所欠缺。石墨烯产业平台个案，在历经多次环境、政策、技术等转变，将产业带到世界的舞台上崭露头角。研究目的为探讨产业平台成功发展，创新生态系统所应扮演的角色与互动网络模式，探索产业平台形成与成功发展知识形成过程。

7.1 文献探讨

7.1.1 产业平台

平台一词最早出现于 20 世纪初，当时亨利·福特在其所著的《现代人》（*Modern Man*）一书中用它描述组成汽车的各个子系统，不过此时平台仅是作为一个工程概念为大家熟知。此后，平台的理念不仅逐步从汽车领域扩展到航空领域，而且进一步被引入到管理的思想和实践中。到了 20 世纪 70 年代，日本开始在其半导体产业中实施超大型集成电路项目（VLSI），这是创新平台思想在政策层面的早期尝试之一。此后，不仅美国、欧盟等主要发达经济体在积极运用创新平台的思想构建产业创新体系，许多在产业中居于主导地位的企业如 Intel、微软等也都基于这一思想，尝试引领本产业的技术进步，并取得了成功。然而一直到 20 世纪末，创新平台的概念才正式出现，时至今日，人们仍未就其概念形成共识。

美国竞争力委员会在 1998 年首次提出了创新平台这一概念，其提交的一份题为《走向全球：美国创新新形势》的研究报告认为，创新平台包括了创新所需的基础设施及在创新过程中必不可少的其他要素，具体涵盖了创新所必需的人才及前沿研究成果，有利于促进创新理念向创造财富的产品和服务转化的法规、会计和资本条件，有利于创新者收回其投资成本的市场准入水平和知识产权保护体系（1998）。继美国竞争力委员会提出的概念后，国内外学者在研究中又对创新平台提出多种不同的定义。一种观点认为产业创新平台这一概念，应当从区域创新政策的视角来认识。这种观点认为，可将创新平台理解为产业内相关商业潜在行动者进行活动的平台，这些商业潜在行动者主要包括产业内的企业、行业中心、技术中心、研发中心及与之相关的教育组织等。这一观点还强调，创新平台应当以产业为基础，支撑产业创新发展为目标（Harmaakowi & Kaarina，2002）。许多国内学者也沿着这一思路对产业创新平台的内涵进行了解读，认为创新平台是指某一特定区域内的知识、技术、信息、人才、政策、物质性的公共设施与公共组织及其相互联系等一系列共享要素的集合，是一个有利于在该区域产业内形成原创性理念、推动研究开发、促进科技成果转化、方便创新信息收集化及创新技术交流和扩散的共享平台（马燕秋，2009）。创新平台是区域创新体系的重要组成部分，是产业集群内科技创新活动的重要基础设施和保障条件，也是提升产业集群、提高产业技术创新能力的重要支撑。

Cusumano & Gawer（2002）认为平台是生态系统的中心，由许多企业制造的互补性产品和服务所组成，且平台网络效应愈强，平台与互补者之关系愈紧密。Abbott（2008）则基于英国商业、企业和管理改革部给出的概念，提出了政府在产业创新平台中的作用，认为要将创新平台整合创新资源和促进合作创新的这种机制落实到政府层面，就是要求政府采用新的方式促使一系列技术实现有效整合。Gawer（2009）认为平台的发展为演进的过程，从内部平台到供应链平台，再发展为产业平台，表 7-1 呈现出平台类型与比较，其中供应链平台和产业平台主要的差别在于产业平台企业既不需要互相由买卖去发展互补性产品或服务，也不需要由交换所有权进行互补性产品或服务发展。此外，产业平台拥有者的目标是通过外部企业以发展创新能力，而不必然是由供应链中企业，因此，借着互补者的资源和能力，有利于产业平台以直接或间接的网络效应，由为平台或成员创造价值来增加创新的程度（Gawer，2009）。

表 7-1 平台类型与比较

平台形态	内部平台	供应链平台	产业平台
形成背景	企业内部	供应链进行	产业生态系统
参与者数目	一家企业	供应链中的企业	许多企业不需要彼此进行购买或销售产品、服务，但彼此的产品、服务功能必须是技术系统的一部分

续 表

平台形态	内部平台	供应链平台	产业平台
平台目标	1. 为了增加企业的生产效率 2. 为了以较少成本产生多样性 3. 为了达成大量客制化 4. 为了增加设计新产品的弹性	1. 为了增加供应链的生产效率 2. 为了以较少成本产生多样性 3. 为了达成大量客制化 4. 为了增加设计新产品的弹性	1. 平台拥有者：从外部、互补的创新增加和获得价值 2. 互补者：从既有的平台基础，以及直接和间接的网络效应影响的互补性创新而获得利益
设计原则	1. 模块元素的重复使用 2. 系统结构的稳定性	1. 模块元素的重复使用 2. 系统结构的稳定性	互补者能够进入平台，产生创新
主要问题	企业如何使低成本与多样化产生一致性	如何在供应链中使低成本与多样化产生一致性	1. 平台的拥有者如何刺激有用的互补性创新 2. 如何激励以创造平台设计的互补性创新

7.1.2 产业平台形成的理论基础

1. 网络理论

Thorelli（1986）定义，网络是两个或两个以上且具有长期关系的组织，为介于市场机能的交易关系与正式科层组织之间的非正式组织。网络可由节点及连接所构成，节点由企业、策略性事业单位、产业公会和其他形态的组织组成；连接则是这些节点的交互作用，包括经济绩效、技术转移、专业知识扩散、信任创造等。Rowley, Behrens & Krackhardt（2000）研究 Gulati（1998）镶嵌的概念，将关系镶嵌以组织的强/弱连接关系来表现，结构镶嵌则以网络密度来衡量，认为网络的连接强度和连接密度会影响企业绩效。连接强度的部分，包括授权与专利协议、营销协议、研发合作、合资，连接强度有两项优点，其中一个为高品质信息与默会知识的交换，另一个为社会控制机制的一部分，主要是管理伙伴的行为；连接密度则以组织为中心，网络内成员连接广泛的程度，会受到企业之间信任基础的管理机制所影响。

2. 协同合作理论

Barratt（2004）认为供应链协同合作可分为两大类：一是垂直式，包括与顾客、企业内部和供货商之间的协同合作；二是水平式，包括与竞争者、企业内部和非竞争者之间的协同合作。Nalebuff & Brandenburger（1996）提出之价值网理论可以同时解释协同合作中竞争与合作存在的关系。价值网由四个参与者组成，包括顾客、供货商、竞争者与互补者。从顾客的角度而言，假如顾客因拥有其他企业的产品或服务，而降低对公司产品或服务的评价，这些企业就是公司的竞争者，反之则为公司的互补者；而从供货商的角度而言，假如供货商因提供其他企业资源，而降低对公司提供资源的吸引力时，这些企业就是公司的竞争者，反之则为公司的互补者。为了策略的考察，企业必须了解每个参与者创造的价值，且必须了解参与者之间不仅为互相合作，同时为互相竞争的关系。

3. 商业生态系统理论

Moore(1993)认为,产业的观念应以商业生态系统来取代,一家企业不只应该视本身为单一产业的成员,同时必须视本身为跨产业商业生态系统的一部分。Moore (1996)进一步认为产业内外的所有角色均可视为商业生态系统内的物种,这些物种会因为彼此依赖而聚集在一起,相互连接形成一个价值创造与分享的共生体系,形成生态群聚。

7.1.3 产业平台的运作机制

平台运作建立于成员的互动,彼此分享企业欠缺的资源和能力,Coase(1937)认为在一个专业分工与交换的经济体制下,价格运作会产生事前成本(如搜寻信息、契约协商和签订成本)和事后成本(监督契约执行成本),这些统称为交易成本。影响交易成本的因素则包括:不确定性、资产专属性、交易的频率。因此,交易成本理论的重点即在于如何设计效率化契约,使交易成本达到最小化(Williamson,1979)。Hatchuel,Le Masson & Weil(2010)则关注平台设计的协同合作三个主要的过程:价值创造、知识分享和利益分配。

1. 价值创造

Amit(2001)认为价值创造有四个主要来源,分别为新颖性、锁定、互补性、效率,四者相互关联且相互影响。其中新颖性为新产品、新服务或新的制造、配销、营销方式,由创新以创造价值;锁定由提高转换成本,刺激顾客的重复交易,使交易量增加,以及维持、改善与策略伙伴的关系,使顾客愿付价格增加、企业的机会成本降低,不仅创造价值,同时避免顾客、策略伙伴与竞争者合作;互补性包括服务或产品,愈多的产品或服务整合在一起,其整体价值会高于单一产品或服务所提供的价值;效率为交易成本的降低,因此效率愈高则交易成本降低愈多,愈能增加价值的创造。

2. 知识分享

Davenport & Prusak(2000)将知识定义为一种信息流动性质的综合体,包括:结构化经验、文字化的信息、专家的见解等许多不同的元素,为新经验和新信息的评估与整合提供架构;且在组织中,知识不仅存在于文件或系统中,也蕴藏于作业流程与规范中。知识分享是一种通常由信息媒介进行的知识转移,且知识需求者由已知的知识对新的知识进行解释,为沟通互动的过程(Wijnhoven,1999);信息分享则为企业间企图获取相关、正确且及时的信息帮助决策的制定(Simatupang,2002)。

3. 利益分配

利益会影响企业加入平台的动机,Chiao, Lerner & Tirole (2007)认为企业会受到明显的利益考察而决定是否加入平台;Axelrod,Mitchell,Thomas,Bennett & Bruderer (1995)则认为平台的规模应该尽可能扩大,随着提供互补品企业数的增加,标准化技术产生可能性便会提升,一旦一家企业加入平台,并且采用平台的规范标准,这家企业便会成为平台成员的一部分。

7.1.4 产业平台的设计与发展

Cusumano & Gawer(2008)将平台的设计过程分为两个步骤,第一个步骤是平台的建立者对平台潜力的辨认，其产品、科技或服务必须满足两个必要的条件：必须表现出至少一个基本的功能或能够解决产业基本的问题；必须易于连接或扩张使用系统至新的或潜在的最终使用者。第一个步骤包含了定义平台的核心内容、相关的网络和价值模式。第二个步骤中，欲成为平台领导者的企业由科技或商业行动建立产业平台，此过程包含了网络的成员和价值分配的制度，通常也会改变平台的核心内容。

7.2 研究方法

本研究希望通过对石墨烯产业平台个案的研究，探讨产业平台形成的协同合作过程以了解此个案发生特定事件的发展过程以及原因，同时也依据个案实际的运作情形，了解形成过程的早期阶段，针对个案发生的特定现象进行解释，适合采取个案研究法（Yin，1994）。以个案阐明石墨烯产业平台形成与发展决策，说明为何某些策略会被采用、如何发展以及结果，并对其建立历史性解释及因果关系分析。石墨烯产业平台成立至今，成功带动该产业发展成为高经济价值产业。资料来源方面，除检阅产业平台、商业生态系统等文献外，运用正式与非正式公司资料、网站资料、新闻等最新动态和报刊，以多重证据来源、在各项出处加上引证、建立完备的资料库，以分析产业平台的形成过程、运作机制，深入探讨产业平台的形成、运作与演化。

平台的形成是一个动态的过程，为了检视不同平台的阶段运作，以概念—知识理论（C-K Theory）作为叙述推导模式（Hatchuel & Weil，2003，2009）和探索模式（Hatchuel，2001），此方法能够帮助检视过程中使用和创造的能力，以及在过程中不同平台所出现的路径选择，这些设计推导通过质化研究方法的个案研究和深度访谈归纳平台的形成过程。Hatchuel & Weil（2003）认为 C-K 理论的核心想法就是将 C 与 K 分为两个不同的空间，设计的过程是从知识至概念的析取（disjunctions）开始，结束于少数概念至知识的合取（conjunctions），最后在现有知识中推论出具有可行性的解决方案。

7.3 实证分析

1. 石墨烯产业链发展状况

作为当前发展迅速的新材料之一，石墨烯集多种优异性能于一体，已被世界各国列为高技术发展的战略制高点。随着 19 世纪冶金、电力等产业的发展，19 世纪 40 年代至 70 年代，英国和法国开发了以焦炭为骨料加黏结剂成形，经炭化制造电极、电刷的技术，奠定了碳素产业的基础。目前，我国在国家层面开始关注到石墨烯应用已从最初的概念化转变为产业化，并加大对石墨烯产业的政策支持。2015 年 11 月 30 日，工业和信息化部、发展改革委和科技部等三部门联合发布《关于加快石墨烯产业创新发展的若干意见》，以终端产品需求为牵引，采取"一条龙"模式构建完善产业链，围绕产业链配制创新链、集聚创新要素，强化上下游协同创新，加快培育和壮大石墨烯产业。

正在制定中的中华人民共和国国家标准《石墨烯材料的术语、定义及代号》建议石墨烯(graphene)定义为:由一个碳原子与周围三个近邻碳原子结合形成蜂窝状结构的碳原子单层。石墨烯的微观碳原子结构稳定,原子面出现扭曲变形以应对外部机械力,具备良好的承受外力作用。产业链是我国学者提出来的一个概念,产生于 20 世纪 80 年代我国学者对农业产业化问题的研究,后来学者们将其拓展到工业、服务等领域。石墨烯产业链是产业分工关系的客观表达,以下两方面值得重视:一是碳材料产业链的分工程度。如果从微观层面看,分工受到诸多因素的影响,产业链的分工程度在产业链系统内是动态变化的。二是碳材料产业链上某个环节的技术、设计方法、生产组织方式、市场规模等因素的变化,均会促进整个产业链的结构发生变化。

石墨烯的出现,有望在构造材料、电子器件功能性材料等诸多领域引发材料革命。相比于现有材料,石墨烯拥有众多"独特"性能。石墨烯材料散热性能良好,导热系数达 5 300 W/(m·K),高于碳纳米管和金刚石;其又是世界上电阻率最小的材料,只有 $10\sim8\ \Omega\cdot m$,常温下电子迁移率高达 15 000 cm²/(V·s);几乎完全透明,透过率可以达到 98%;断裂强度比最好的钢材还要高 200 倍,同时它又有很好的弹性,拉伸幅度能达到自身尺寸的 20%。石墨烯具有结构稳定、高导电性、高导热性、阻燃性、无毒、超薄、超轻、超高强度、比表面积大以及透光性等特性,作为新材料领域的新星,可以十分广泛地应用在锂离子电池、超级电容器、太阳能电池、晶体管、触摸屏、传感器、感光元件、生物医疗、环境领域、导热导电以及功能涂料等各个产业领域(表 7-2)。

表 7-2 石墨烯的性质

石墨烯特性	释 义
最薄的材料	单层石墨烯只有 1 个碳原子的厚度,厚度大约为 0.335 nm,1 mm 厚的石墨中有 150 万层左右的石墨烯
最硬的材料	石墨是矿物质中最软的材料,其莫氏硬度只有 1~2 级;但是,如果石墨被分离成 1 个碳原子厚度的石墨烯时,其性能则发生突变,硬度将比金刚石还高,莫氏硬度超过 10 级
超大比表面积材料	理想的单层石墨烯的比表面积能够达到 2 630 m²/g,普通的活性炭的比表面积仅为 1 500 m²/g;超大的比表面积使得石墨烯成为潜力巨大的储能材料和吸附材料
强导电性材料	石墨烯中的电子有效质量为零,电子的运动速度超过了在其他金属单体或半导体中的运动速度,能够达到光速的 1/300;石墨烯拥有超强导电性
弹性最好的材料	石墨烯材料可弹性拉升 20%
高透光率材料	石墨烯材料透光率达到 97.7%

石墨烯材料(graphene materials):由石墨烯作为结构单元堆垛而成的、层数少于 10 层,可独立存在或进一步组装而成的碳材料的统称。层数、被功能化形式和外在形态是描述石墨烯材料的三个维度:按层数,它可分为单层石墨烯、双层石墨烯和多层石墨烯;按被功能化形式,常见的有氧化石墨烯、氢化石墨烯、氟化石墨烯等;按外在形态,有片、膜、量子

点、纳米带或三维状等。

我国石墨资源储量丰富，又是石墨生产大国，但探明的大鳞片石墨资源并不多。我国石墨资源主要分布在内蒙古、黑龙江、湖南、山东、山西、吉林，其中内蒙古和黑龙江以晶质石墨为主，湖南则以隐晶质石墨为主。2013 年，我国天然石墨产量为 81 万吨，占全球产量的 68%，列各国之首，共有晶质石墨矿区 127 个，隐晶质石墨矿区 30 个。鳞片石墨最具工业价值。2015 年，我国天然鳞片石墨产量超过 70 万吨。我国石墨主要出口国家分别是美国、日本、韩国、德国等，每年出口量占世界各国总出口量的 80% 以上。这些初级石墨产品因为产能过剩，无序竞争，价格低廉，出口的石墨初级产品每吨价格不到 3 000 元，与此截然不同的是，进口的高附加值石墨产品每吨价格高达 50 多万元，价格相差 100 多倍。随着中国冶金、化工、机械、医疗器械、核能、汽车、航空航天等行业的快速发展，这些行业对石墨及碳素制品的需求不断增长。新兴领域将成为石墨市场新的增长点，预计到 2020 年，全球天然石墨的市场需求量将增加到 260 万吨，特别是天然大鳞片石墨的市场需求量将会大幅提升。

目前，石墨烯量产的制备方法主要为机械剥离法、外延生长法、氧化还原法、化学气相沉积法。其中，最有可能率先突破产业化瓶颈的是化学气相沉积法（CVD 法）。前三种的原材料均为石墨，CVD 法的原材料则为甲烷。由于制造成本相对较低，目前多采用机械剥离法和氧化还原法。此外，还可以通过碳纳米管切割法、石墨插层法、有机合成法、离子注入法、高温高压 HPHT 生长法、爆炸法等制备石墨烯。石墨烯原材料的规模化制备是构筑石墨烯产业链的基础，是石墨烯下游产品开发的动力，对石墨烯的产业化发展起着承上启下的作用。主流石墨烯制备方法的优缺点见表 7-3 所示：

表 7-3　主流石墨烯制备方法的优缺点

生产方法	产品尺寸	产品质量	成本	是否适合产业化	优点	缺点
微机械剥离法	中小尺寸	分子结构较为完整	低	不易量产	方法简单，质量高	仅限于实验室内研究，工业化量产困难
化学气相沉积法	大尺寸	结构完整，质量较好	高	大规模生产	制备效率很高，操作不是很困难	设备技术要求较高
外延生长法	大尺寸	薄片不易与 SiC 分离	高	小批量生产	质量高，晶粒尺寸可达几百微米	使用的基底材料昂贵，生长温度过高
氧化石墨还原法	大尺寸	分子结构较易被破坏	低	大规模生产	成本较低	石墨烯很可能有杂质原子

化学气相沉法和氧化石墨还原法较适合大规模生产。氧化还原法操作简单，具有放量制备前景，但所用原料存在一定毒性，会污染环境。若综合考虑生产出的石墨烯的质量，CVD 法是最优的选择，但设备成本太高。目前业内依然认为 CVD 法是产业化生产石墨烯薄膜最具潜力的方法。该方法相关的专利主要掌握在韩国三星公司、韩国成均馆大学和中国科学院手中，现阶段 CVD 法仍面临石墨烯层数可控性差的挑战。但是众多制备方法目

前仍不能满足产业化的要求。

从化学气相沉积法的研究看,目前美国在这一领域的研究力度位居第一;中国和韩国研究较多,较美国存在一定差距;其他国家在这一领域的研究有待加强。

从氧化石墨还原法的研究来看,目前中国处于绝对领先位置,远远高于其他国家的研究力度。美国和韩国位于第二梯队,氧化石墨还原法的研究力度相对较强;其他国家在这一领域的研究相对较弱。

从购买 CVD 法制备石墨烯设备的地区看,目前市场主要集中于欧洲和美国、印度、中国、日本、韩国和巴西,这从侧面呈现出这些地区对 CVD 法制备石墨烯的投入力度较大。

石墨烯的制备技术会影响到产业化的应用。石墨烯的各种顶尖性能只有在材料质量很高时才能体现,随着层数的增加和内部缺陷的累积,石墨烯诸多的优越性能都将降低。要真正实现石墨烯应用的产业化,体现出石墨烯替代其他材料的优越品质,必须在制备方法上寻求突破。只有适合工业化的石墨烯制法出现了,石墨烯产业化才能真正到来。

表 7-4 是石墨烯最有潜力的五个应用领域及其案例。

表 7-4   石墨烯最有潜力的五个应用领域及其案例

应用领域	原理	典型案例
储能材料	超大的比表面积使得石墨烯成为潜力巨大的储能材料,主要用于制造超级电容器、超级锂电池以及新型的锂电池负极材料	2013 年 12 月,韩国光州科学技术院研究出的新型石墨烯电池技术可将电动汽车的充电时间缩短至 16 秒;2015 年 6 月,三星研究团队发现利用石墨烯使锂电池容量增长近 1 倍的途径;此技术可用于智能手机和平板电脑,也应用在电动汽车中,使电动汽车一次充电可以行驶更远的距离
电子显示材料	当前主要的电子显示器件都由氧化铟锡材料(ITO)构成,这种材料主要源自稀土,价格高、易碎、且有毒;由于石墨烯材料的高透光率和可弯曲性,越来越多的厂商开始采用石墨烯、纳米银、碳纳米管等新兴材料来取代传统的氧化铟锡	2013 年中国科学院重庆绿色智能技术研究院成功制备出国内首片 15 英寸(38.1 厘米)的单层石墨烯;此前,韩国三星和成均馆大学也宣布制成了石墨烯可折叠式显示器
半导体材料	石墨烯是性能优异的半导体材料,有望取代硅材料;相比硅材料,石墨烯和碳纳米管的电子迁移率更高、尺寸更小,同时具备良好的导热性和载流子传导率,可以用于制作性能优良的微电子器件	2014 年 10 月,IBM 公司研制出首款由石墨烯圆片制成的集成电路,向开发石墨烯芯片前进了一步;这项突破可能预示着未来有望采用石墨烯圆片来替代硅晶片
新型应用材料	石墨烯带有大量含氧基团,功能化石墨烯,与树脂、高分子材料的结合力强,极其适合作补强材料或功能化材料,同时,石墨烯优异的电学、热学、力学、光学性能,使其迅速成为新一代涂料的焦点	2015 年 7 月,国内首条石墨烯导电油墨生产线在青岛高新区石墨烯科技创新园落成并投入使用;专家团队研发的搅拌设计使石墨烯等纳米材料能够均匀分散到浆料里,实现了产品的高质量和稳定性,可年产 30 吨石墨烯导电油墨及 2 000 吨功能涂料

续　表

应用领域	原　理	典型案例
生物医药材料	石墨烯良好的阻隔性能和生物相容性，可用于药物载体、生物诊断、荧光成像、生物监测等；石墨烯制成的生物传感器对生命分析领域的快速发展具有重要的现实意义	苏州纳米研究所研究了使用药用聚乙二醇包被荧光标签的纳米石墨烯片（NGS）在体内的作用，在荧光成像中，NGS 表现出了高肿瘤细胞摄取率

石墨烯在电子领域的卓越性能引起了 IT 巨头们的高度关注，为抢占技术的制高点，三星、IBM、诺基亚迅速在相关领域展开研究，并取得一些突破性进展。表 7-5 为三家公司的技术特点和相关成果。

表 7-5　三星、IBM 和诺基亚的技术特点和相关成果

公司	重点攻克方向	成　果
三星	积累大批石墨烯专利技术，专利遍布触摸柔性屏、曲面显示屏、石墨烯晶体管等领域	三星在数年前就开发出了新的石墨烯晶体管，通过结合硅和石墨烯，大幅提升了石墨烯晶体管的运算能力；2014 年 4 月，三星宣布发现一种突破性合成方法，可以将大面积石墨烯加工成半导体的单一晶体，仍旧能够保持电力和机械属性，这在全球范围内尚属首次，有助于可折叠显示屏、可穿戴设备和其他下一代电子设备的发展
IBM	专注石墨烯晶体管领域的研究	2014 年初，IBM 研究人员发现石墨烯材料能大幅降低蓝光 LED 成本，而这种技术有机会催生高频晶体管、光探测器、生物传感器以及其他"后硅时代"组件；为此，IBM 计划未来 5 年内投入 30 亿美元研究下一代芯片技术
诺基亚	专攻智能手机领域	诺基亚获得欧盟未来与新兴技术组织 13.5 亿美元的经费，用于石墨烯的相关研究；2013 年，诺基亚的科研人员将石墨烯应用于摄像领域，这一材质对光线的敏感度是普通摄像头的 1 000 倍。2015 年 6 月，诺基亚应用石墨烯氧化膜保护移动设备关键部位电池以防水

石墨烯产业链构成：上游主要为生产石墨烯所用的各种原料，如石墨、烃类物质等；中游主要为各类石墨烯产品，包括石墨烯薄膜、石墨烯粉体以及石墨烯浆料等；下游应用部分也已形成，依据目前石墨烯发展态势，石墨烯下游产业链将涵盖众多行业，主要包括半导体、柔性电子、传感器、能量存储与转换、复合材料、生物医药以及环保等。

Graphene Info 数据显示，全球石墨烯主要企业大部分聚集在亚太和欧美地区。美国相关企业的数量位居全球首位。英国、中国、加拿大、澳大利亚和西班牙紧随其后，企业数量远高于其他国家。

石墨烯材料刚刚兴起，但已呈现广阔的市场前景。目前石墨烯发展还处于初级阶段，虽然石墨烯行业的上中下游已经形成，但是尚未形成完整的产业链。2015 年 6 月，爱尔兰 Research and Markets 发布了《2015 年全球和中国石墨烯行业》市场调研报告，报告称，受到制备技术、不活跃下游需求、缺乏刚性支撑等因素的影响，目前石墨烯行业仍处于研究阶段。2014 年，电子、光电和数据存储领域对石墨烯的需求，占全球总需求的 31%，复合材料占 24%。石墨烯制造商的产能大幅提升，美国 XG Sciences、Angstron Materials 和 Vorbeck 已经或计划将其产能提升 20 倍。目前大多数石墨烯制造商致力于石墨烯纳米片

和氧化石墨烯的生产。

自 2010 年以来,世界石墨烯技术的发展突飞猛进。截至 2015 年 6 月底,世界石墨烯专利申请量累计已达 40 344 件,其中企业和学术机构拥有量占总量的 90% 以上,中国17 702件,中国、美国、韩国专利拥有量居世界前三位,韩国三星、成均馆大学和中国清华大学是石墨烯同族专利拥有量最多的单位。全球排名前 20 的申请人中有 9 人为中国申请人,江苏省专利申请量为 2 821 件,居全国首位。

全球石墨烯产业化处于起步阶段,各国目前都呈现加速布局、互相竞争的混战局面,石墨烯大型生产与研发企业集中在美国、欧盟和东亚的中国、日本、韩国等地。石墨烯制备领域以新创企业为主,粉末产品主要有美国的 XG Science 和 Vorbeck Materials,中国的常州第六元素、宁波墨西科技、东莞鸿纳等;薄膜产品有美国的 Blue Stone,韩国三星,中国的二维碳素、格菲电子、重庆墨希等。全球有近 300 家公司涉足石墨烯相关的研究和开发,其中包括 IBM、英特尔、晟碟、陶氏化学、通用、杜邦、施乐、三星、洛克希德·马丁、波音、诺基亚等科技巨头。

发达国家高度重视石墨烯对未来产业经济的支撑作用,在国家层面上对石墨烯的研发及商业化不遗余力。美国国家自然科学基金会关于石墨烯的资助达到 500 项,重点方向包括复合材料、电子器件、CMOS 晶体管、存储器件开发,生物传感器和石墨烯制备等方面;英国投入 5 000 万英镑支持石墨烯研发后,继续追加 2 150 万英镑资助石墨烯研究项目,以推进石墨烯商业化进程,并建立了有望成为世界领先的石墨烯研究和开发中心的国家石墨烯研究所(NGI);欧盟将石墨烯列为"未来新兴技术旗舰项目"之一,10 年时间内提供 10 亿欧元资助,并发布了科技路线图;2016 年 3 月 10 日,马来西亚发布 2020 国家石墨烯行动计划(NGAP 2020),届时将实现 360 个石墨烯新产品的商业化。

我国石墨烯研究和产业化进程整体接近国外先进水平,部分领域处于领先水平并掌握自主知识产权:①石墨烯粉体制备和应用研究水平与国外不相上下;②石墨烯薄膜量产线已建立,并积极开发触摸屏领域的应用,但在技术水平上,与三星等国外企业仍有差距;③在半导体领域的应用研究基本处于初级阶段,与国外差距巨大。我国石墨烯企业主要分布在江苏、浙江宁波、山东青岛、重庆、广东深圳等地,石墨烯薄膜和粉体制备初步实现量产,石墨烯基触摸屏、动力电池导电添加剂、防腐涂料、加热等领域的产品开始进入市场。同时,国内中国宝安、方大炭素、力合股份、中泰化学、华丽家族、烯碳新材、中超电缆等一批上市公司,以及赛富基金、经纬中国、悦达投资等一批风投机构积极投资布局石墨烯研发中试和产业化项目,推动石墨烯产业发展进程。

2. 常州石墨烯产业基础和发展现状

近年来,常州石墨烯产业发展迅速,在技术研发、企业集聚、产业化等方面取得一定成效。

1) 产业载体优势明显

① 以江南石墨烯产业研究院为平台,建成了集研发、创业孵化、企业培育、技术服务、投融资等于一体的石墨烯产业培育体系。目前,已建有 12 个重点实验室、1 个外籍院士工作站、1 个测试中心,打造了 13 支核心研发团队,引进石墨烯及碳材料相关企业 21 家。研究

院实行"技术研发＋创业孵化＋技术公共服务＋投融资"的运营模式,未来期望建成"研究院＋孵化区＋加速区＋产业区"的形态。

②成立了江苏省石墨烯产业技术创新战略联盟,推进产业联动发展。旨在集成江苏石墨烯研发机构、高等院校、石墨烯产业链相关企业的产学研合作资源,加强江苏石墨烯产业技术创新,提升江苏石墨烯产业的发展能力。

2）初步形成了石墨烯产业集群

常州市石墨烯企业数量在全国遥遥领先,特别是石墨烯原材料制备公司数量几乎占到全国总数的一半;石墨烯原材料制备企业代表——第六元素、二维碳素先后登陆新三板;集聚了石墨烯领域的人才团队 24 个,特别是从欧美引进了多名具有国际一流水平的石墨烯领军人才。已经初步形成了完整的石墨烯上下游产业链,其中有碳维等生产装备制造企业,第六、二维等原材料制备企业,乾元、烯旺、碳索等石墨烯下游应用企业,烯碳、众创等一批石墨烯科技服务企业,形成了较好的产业协同效应;特别是机械剥离法、CVD 法、氧化还原法这三种常用制备方法齐全,西太湖被业界公认为全国石墨烯原材料制备高地。

积极建设中的石墨烯科技产业园,依托江南石墨烯产业研究院,已建成 14 000 平方米的集科研(含百级净化、千级净化、万级净化区域)、办公为一体的综合性石墨烯研发基地。园区石墨烯应用产品多样、成果丰富,申请各项专利已突破 500 件,其中二维碳素用于智能电子终端的触控屏、发热膜已经产业化,全球首款应用石墨烯应变原理的 3D 触控解决方案正式发布;第六元素的重防腐涂料已通过工业和信息化部产品鉴定,正在逐步批量供货;烯旺科技全球首款石墨烯智能发热服发布,创下京东 2015 年穿戴设备众筹纪录,发热画等产品正在进行认证;中超石墨烯的高压电缆用石墨烯屏蔽料生产线已经投产;碳星科技石墨烯口罩生产线已完成;富烯科技智能电子产品石墨烯散热膜已产业化;乾元碳素石墨烯光伏支架首条生产线已试运行;碳宇纳米全球首款石墨烯蛋白质分离试剂和基因转染试剂小批量稳定供货;此外,石墨烯抗冲击涂料,输变电设备、LED 的石墨烯散热涂层,石墨烯锂电池正负极材料,石墨烯高性能电刷和受电弓滑板等产品正在研发中。截至 2016 年,常州在石墨烯领域取得的"全球第一"数量已经超过 10 个。

目前,常州市石墨烯领域相关单位的石墨烯专利申请总量达 180 件,其中发明专利 108件,占比 60％,已授权专利 103 件。现已成功转化形成高性能人工石墨膜、石墨烯电容式触摸屏、高比表面积石墨烯、石墨烯电缆、石墨烯涂料等 7 项石墨烯产品。由科技部批准的常州国家石墨烯新材料高新技术产业化基地正式落户西太湖,系全国首家也是目前唯一一家;江南石墨烯研究院是全国钢标准化技术委员会炭素材料分技术委员会薄层石墨材料工作组承担单位(秘书组)、科技部科技服务业行业试点单位、江苏省先进碳材料研发及孵化平台、江苏省石墨烯产业知识产权联盟秘书处单位、江苏省石墨烯产业技术创新战略联盟秘书处单位,入选江苏省产业技术研究院石墨烯材料研究所。

3）加大政策扶持力度

常州市、武进区和西太湖科技产业园都十分重视石墨烯等先进碳材料产业的发展,市委、市政府把碳材料产业作为重点支持的十大产业链之一;武进区把先进碳材料作为武进科技创新的头号工程,在 2014 年 5 月 13 日专门出台《加快先进碳材料产业发展的若干政策》。《武进区支持先进碳材料产业集聚和发展的若干意见》对于石墨烯等先进碳材料企业在技术研发、平台建设、人才引进、会议活动、标准制定、应用示范、宣传推广、融资担保等各方面都提供了最大的支持。常州石墨烯产业 SWOT 分析及战略选择见表 7-6 所示:

表 7-6 常州石墨烯产业 SWOT 分析及战略选择表

内部因素(S·W)	外部环境(O·T)	
	机会(O)	威胁(T)
内部因素(S·W)	1. 各国高度关注石墨烯产业发展 2. 国家大力发展战略性新兴产业,要求形成石墨烯产业链	1. 世界经济发展面临诸多不确定性因素,与石墨烯相关的技术属于高技术、高风险行业 2. 跨国公司对石墨烯产业相关技术、设备的封锁和垄断 3. 不同地区对石墨烯产业的重视带来大型项目、科研院所引进的难度增加
优势(S)	优势机会策略(S·O)	优势威胁策略(S·T)
1. 常州市具有优良的石墨烯产业基础和投资环境,平台基础好,有全国最大的专业性石墨烯科技产业园 2. 已有的先进技术如石墨散热膜产品、手机用电容式石墨烯触摸屏产品等实现了规模生产 3. 常州市在装备制造、电子器件、高分子材料、光伏等领域为石墨烯产业发展提供巨大的下游应用市场空间	1. 依托常州现有产业基础,启动石墨烯发展示范工程 2. 启动石墨烯重大项目、龙头牵引型企业的带动效应,集成研发、制造、推销一体化的产业链 3. 建设军民结合为特色的石墨烯产业示范项目,带动提升石墨烯产业军民融合水平	1. 发挥石墨烯战略联盟资源充足、技术全面的优点,攻关突破石墨烯产业的一些关键技术 2. 突出石墨烯产业优势技术,制定科学合理的产业定位与发展布局
劣势(W)	劣势机会策略(W·O)	劣势威胁策略(W·T)
1. 常州市石墨烯一流团队缺乏,科教资源薄弱,技术人才储备弱 2. 外部竞争大(目前全国从事石墨烯的企业有 200 家,形成产销的仅 50 家,有一定规模的企业 10 家);与国际交流合作不多(尖端技术在美国) 3. 石墨烯的下游应用领域不够宽	1. 在其他行业或领域进行探索、切入、渗透,把握机会 2. 完善公共技术与交流服务平台 3. 搭建投融资平台,对石墨烯产业发展关键环节给予资金支持	1. 发挥自身优势,形成石墨烯产业关键技术优势 2. 产品投入多元化,增加自身全方位竞争力 3. 引进关键技术人才,稳固升级现有技术

3. 常州石墨烯产业平台发展分析

2011 年,常州市委、市政府通过成立江南石墨烯研究院这一石墨烯领域的集科技创新和产业培育功能于一体的平台,并同期启动常州市石墨烯科技产业园建设,使常州在石墨烯产业的竞争中赢得发展先机,为常州的转型升级增强原动力。以江南石墨烯产业研究院为平台,建成了集研发、创业孵化、企业培育、技术服务、投融资等于一体的石墨烯产业培育体系。目前,已建有 12 个重点实验室,1 个测试中心,打造了 15 支核心研发团队,实行"技术研发＋创业孵化＋技术公共服务＋投融资"的运营模式。

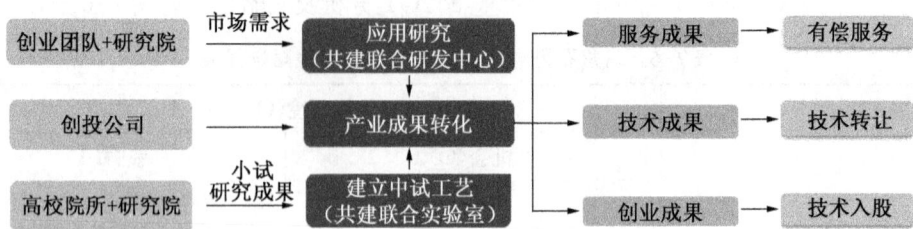

图 7-1　江南石墨烯产业研究院运营模式

目前,研究院的创新资源包括:现有员工 88 人,先后从国内外引进了 15 个团队,特别是从欧美引进了彭鹏、瞿研、暴宁钟、董国材、刘遵峰等多名石墨烯领域的具有国际一流水平的领军人才;已建成 14 000 平方米的综合性研发基地(含百级、千级、万级净化),另有 20 000 平方米的新增研发和办公场地正在建设中;围绕石墨烯薄膜制备、粉体制备、生物试剂、装备、复合材料、储能材料等领域,建有 12 个专业实验室和 1 个分析测试中心,购置了场发射扫描电镜、扫描隧道显微镜、原子力显微镜、拉曼光谱仪、激光热导仪、元素分析仪等仪器设备 160 多台(套),原值 2 000 多万元,是江苏省大仪网一站式公共服务平台;2015 年,提供检测服务 1 万多批次,并呈逐年大幅增长。经过四年多的发展,研究院成立至今,累计争取省级以上经费近 3 000 万元,申请专利 44 项。形成石墨烯透明导电薄膜、石墨烯功能涂层、石墨烯散热膜、石墨烯电热膜、石墨烯吸附材料等 10 多项成果,孵化培育企业 18 家。累计发表论文超过 10 篇,其中,刘遵峰博士在 *Science* 发表 1 篇(国内第二通讯单位)。

常州市装备制造、新能源、新材料、电子信息、生物技术及医药等五大主导产业迅猛发展,已经成为推动全市工业经济发展的重要引擎。常州市积极推进"三车四新三智能"十大产业链建设,即轨道交通、汽车及零部件、农机和工程机械、太阳能光伏、碳材料、新医药、新光源、通用航空、智能电网、智能数控和机器人等产业链,加快战略性新兴产业发展。同时,常州市还是"国家火炬计划新材料产业基地""国家级新型涂料特色产业基地"和"江苏省特种新材料高新技术产业基地",在涂料、反光材料、高端装备、光伏太阳能等众多工业领域处于中国市场乃至世界市场的领先地位,为石墨烯下游应用开拓奠定了良好的发展基础。

常州市处于国内外领先的产业/产品领域见表 7-7 所示:

表 7-7　常州市处于国内外领先的产业/产品领域

领域	规模
涂料	总产量占全国的 10 %,新型涂料占全国的 20 %
装载机	销量占全国的 5 %
挖掘机	销量占全国的 10 %

续　表

领域	规　模
光伏电池组件	产能超过 4.5 GW
农业机械	产能占全国的 15 %,其中单缸柴油机和 25～40 马力轮式拖拉机国内市场占有率第一
牵引传动系统	在城市轨道交通中占有 45 %的市场份额
精密高档电声器件	销量世界第一
变压器	产量约占全国的 10 %
锻钢冷轧辊	产量亚洲第一
冶金成套设备	设计制造能力全国第三

　　常州石墨烯产业的发展具有巨大的发展和上升空间,而发展石墨烯产业要以市场为导向、政府为推动力,全面促进产学研结合,推进常州石墨烯产业化进程。成立混合所有制股份有限公司(江南石墨烯科技产业发展公司)作为常州石墨烯产业发展主体,成为政府引导下集创新型企业、科研院校、投融资机构为一体的合作平台。在江南石墨烯科技产业发展公司的框架下,开展项目招商评审、园区规划、市场拓展和信息化服务系统的例行工作;并引进创业投资管理公司等相关投资公司用于支持石墨烯研究院的科技创新与成果转化,培育孵化学科型公司,同时也积极吸引社会上众多金融服务机构,按市场化的运作方式吸收社会资金,构建促进技术成长和创业的风险资金平台,促进创新技术成果向市场化商品的转化,并根据引进项目孵化企业。同时,依靠孵化出的平台公司的股权反馈、科技项目管理费等实现运行自供给循环,构建完善的科技运行金融体系。打造集研发创新、创业孵化、产业培育于一体,展示交易、科技中介、科技金融等综合配套服务于一域的科技产业综合体,促进常州石墨烯产业化水平的提高,同时也服务于常州地方经济的发展与建设。

　　江南石墨烯科技产业发展股份有限公司的组织架构见图 7-2 所示:

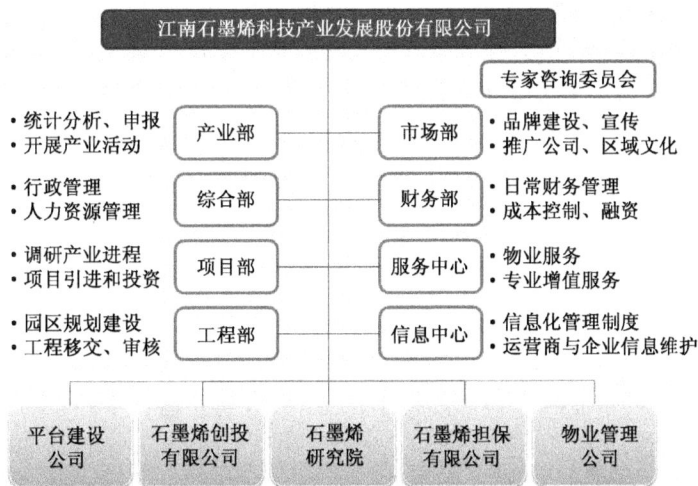

图 7-2　江南石墨烯科技产业发展股份有限公司组织架构示意图

171

按照"夯实、做优"的发展思路，以江南石墨烯科技产业发展股份有限公司为运营主体，以江南石墨烯研究院为创新支撑开展平台建设服务。同时，进一步优化完善江南石墨烯研究院和常州石墨烯科技产业园管理服务流程，积极构建"创业苗圃－孵化器－加速器－产业园"创新载体体系，为创业企业提供从"种子"到"大树"的发展空间，促进产业链上下游企业的资源共享和优势互补，完善多方协作、互利共赢的融合发展模式。另一方面，围绕石墨烯产业创新创业链条，健全产业专业服务平台和公共服务平台。发挥政府的资源统筹能力和服务功能，为产业园企业和科研机构提供基础性服务，包括知识产权服务平台、人才服务平台、品牌建设与推广平台等；发挥科研机构和大企业的平台功能，搭建公共技术平台；完善应用推广示范平台、长三角区域协同发展、国际交流合作平台等。

1）建设石墨烯原创技术平台

完善石墨烯研究院现有的12个重点实验室，并支持常州二维碳素等骨干企业联合中海油涂料研究院、北化工常州材料研究院等石墨烯下游产业领域相关单位加快共性实验室建设，推进共性技术研发；吸引中科院、清华大学、航天科工集团等科研单位在常州设立石墨烯技术研发平台，共同对产业发展公司的创新资源提供支撑。在政府的引导下重点推进石墨烯新材料分析测试中心的建设，开展面向石墨烯及相关领域的分析测试服务，完善公共检验检测服务平台、知识产权与运营平台、人才服务平台、标准服务平台。同时，加快公共信息网络平台建设，开展专利导航石墨烯产业发展路线探索，提供专利查询、文献下载、会议会务服务、产学研合作等全方位的服务。适时提升江南石墨烯研究院平台层次，积极申报国家工程技术研究中心。

以产业发展公司为核心，以促进企业的创新需求与科研院所的供给对接为出发点，完善产学研合作。积极面向行业企业、学术科研机构展开产学研需求和供给调研，明确对接方向。一年一次或者一年多次，组织产学研合作对接大会，积极开展有特色的项目招商工作，促进特色科研成果的转化，建设石墨烯相关重点产业的示范性项目。同时，重点针对三类创新创业人才及团队开展招引工作：一是产业组织者，吸引、联合石墨烯领域产业组织者对常州市创业人才、企业进行引导和扶持；二是从事产业技术研发、前沿研究，拥有国际先进水平发展专利或自主知识产权成果，具备突破重大技术、学术问题的创新能力或成果转化能力的创新团队；三是带技术、带项目、带资金，有望突破核心技术、引领产业发展，产生显著经济和社会效益的创业团队。通过全球化招商引智，高端链接全球资源，进一步扩大常州石墨烯产业发展的技术领先优势。

2）建设石墨烯国际交流合作平台

围绕石墨烯及其下游应用产业领域进行国际技术引进、消化、创新并实现原创技术产业化转移与创新企业孵化，追踪石墨烯领域的科技成果转移转化动态，为国际先进技术落地转化创造条件，实现企业需求与国际技术供给对接，建立适合常州市石墨烯产业发展的国际交流与合作中心。

中心将与美国、以色列、意大利、德国、西班牙、韩国等海外科研机构和企业，建立组建双边合作委员会，通过"走出去＋引进来"的战略思想聚集创新资源。通过引进项目，开展有针对性的投融资服务以及技术转让、代理、咨询和相关商业服务;积极鼓励中外企业进行技术创新、股权并购等合作,为项目及企业孵化提供更多资源配置;通过优惠人才政策吸收海外高端人才,积极引进并大力支持外籍院士工作站、诺贝尔奖得主工作站等创新平台建设;开展双边论坛、高峰会议、创新大会和大赛等,提升国际声誉,树立国际石墨烯创新标杆地位,吸引更多国际人才团队和项目入驻,推动常州乃至全国石墨烯产业化建设。图 7-3 是常州西太湖石墨烯产业发展组织架构,图 7-4 是国际石墨烯交流与合作中心架构。

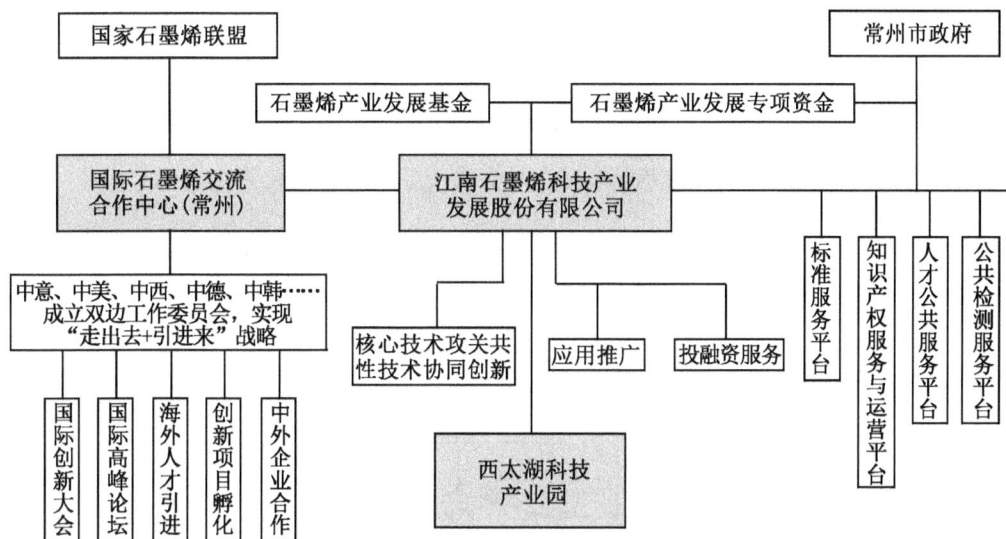

图 7-3 常州西太湖石墨烯产业发展组织架构图

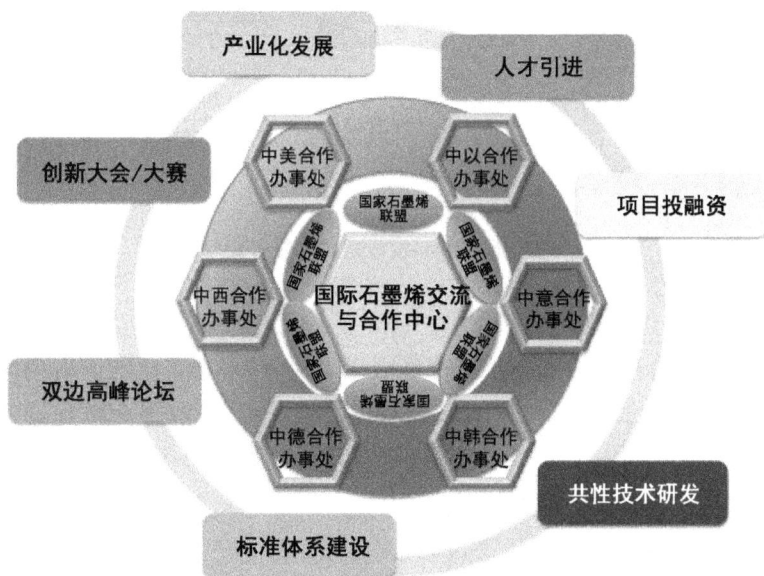

图 7-4 国际石墨烯交流与合作中心架构图

3）完善科技服务平台

依托中国石墨烯产业技术创新战略联盟已有的技术交易平台和常州石墨烯科技产业园区内丰富的项目资源,打造全方位的石墨烯技术成果转化平台:首先,可以对长三角地区高校、科研院所以及江南石墨烯研究院的研发成果进行推广,通过专家的筛选、评估,选择具有市场前景的项目,邀请具有投资能力的企业合作,做好项目对接,促成企业对项目进行股权投资,推动技术创新平台的高科技成果通过江南石墨烯研究院向园区内高新企业转移。其次,每年由中国石墨烯产业技术创新战略联盟专家咨询委员会联合江南石墨烯研究院根据常州市石墨烯产业发展及技术需求,对国家863石墨烯科技成果进行梳理及筛选,形成常州市石墨烯产业发展重点转化成果目录及建议,再根据建议积极组织项目对接,促成项目落户。最后,通过定期对入驻常州西太湖科技产业园区的企业进行技术需求调查,让研究机构的研究方向与市场需求有机结合,促使科技成果尽早转化为生产力。

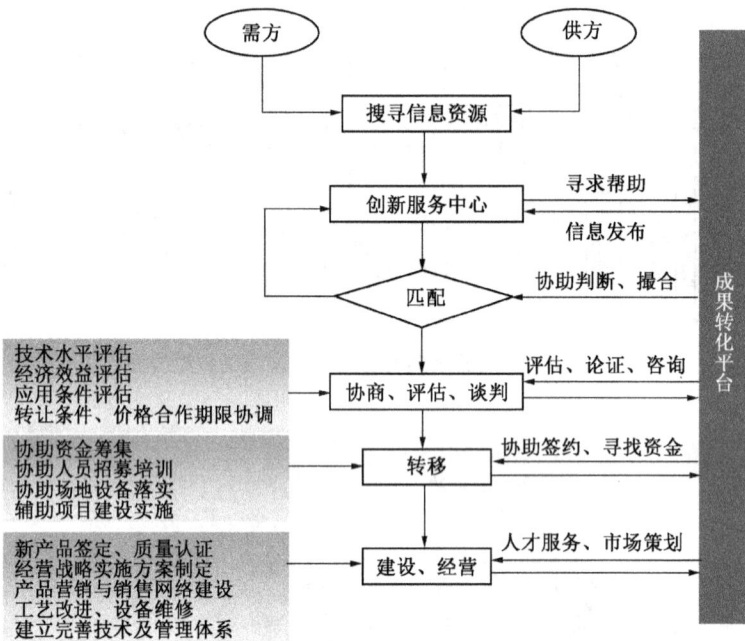

图7-5　石墨烯科技成果转化服务流程图

4）打造石墨烯产业创业支撑平台

依托常州西太湖科技产业园与国家石墨烯联盟的合作,打造以江南石墨烯研究院为核心的石墨烯产业创业支撑平台,打造国家级石墨烯企业孵化器,强化孵化器招商、孵化、早期投资功能,为石墨烯科技企业创新孵化提供支持。建设信息服务中心,实现技术创新与应用创新的信息共享和投融资服务的完善。

5）打造石墨烯应用示范及展示平台

依托于江南石墨烯研究院,将科研成果向应用成果转化,积极开展应用推广,努力打造西太湖科技产业园区内多领域石墨烯新材料的应用示范平台,推进传统制造业技术创新升级，展示前沿技术、科研成果、标准专利、核心产品、应用示范等内容，为公众、企业、机构、政府等全面系统地展示石墨烯技术和产品，宣传西太湖科技产业园石墨烯产业发展成就，推介区域内石墨烯企业和成果，促成技术交易，吸引更多创新型企业加入园区，推动石墨烯产业万众创新创业。在新能源、复合材料、电子信息材料等若干领域率先打造应用示范平台，促进科技成果真正向商品市场迈进，并将产业化成果以生活展览馆的形式面向大众，建设相应的应用示范展示平台，提升人们对石墨烯终端应用产品的认知和认同。

6）共同促进长三角区域协同发展平台

依托长三角发展的区位优势，建设"长三角石墨烯产业发展走廊"，各司其职，实现石墨烯技术、业态、商业模式协同发展的局面（图7-6）。

常州主攻产业化建设，打造项目投融资、企业孵化平台，建设国际交流合作中心。常州利用其原材料生产制备以及终端产品应用研究的资源优势，开展如下工作：①依托江南石墨烯研究院开展研发、公共检测平台建设；②推进石墨烯粉体、薄膜原材料生产企业制备技术创新，并开展应用技术研究；③推动项目投融资建设、企业孵化，技术成果转化，推动石墨烯产业化。

上海作为科技创新中心和人才高地，将对石墨烯共性技术的基础研究，终端应用的开发探索以及石墨烯技术交易平台的建设起到支撑作用。上海有如上海交通大学、复旦大学、同济大学以及中科院硅酸盐研究所、微系统所等科研院校，对于石墨烯制备方法以及应用技术研究都能起到良好的推动作用，通过区域合作，以科研成果项目的方式引进入园区，通过与西太湖产业园区内企业技术对接，进行成果转化，促进石墨烯终端产品实现市场化。并且依托上海的区位优势以及完善的信息交流平台，以需求端为着眼点，开展石墨烯技术交易，打破技术孤岛现象，实现共同发展。

上海利用其创新资源优势开展如下工作：①依托上海高校、科研院所的基础研究和人才优势，开展石墨烯粉体、薄膜制备技术的创新；②推动石墨烯与下游终端应用领域的对接，开展应用端的中试；③完善公共检测检验以及标准化体系建设等。

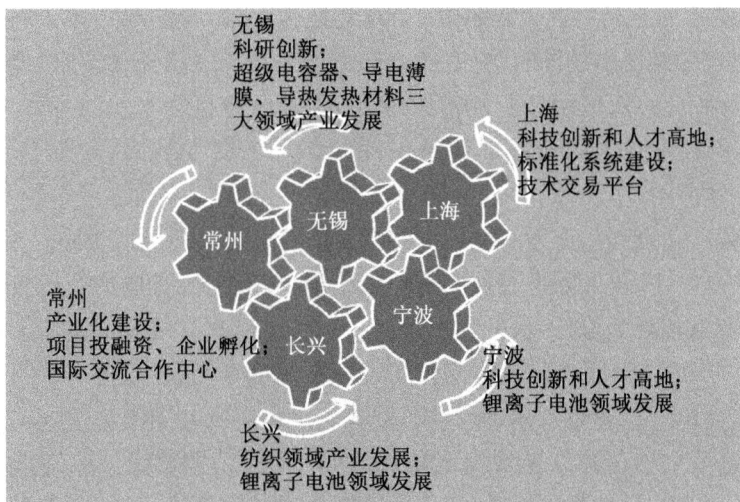

图7-6　长三角地区石墨烯产业协同发展

宁波作为科技创新中心,中国科学院宁波材料技术与工程研究所作为研究石墨烯的主要场所,涵盖多名石墨烯和锂离子电池方面的专家,也将对石墨烯共性技术的基础研究,终端应用的开发探索以及石墨烯技术交易平台的建设起到支撑作用。宁波 2014 年发布的《宁波市石墨烯技术创新与产业中长期发展规划(2014—2023)》,目标是在 10 年内将石墨烯产业打造成为具有千亿级产值规模的宁波优势与特色产业。

宁波利用其创新资源优势开展如下工作:①依托中科院等科研院所的基础研究和人才优势,开展石墨烯锂离子电池方面的创新研究;②推动石墨烯与下游终端应用领域的对接,开展应用端的中试;③推进石墨烯在锂离子电池领域生产企业制备技术创新,并开展应用技术研究。

浙江长兴县工业基础雄厚,其中新型电池、现代纺织、特色机电三大产业规模以上工业产值占比达到 73.9%,在电池领域有超威、天能两大龙头企业;在纺织领域,拥有织造、染整一条龙生产线;在建材领域,有国内最大的旗滨玻璃生产线。长兴利用其原有产业优势开展如下工作:①推进石墨烯在锂离子电池领域生产企业制备技术创新,并开展应用技术研究;②推进石墨烯在纺织领域生产企业制备技术创新,并开展应用技术研究。

无锡拥有 2015 年第一批国家火炬特色产业基地——国家火炬无锡惠山石墨烯新材料特色产业基地,当地发展石墨烯构架为"一区二中心"。"一区"即"无锡石墨烯产业发展示范区";"二中心"分别为"无锡石墨烯技术及应用研发中心"和"江苏省石墨烯质量监督检验中心"。示范区已形成三大应用领域:石墨烯超级电容器研发应用领域、石墨烯导电薄膜领域、石墨烯导热发热材料应用领域。无锡利用其产业集聚及示范区优势开展如下工作:①依托目前与研发团队的合作,继续开展研发工作;②推动石墨烯三大示范区领域与下游终端应用领域的对接,开展应用端的中试;③推动三大领域项目投融资建设、企业孵化,技术成果转化,推动石墨烯产业化。

7) 构建石墨烯产业创新生态系统

着力构建基于国家新材料发展战略、市场化运作思维、各参与主体协同推进的产业链生态圈,在促进产业链完善的同时,针对产业链各重要环节紧缺资源要素,加强政府、高校、研发机构、材料制备企业、应用企业、风创投公司、中介服务机构等相关主体间的沟通协调,促进产业链条和产业园区向着一个比较良性的循环方向发展,从而提升园区产业集聚能力。

常州石墨烯产业创新生态系统的发展包括协同管理、协同开发、协同营销(图 7-7)。第一,协同管理。从 2015 年开始进行协同管理,重点在于强化所有成员企业实时化并持续发展。各企业开始互相观摩,每一次的学习活动成果和实际改善绩效都是作为持续成为创新生态系统企业的考验,确保成员在协同合作过程中持续努力、寻求进步。第二,协同开发。在协同研发的运作部分,各自带领创新生态系统的企业进行共同项目研发。协同开发的进行是鼓励各企业主动参与并节省项目开发的时间。第三,协同营销。从 2015 年开始进行协同营销,从制造生产端延伸至顾客端,建立全球销售通路等策略,进行紧密且高效率的供应服务体系运作。每年在常州开的石墨烯会展、论坛都展现创新生态系统的形象品牌,代表

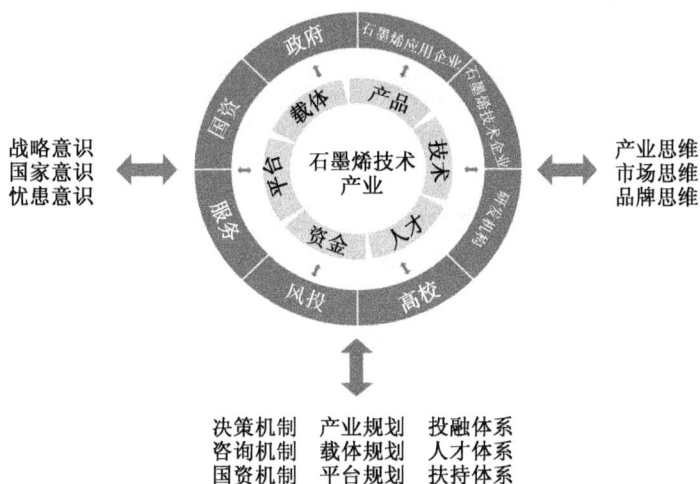

图 7-7　常州石墨烯产业创新生态系统示意图

的是一种协同合作的精神，目的为提升国内外形象；而国际企业陆续加入创新生态系统，同时提升了创新生态系统成员在国际的形象。

以 Hatchuel & Weil(2003)提出的 C-K Theory 分析产业平台的形成，根据常州石墨烯产业创新生态系统，整理产业平台形成过程的主要特性，如表 7-8 所示：

表 7-8　产业平台形成过程的主要特性

项目	内容
目标	主要企业做出低成本和差异化的高级产品市场
投入	产品标准化特性、产业主要供应链上、中、下游企业
新能力	1. 生产流程运作 2. 专业领域的模块开发 3. 自有品牌的营销 4. 制造业服务化
阶段	1. 领导企业进行会谈，找寻未来的产业方向，与其他企业建立共同愿景 2. 竞争企业互相交流与合作 3. 国际形象与知名度
协调	1. 在合作过程中建立共识和愿景 2. 领导企业在合作过程，以绩效和配合度挑选合适的企业加入 3. 一年一次或多次的会议增加和凝聚成员之间的互动
资源	1. 内部资源：领导企业、零件企业专业模块化的分工 2. 外部资源：政府、发展中心、研究机构、会员
产出	1. 产业平台：使常州成为石墨烯的创新价值研发基地 2. 核心：架构式创新、模块化、生产流程管理 3. 网络：领导企业、供应链企业、国外企业、政府、研究机构 4. 价值：缩短生产流程、带动产业朝快速上市且高品质的新市场发展，以信任为基础的紧密伙伴关系

7.4 研究发现与命题发展

7.4.1 产业平台形成关键时机

依据 Porter(1980)的观点,产业的演进历经四个阶段,包括导入期、成长期、成熟期与衰退期。在商业生态系统的观点下,石墨烯产业的建立具有一定的影响,同时产生不同平台形式的转变。石墨烯产业由于产业上、中、下游分工的特质,产业的升级或转型并非单一企业的议题,往往涉及产业分工价值链整体的升级与转变,在危机意识和土地认同的观点下,领导企业掌握渠道的品牌优势使供货商愿意扎根本地,在共同的目标与理念和环境高度不确定性的情况下,仅能考虑提升企业的体质往中高级市场进行发展。根据上述实证内容,本研究提出命题1:

命题1 产业生命周期位于初创转换至成熟时期,面对未来高度不确定危机且高成长潜力市场,企业形成共同愿景时,则产业平台形成与发展的可能性愈高。

7.4.2 企业特质

第六元素的董事长在建立自有品牌之后,即不断推动产品的标准化,还不厌其烦亲自到协同企业的工厂内进行沟通,共同找出方法,同时建立生产、检测标准,并且在运作过程中兼顾各方利益、进行沟通协调,带动了产业的方向和发展。根据上述实证内容,提出命题2:

命题2 领导企业的规模愈大、接近顾客的程度愈高,影响产业平台形成与发展的可能性愈高。

7.4.3 网络关系

石墨烯产业供应链上下游的部分,企业网络的发展随着产业结构的转变而有所变化,从生产阶段企业单独作业的竞争关系,转变为供应链平台运作下多家企业形成供应链的完整性,企业之间相互熟识,易于从事非交易性依赖的合作。第六元素等为产业的领导者,产业模块化的特性,使得网络关系为强连接的程度,信任程度的增加使得企业在共同的理念下,组成一个犹如生命共同体的网络形态,形成伙伴的关系;至于连接密度的部分,由外部的资源进行商业生态系统的更新,取得国外赞助企业的支持成为会员,网络内成员连接广泛的程度高,创造了产品面之外的附加价值,由体验营造,将产业制造延伸到服务面的发展,在内部供应链企业的合作与外部资源的辅导下,产生共创的关系。因此,提出命题3:

命题3 企业通过与其他供应链企业的互动与交流,维持彼此间的关系与情感,并取得信任,借着网络关系分享产业的技术及相关信息,有助于加强整体产业的发展。

7.4.4 知识形成

由于产品的标准化与供应链上、中、下游的完整性,产生模块化、专业化的运作模式,面对市场的不确定性,模块化的特性使得整个产业在同时追求低成本与差异化的策略方向下,由于企业交流与互动的运作模式,原本分散的资源和能力能够有效整合,通过企业间的协同合作,由新资源以利于产品技术的快速提升,快速响应市场的需求。因此,产业平台的形成能够加速产业朝新市场进行发展,使企业有能力更快满足高级市场的需求,促使产业的升级与转型。因此,提出命题4:

命题4　知识转移是企业初期开发能力建立的主要来源。

7.5　结论与建议

1. 位于初创转换至成熟时期的产业为产业平台形成的关键时机

产业在成熟期的发展下,由于市场需求逐渐饱和,成长趋缓,为维持获利水准,企业间逐渐朝向价格竞争战,陷入低价、低毛利的“红海市场”中,各家企业通过扩张生产以达到规模经济,降低生产成本,但缺乏差异性使得多数企业难以摆脱现有的困境,而导致产业朝衰退期发展。产业平台的形成通过供应链的垂直与水平合作,由密切的互动产生信任,能够改善供应链运作,并且在模块化的特性下产生创新,同时具有降低成本和发展差异化的能力,促使产业转型,持续成长。

2. 共同愿景是促成产业平台形成的重要条件

石墨烯产业结构的历史发展影响平台的形成与演进,在时空环境的影响下,网络关系发展为与配合度高、具有共同理念的合作伙伴共同渡过危机、共同创造价值,尤其是石墨烯产业业者大部分为中小型企业,缺乏资金和资源以发展竞争能力,在危机意识与外在环境不确定的情况下,企业成为命运共同体,即使是互为竞争者的企业也必须共同合作,以协助产业持续发展。

3. 企业重要人员的互动有助于企业之间的整合

除了商场上的互动之外,企业之间联谊性质的非正式组织对于人员、企业的交流和合作具有正向的影响力,通过会议、沙龙等联谊活动能够促进信息的分享和增加企业彼此的信任,提升企业合作和整合的可能性。

4. 企业的规模和自有品牌的建立能够主导产业平台的形成与发展

产业的领导企业具备平台创造者的条件,领导企业能够辨识潜在平台,将潜在平台转变为产业平台。而平台形成后,企业间竞争与合作的发展亦受到领导企业的影响,领导企业具有品牌的优势,其策略和做法会影响零件厂策略的方向、合作的程度和能力的发展,进而影响整个平台的运作发展。

不论何种产业,最重要的是整合,包括资源和信息的整合,企业之间的交流、知识和信息的分享扮演重要的角色,单打独斗的企业由于资源和资金有限,无法快速成长,企业应与其他企业合作,以追求共同利益、共同承担风险为合作目标,产生价值的创造;且平台之间的连接非常重要,不能只是封闭式的平台,要能和其他平台连接,朝国际化发展,才能提升石墨烯产业的竞争力。

第 8 章

知识创新生态系统与超优势竞争：以智能手机业为例

Chandler(1962)认为策略是决定企业的长期目标及达成目标所需采用的行动方针和资源分配。Ohmae(1983)认为策略是竞争优势，策略规划的目的是让企业能够有效率地获得超越竞争对手的持续性优势。Porter(1996)说策略就是一种取舍。然而，通过取舍与定位，寻找长期的竞争优势，真的是不变的原则？20世纪90年代开始，市场边界开始模糊，产品生命周期逐渐变短，产业环境变动越来越快，技术、产品不断更新，通过建立优势来防堵竞争者进入市场变得越来越困难。如果一味地想维持现有的竞争优势，可能会让企业忽略发展新优势的重要性，同时竞争优势会随着时间而逐渐耗损。

在高竞争年代，持续性的竞争优势是否存在？如果存在，是建立在什么基础上，如果不存在，那又如何应对呢？智能手机业可能是一个案例，因为它可能是目前发展速度最快、竞争最激烈的一个产业。本书将针对超优势竞争时代的持续性竞争优势问题进行文献分析，并以全球智能手机业作为实例进行探讨。超优势竞争(hyper-competition)是由 D'Aveni(1994)所提出的概念，认为持续性竞争优势的策略，在一个变化快速的环境中是不存在的，Porter(1996)理论只适用于变动缓慢的产业。要取得长期的成功，需要的是一种动态的策略，不断去创造、毁灭，并重建短期的竞争优势。Porter(1996)针对他的竞争策略不够动态的批评，回应认为运营效益不等于策略，企业间竞争可以是运营效益的竞争，若大部分企业都采用这样做法，朝同样的方向竞争，所有的产品就会大同小异，会进入 D'Aveni(1994)的超优势竞争的状态。但企业还有另外的选择，就是策略竞争，也就是朝不同的目标前进，去创造独特的价值，可以避免超优势竞争，同时有机会建立持续性的竞争优势。

通过案例研究以下问题：第一，智能手机产业中主要企业的知识竞争优势是什么？第二，不同类型的企业是否有其相对应合适的知识竞争优势？第三，什么样的知识竞争优势，才可以在超优势竞争的环境下持续有效？案例分析以智能手机业的一些实际案例进行研究，最后提出针对超优势竞争时代的持续性竞争优势的结论与建议。

8.1　文献探讨

1. Porter 的持续性竞争优势

20世纪80年代，Porter 以产业经济学的实证研究为基础，发展出五力分析的模型及竞争优势的概念。Porter(1979)希望企业决策者通过竞争五力的分析，为企业在产业中找到一个最能抵抗或影响这些力量的定位，而定位才是 Porter 整个竞争优势概念的基础。在五力分析的模型中，Porter 认为在产业的竞赛中，除了同业竞争外，还会受到另外四种力量所影响：供应商的议价能力、购买者的议价能力、新进入者的威胁、替代品的威胁。企业决策者必须针对上述五种力量如何影响产业中的竞争态势进行分析，知道这些竞争压力的深层作用力，同时找出企业在对抗这几个力量时的优势与弱势，以完成如下的行动方案，形成企业策略。这些行动方案包括：

1）根据企业现有能力，找到最能对抗竞争五力的企业定位。

2）通过策略性的行动，改变五力的均衡状态，将企业往所要定位的方向移动。

3）预测五力的变化及对产业的影响，比对手提前做出反应。

4）分析未来的威胁与机会，适时扩大经营与竞争的范畴。

在面对竞争五力的作用时，有三种一般性策略相当成功，可以超越产业内其他企业：

①整体成本领先地位，通过一套功能性政策来达成整体成本领先地位的目标。②差异化，创造整个产业都视为独一无二的产品。③集中化，专注于特定客户群、产品线或者地域市场。一般来说，当策略目标是属于整个产业的时候，可以采用差异化，或者是成本领先的策略，但是如果想要两者兼具，就容易出现不上不下、卡在中间的情形，而卡在中间的企业通常获利较差。但是如果采取专注于特定目标的策略时，与那些竞争范围较广的对手相比，因为要满足特定目标的需求，得以建立差异性；或者因为客户需求的一致，得以降低成本；在特定情况下，可以达到两者兼得的目标。

五力分析提供了一个架构，让我们了解产业内对策略发展具有影响的几种作用力，然而产业结构会变，而且影响深远，所以产业演化对策略的制定非常重要。因此，如果能了解产业的演化过程，并预测这些变化，进而成为第一个采取最佳策略的企业，往往就能获得最大的利益，由此提到了产品生命周期这个工具。引用 Polli & Cook(1969)所定义的四个产品生命周期的阶段，以说明产品生命周期如何影响策略和竞争绩效的概念。这四个阶段包括：①导入期指的是一种新商品被引进市场的阶段。②成长期系获利最多的阶段，在此阶段中消费者的需求增加，商品销售量成长，而且会引来众多竞争者加入市场。③成熟期的商品大量生产，并日趋标准化，市场需求趋于饱和，销售增长速度缓慢，竞争加剧。④衰退期里商品进入了淘汰阶段，企业逐步退出市场。Porter 提到了产业在走过上述的产品生命周期时，竞争的本质就会发生改变。一些简单而常见的变化，说明产业如何在生命周期的历程中改变，以及他们如何影响策略的制定。然而 Porter 也提到了使用产品生命周期理论的一些问题，例如无法知道周期的长短、有时可能跳过某些周期、企业可以通过创新设法延长产品生命周期等，因此 Porter 特别强调需要检视产业演化底下的真正驱动力在哪里。

产品生命周期如何影响策略和绩效表现见表 8-1 所示：

表 8-1　产品生命周期如何影响策略和绩效表现

	导入期	成长期	成熟期	衰退期
客户及客户行为	高收入者 说服客户使用新产品	客户群扩大 客户能接受品质参差不齐	大量的市场 重复购买 选择品牌	成熟的客户
产品及产品变化	产品的设计和开发是关键 产品没有标准 质量低劣	产品在技术面及功能面表现出差异 产品不断改变 质量佳	产品标准化，差异变少 质量一流	产品极少差异化 质量时有瑕疵
市场与营销	密集广告和销售战 优惠价格策略 营销费用高	非技术性产品讲究广告和配销	市场区别化 致力延长产品生命周期 包装更新重要 广告白热化	
制造及销售	产能过剩 生产成本高 渠道专门化	产能不足 转向大量生产 大众渠道	产能有时过剩 工艺长，技巧稳定 大众渠道	
竞争与风险	没几家公司 高风险	竞争者越来越多 风险因成长减轻	价格竞争 部分被淘汰	有人退出，竞争者减少
价差和收益	高价格与低获利 价格弹性不大	高价格与高利润 高本益比	价格下滑 利润变低 经销商利差变小	价格及利差皆低 衰退期末，价格可能上扬
整体策略	研发与工程技术是关键 增加市场占有率最佳时机	营销是关键功能 改变价格或品质形象的时机	让成本具有竞争力才是关键 应讲究营销的效果	

资料来源：Porter（1980）。

　　Porter（1985）提出价值链的观念，这也是策略性思考企业内部各项价值活动，以及评估他们对成本和差异化影响的基本架构。一项产品或服务的利润来自它吸引客户购买的价值，与创造这项价值的活动成本之间的差异，价值链就是一套分析这个差异来源的工具，而所谓策略，就是由一套能最大化这个差异来源的活动构成的。Porter 将企业内外增加价值的活动分为主要活动以及支持性活动，主要活动是涉及产品实体的生产、销售、物流及售后服务等方面的活动，而支持性活动则由采购、研发、人力资源及总务的提供来支援主要活动，这两类型的活动构成了企业的价值链。然而并不是所有的活动都能创造价值，因此所谓的价值链分析，就是要找出能真正创造价值的战略环节，在这些战略环节上保持优势，就是企业的竞争优势。但是在做价值链分析的时候，会受到企业竞争范畴的影响，因为它会改变价值链的结构和经济效益。竞争范畴可以分成四个层面：区段范畴，产品种类和服务顾客的范围；垂直范畴，向上或向下垂直整合活动的范围；地理范畴，企业进行竞争的地理范围；产业范畴，企业进行竞争的相关产业范围。宽广的竞争范畴，使得企业内因进行较多内部活动而获益，可以交叉运用各个价值链之间的交互关系。例如苹果公司一直强调它是一个软硬件整合的公司，因此可以提供较好的使用者经验。较窄的竞争范畴，则使企业得以针对特定的目标市场、地区或产业，调整价值链，以降低成本或对目标市场提供特殊的服务。例如白牌手机因为只针对中国市场，就不需要花钱做电信检测认证，因此可以降低成本。所以竞争范畴也是竞争策略的一环，因为它决定了价值链活动的范围。

Porter 提出的五力分析以及竞争优势的概念，很快成为企业、产业甚至国家分析的典范架构，但也有认为 Porter 的竞争策略不够动态，在产业变动快速的时候无法适用。Porter（1996）认为运营效益不等于策略，因为对 Porter 来说策略是一种定位的选择，有了选择后就要有取舍（如界定竞争范畴就是一种取舍），并借以建立与取舍配适的长期运营活动系统；至于运营效益则是涉及持续改进的部分，其范围包括了任何不存在取舍的活动。Porter认为虽然企业都必须持续不断地增进其运营效益，但这场竞争不容易获胜，而最常出现获利能力差异的情况，在于拥有某种特色的策略性定位，也就是 Porter 所谓的成为最有特色者的竞争，而成为最有特色的企业是比较能创造持续性的竞争优势。不过虽然 Porter 认为策略是一种定位，但实现策略的方法仍存在于运营活动中，主要是要选择不同于竞争对手的运营活动，或者不同于竞争对手的活动实施方式。由此发明了名为活动体系图的工具，来表示一家企业重要的活动、活动与价值主张的关系，或者活动彼此间的关系。有了取舍和具有配适性的活动，会使对手难以模仿，也才能建立所谓持续性竞争优势。

总结 Porter 对于持续性竞争优势的概念，企业的策略是一种建立在取舍的定位，而所谓的定位就是根据产业环境，界定合适的价值主张与竞争范畴，这样的定位最后必须由配适的运营活动来实现，以建立竞争优势。产业虽然有其生命周期，但生命周期难以预测，五力模型可以分析产业演化的驱动力量，企业需通过分析内在的驱动力量，以建立持续性竞争优势。

2. 超优势竞争理论

Porter（1996）提到优势竞争至少是十年以上周期。但由于科技进步，客户偏好的改变，市场边界模糊等因素，整个产业的变动速度越来越快，因此对于尝试建立持续性竞争优势的企业来说，就算筑了高墙防堵竞争者进入市场，一旦面临替代产品的挑战，结果常是客户的全面出走，而不是逐渐流失，这时竞争优势是优势还是负担，是值得讨论的问题。D'Aveni（1994）提出超优势竞争概念时指出，持续优势是不存在的，只有通过打破现状才能获得一系列短暂优势，因此长期的成功需要的是一种动态的策略，不断地去创造、毁灭、重建短期的优势。

Porter 的策略理论强调建立竞争优势，并期望这样的优势可以延续一段够长的时间，直到遭遇反击或产业发生根本的变化为止。然而，在优势快速瓦解的环境中，一味维持优势可能会让企业忽略发展新优势的重要性。所以 D'Aveni 认为维持既有的策略是一种收割的策略，而不是寻求成长的策略，这种策略目的是榨取现有的资产，而不是努力去建立新的资产。例如 Nokia 在 iPhone 问世后的策略，明显是要去延长 Symbian 作业系统的寿命，而其下场则是被其使用者所淘汰。因此，D'Aveni 认为在变化快速的超优势竞争环境中，比较好的方式是采取一连串小规模、容易遭人模仿的策略，而企业若能串联这一系列的短暂优势，就可以在市场中维持一段较长时间的优势。

D'Aveni认为长期的成功需要的是一种动态的策略，这需要有特殊的控制动态互动的能力，也就是要有破坏市场的能力。这些能力主要包含：

1）预见未来市场破坏的能力，也就是要有破坏的远见，而破坏的目的是要满足客户的需求，提供给客户比竞争对手更好的服务或产品。

2）迅速执行市场破坏的能力，也就是要有破坏的能力，迅速且出奇制胜地创造新的优势。

3）规划市场破坏战术的能力，也就是要有破坏的战术，由改变游戏规则，或者由一连串的出击来达成目的。

拥有上述能力后，企业就可以由这些能力，完成下列四个目标：

1）破坏现状——跳到新的竞争领域，以此打破竞争的现状。

2）创造暂时的优势——在新的领域，基于对客户、科技和未来的了解，创造暂时的优势。

3）掌握先机——在新的领域，积极向前迈进以掌握先机。

4）维持动能——继续破坏现状，并发展新的优势，不能坐等竞争对手来瓦解自己的优势。

D'Aveni认为Porter的策略理论提供的是一种静态的分析工具，可以用来分析竞争环境以及在某一特定时点的优势来源，因此企业致力于分析并建立这类优势，然而静态的理论却没认清竞争优势其实是一个动态过程，所以Porter的理论只适用于变动缓慢的产业。产业变动速度加快已经是常态，所以需要不断破坏现状，来建立优势。

3. 商业生态系统

Moore(1993)提出了商业生态系统(business ecosystem)观点，认为产业的概念应该用商业生态系统来取代，因为现在大部分的经济活动都是跨产业的活动，既然是跨产业的活动，里面的成员也就不全然是竞争的概念，可以是合作的关系。Brandenburger & Nalebuff(1996)从博弈理论的角度思考，提出竞合策略的概念，认为企业之间的本质，应该是有时候竞争、有时候合作的动态关系。竞合策略最重要的贡献是提出了一个有关创造价值与争取价值的理论，创造价值的本质是一个合作的过程，争取价值的本质则是一个竞争的过程，并提出了价值网，以作为分析商场赛局的架构。

将生态系统的概念运用在商业管理领域，如演化经济学与组织生态学等领域，来探讨经济的变迁或者是组织的演化。Moore(1993)首次建议以商业生态系统来取代产业的概念，主张企业应该跳出以个体为主体的竞争思维，通过构建包含企业本身、客户、供应商、主要生产者、竞争者以及其他的利害关系者的系统成员，以合作演化为主要机制建立成功的商业生态系统。同时，也提出商业生态系统生命周期的概念，将商业生态系统的生命分成诞生、扩张、领导、自我更新等四阶段，在每一个阶段，企业有不同的竞争或者合作上面的挑战，所以应该采取不同的管理活动。Moore(1996)用类似架构，基于商业生态系统生命周期的四阶段，给予企业不同的建议，如表8-2所示：

表 8-2　商业生态系统生命周期的四个阶段的挑战

阶段	挑战的重点	合作的挑战	竞争的挑战
开拓阶段	价值	通过与顾客及供应商的合作,发现及定义全新的价值主张,并提出更有效的解决方案	保护自己的概念,免得竞争者采取同样的做法
扩张阶段	决定性的分量	与供应商和伙伴合作,增加产品的供应量,以扩大市场的占有率,达到决定性的分量	打败其他有相同概念的竞争者,由锁定重要客户、关键供应商以及主要渠道,使自己的产品成为市场的标准
领导阶段	领导创新与协同进化	针对未来提供令人折服的愿景,促使供应商与客户愿意共同合作来持续改进生态系统	对主要客户与供应商持续维持强大的谈判筹码
更新阶段	持续性的绩效改善	与创新者合作,持续将新概念带入现有生态系统中	建立高度的进入障碍,防止其他创新者发展新的生态系统;同时维持客户昂贵的转换成本,来争取时间将新概念加入自己的产品与服务

资料来源:Moore(1996)。

Moore(1996)主要针对在生态系统中占有领导地位的枢纽物种(keystone)提出建议,重点在如何和自己所主导的生态系统中的其他族群合作,并防止他们发展或投靠到其他的生态系统,来维持自己的生态系统不被其他生态系统所取代。Iansiti & Levien(2004)进一步阐述商业生态系统中不同角色所适合的策略。引用生态系统中枢纽物种与利基物种(niches)的概念,根据其是否具有主导角色,以及具有主导角色者,在价值创造与获取的过程中所采取策略的不同,将企业分成四类:

1)枢纽者,具有主导地位的角色,对生态系统创造价值,也与利基者分享价值。

2)支配者,具有主导地位的角色,对生态系统创造价值,但获取大部分的价值。

3)网络中心业主,具有主导地位的角色,不创造价值,但获取生态系统创造的价值。

4)利基者,个别企业本身不具有主导地位的角色,但就质与量来说,却是生态系统的主要构成分子。

研究发现,在三种具有主导地位的角色中,选择扮演枢纽者的角色,通常是最成功的策略。以 Microsoft、Wal-Mart、台积电等企业,在商业生态系统中建立平台,为许多利基者创造了生存空间,并致力于维护整体商业生态系统健康的例子,证明枢纽者的角色比较容易成功。至于支配者的角色,则是以苹果公司一手包办了计算机硬件、作业系统以及各种应用软件的例子,及其在计算机市场上的失败,来说明支配者会面临的问题。至于网络中心业主,是最不可取的策略,他们因为占据了商业生态系统中一个重要的位置,而能够获取价值,但却不愿意相对负担维护整体商业生态系统健康的责任,最后导致整个商业生态系统的崩溃,危害到自己的生存。表 8-3 总结了 Iansiti & Levien(2004)所描述的商业生态系统中的角色分类及其作为与策略上的挑战。

表 8-3　商业生态系统中四种不同角色的定义与挑战

策略	定义	存在的范围	价值创造	价值获取	重点与挑战
枢纽者	积极改善生态系统的健康，以增进自身企业的绩效	范围很小，占据网络的节点也不多	将大部分所创造出的价值留给网络，分享创造价值的机会给其他企业	广泛地与网络其他成员分享价值，并选择在某些领域获取价值以达到平衡	重点在于创造出平台以及在网络中分享的解决方案，如何能在分享价值的同时还能持续创造价值是其挑战，选择哪一个领域来支配生态系统则是另一个挑战
支配者	通过垂直或水平整合以管理控制大部分的网络	范围很大，并占据网络中大多数的节点	自己负责大部分的价值创造工作	为自己获取最大价值	专注于控制与拥有，定义并掌控网络中的大部分活动
网络中心业主	榨取所处网络中心的价值，但不直接掌控网络	不常看到，占据网络的节点很少	几乎未创造价值，仰赖网络中其他成员创造价值	为自己获取最大价值	缺乏一致性的策略，无法长期生存
利基者	发展专业能力与网络中其他公司产生区别	个别公司的范围很小，但整体却占据大部分生态系统	共同创造出健全生态系统中的大部分价值	获取自己创造出来的大部分价值	运用枢纽者所提供的服务，并致力于特定领域的专业化，以发展出独特的能力

资料来源：Iansiti & Levien(2004)。

　　Moore(1993)的商业生态系统研究是创造价值与分享价值的方式，背后的理论基础是生物学中生态系统的概念；Brandenburger & Nalebuff(1996)的竞合策略研究也是价值的创造与分享，但使用的则是博弈理论。长久以来，商场如战场是商业行为的最佳写照，降低成本必须要压迫供应商，提高市场占有率要打击对手。当微软设计了功能更强的软件时，市场会增加对 Intel 芯片的需求；或者 Intel 推出了速度更快的晶片时，微软的软件就会更有价值，这就是一种双赢的模式。但是使用者购买个人计算机时有一定的预算，如果芯片变贵了，作业系统就要算便宜一点；反之作业系统如果涨价了，芯片可能就赚不到钱了；当然最差的状况就是两个都涨价，使用者干脆就不买了，这时候就是双输了。所以这是一个"做饼"与"分饼"的过程，"做饼"是一个合作的过程，"分饼"则是一个竞争的过程，这是一个同时合作又竞争的模式，竞合策略于是通过博弈理论，找寻结合竞争与合作的方法。

　　Brandenburger & Nalebuff(1996)提出了一个工具来描述整个赛局的概要，也就是前面提到的价值网。沿着价值网的纵向是企业的顾客和供应商，原料和人力等资源从供应商流到公司，产品和服务从企业流到顾客，钱的流动则是相反的方向，从顾客到企业，再从企业到供应商。沿着价值网的横向则是企业的竞争者和互补者，其定义分别是：①顾客会因为某参赛者的产品而降低对你的产品的评价,该参赛者为竞争者。②顾客会因为某参赛者的产品而提高对你的产品的评价,该参赛者为互补者。传统竞争者都是针对相同产业的其他企业,但就像 Porter 的五力分析会有所谓替代品的威胁一样,以顾客的角度去辨认竞争者才是正确的方法。因此如果有生产替代品的企业,就会被归类到竞争者的角色。至于互补者则是一种不同的商业思维,设法将"饼"做大,而不是和竞争者争夺固定大小的"饼",这和前面提到的商业生态系统的概念是一致的,只不过价值网提供了一个更容易理解与操作的工具。

企业间的关系绝非只有竞争而没有合作,本研究主要是探讨文献中含有合作构面的相关模型,而商业生态系统、竞和策略是其中两个主要的理论,一个从生态系统的角度切入,一个则采用博弈理论的方式进行分析,两者并不互斥,且各有其所长。

4. 产业演化与生命周期理论

D'Aveni 虽然不断攻击 Porter 的持续性竞争优势理论,认为那只是一个静态的分析工具但事实上静态的分析工具还是可以有动态的用法。对策略制定而言,一定要有动态的概念,只是重点不在每秒可以拍几张,而在能不能正确预测产业演化的方向与速度,这时候我们需要的是一个描述演化的模型,而生命周期理论是其中一种重要的工具。在文献中,针对不同的对象,已经发展出不同的生命周期理论,例如针对产品有产品生命周期理论,针对公司有公司生命周期理论,针对使用者有技术采用生命周期理论等。

产品生命周期(product lifecycle)的概念,最早由 Dean(1950)在探讨新产品的定价策略时提出,主要认为产品就像人的生命一样,从出生到死亡有不同的阶段,产品如何定价,必须依不同阶段的特性来讨论。

Vernon(1966)则认为产品会根据所处生命周期的阶段,决定其产品的产地,而产地会由创新国转移到其他已发展国家,最后转移到开发中国家进行生产。将产品生命周期分成三个阶段:①创新阶段,创新国(如美国)将垄断生产及出口。②成熟阶段,其他已发展国家开始生产这种产品,并与创新国的产品在出口市场上竞争。③标准化阶段,开发中国家加入生产及出口的竞争,创新国则进入进口的时期。

Porter(1980)也采用了产品生命周期的概念,并引用 Polli & Cook(1969)所定义的四个产品生命周期的阶段,以说明如何利用产品生命周期制定竞争策略,及其和绩效表现的关系。但 Porter 提到了使用产品生命周期理论的一些问题,例如无法知道周期的长短,有时可能跳过某些周期,公司可以通过创新设法延长产品生命周期等问题。因此,本研究尝试去找出影响产品生命周期演化的驱动力,认为主要驱动力来自科技进步产生的推力,以及使用者需求产生的拉力。这两种力量,可以分别以技术生命周期来解释科技进步产生的推力,而以技术采用生命周期来解释使用者需求产生的拉力,所以整个产品生命周期的演化过程,就可以用这两种力量的互动来加以解释。由于技术采用生命周期具有定量的性质,可以用来实际推估产品生命周期的演化过程。

Ford & Ryan(1981)依照技术渗透的状况,将产品的技术分为技术发展、技术应用、应用上市、应用成长、技术成熟与技术衰退等六个阶段,各个阶段特征如表 8-4 表示:

表 8-4　技术生命周期的六个阶段与其特征

阶段	特　征
技术发展	此阶段主要指将具有明显价值的基础研究,进行应用的研究
技术应用	此阶段主要指将技术应用在产品开发上的过程
应用上市	此阶段主要指产品开始出现在市场上的时间
应用成长	产品开始根据市场需求做局部或渐进的改进
技术成熟	众多企业开始投入竞争,市场趋于成熟,技术的价值开始下降,企业将重点转移到利用工艺来降低成本
技术衰退	产品本身已过时,销售量开始衰退,技术与产品几乎没有变化

资料来源：Ford & Ryan(1981)。

技术采用生命周期最早由 Bohlen & Beal(1957)针对分析农民采购玉米种子的行为所提出的模型,之后 Rogers(1962)提出创新的扩散论后,才逐渐获得学术界的重视。技术采用生命周期近似常态分布曲线,该曲线将消费者采用新技术的过程分成五个阶段,每个阶段包含不同类型的使用者,分别是创新者、早期采用者、早期大众、晚期大众与落后者。这五类的使用者,有其固定的比例,这个比例并不受不同技术类型的影响,且有其固定的使用者类型与特征(表 8-5)。

表 8-5　技术采用生命周期的使用者类型与其特征

使用者类型	比例(%)	特　征
创新者(innovators)	2.5	有相当财力 有理解与应用复杂技术的能力 有冒险精神
早期采用者(early adopters)	13.5	备受敬重的意见领袖 早期采用者接受创新时,会引发关键多数的接受
早期大众(early majority)	34	对创新的态度有深思熟虑 不身先士卒、勇于尝试,也不要敬陪末座
晚期大众(late majority)	34	对创新抱持多疑与谨慎的态度 拥有的资源相对较少
落后者(laggards)	16	传统保守,根据过去的经验进行决策 资源有限,确保创新万无一失时才会接受

资料来源：Rogers(1962)。

技术采用生命周期还有一个变形的版本,Moore(1999)针对高科技产品的销售,观察到有许多产品,在早期非常成功,但一直无法推广到早期大众的使用者,也就是无法跨越鸿沟,导致失败。由此认为在早期采用者与早期大众的使用者间存在非常大的差异,导致面临一个难以跨越的鸿沟(chasm)。

Moore(2005)提出了在产品生命周期的不同阶段,比较有效的创新类型。将创新类型分成四组,或称为四个创新区,每个区域以该创新类型背后的驱动力量来加以命名,包括:①产品领导区——这类创新的驱动力量在产品本身,可能的形式包括了破坏性创新、应用创新或者平台创新等,主要是在产品成长期占有优势。②顾客亲密区——这类创新的驱动力量在于强化与顾客间的关系,可能的形式包括了产品线延伸创新、行销创新以及经验创新等,主要在产品成熟期具有优势。③经营卓越区——这类创新的驱动力量在于经营模式,可能的形式包括了整合创新、流程创新以及价值转移创新等,主要也是在产品成熟期具有优势。④品类更新区——这类创新的驱动力量在于创造新品类的能力,可能的形式包括了有机创新、收购创新以及收割与退出的机制等,主要是在产品衰退期具有优势。图 8-1 描述了产品生命周期不同阶段的创新类型。

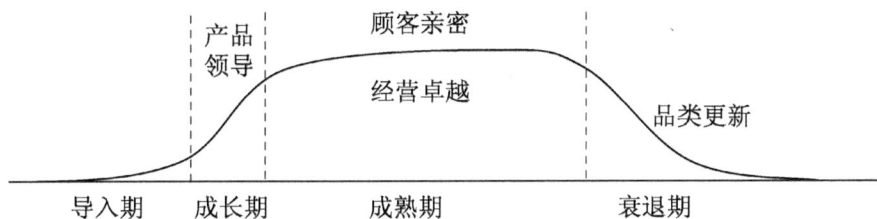

图 8-1　产品生命周期不同阶段的创新类型

Moore(2005)的模型提供了一个架构,让企业用来分析影响竞争优势策略的市场力量,企业可以根据产品生命周期的阶段,决定企业创新方向与类型,达成与竞争者持续差异化的目标。

差异化是 Porter 提出的三种基本策略之一,也是 Porter 竞争策略最重要的概念,而创新就是达成差异化最重要的方法,然而是否由创新就能产生获利呢? 苹果公司首先在个人计算机系统中推出了图形用户界面,然而获利者却是微软公司,历史上可以找到很多类似这样模仿者的获利超越了创新者的例子。创新是一种创造价值的过程,然而问题出在创新者本身是否能够从中获利,因此,Teece(1986)提出了一个分析创新者获利程度的概念,他指出影响创新者获利独占性的两个关键因素为:①独占性机制指的是创新者保护其创新的能力,例如专利、商标、版权,技术复杂性等。②互补性资产指的是有助于将一项创新转化为经济收益所需要的资产,具体内容包括制造能力、通路、品牌、客户关系、销售和服务的专业技能等。然而这两个因素的重要性,在产品的主导性设计完成的前后是不一样的。在主导性设计出现前,独占性的重要性高于互补资产,但在主导性设计出现之后,互补性资产就变得比较重要。如果以智能手机产业为例子的话,iPhone 就是一个主导性的设计,因为 iPhone 之后的产品,大部分都会模仿 iPhone 的设计。如果从技术采用生命周期的观点来看,主导性设计出现的时机大概在早期采用者采用之后,也就是产品的渗透率大于 16% 以后,独占性与互补性资产的重要性将会互换。根据上述概念,本研究分析了企业的独占性机制与互补性资产在决定获利程度时的作用,大致可分成四种状况,如表 8-6 所示:

表 8-6　独占性机制与互补性资产对获利程度的影响

	独占性机制高	独占性机制低
互补性资产高	在创新产品的商业竞争中处于强势地位	在主导性设计确立之后会处于优势地位
互补性资产低	只有在主导性设计确立之前才享有市场优势,之后必须加强互补性资产的建立,才能保有获利	在创新过程中会处于不利的地位,难以获得创新所创造的价值

资料来源:Teece(1986)。

　　总体而言,Teece(1986)认为在产品生命周期的不同阶段,独占性机制和互补性资产的重要性程度会改变,随着产品生命周期的演进,互补性资产的重要性与日俱增,而独占性机制则越来越不重要。

8.2　智能手机产业的超优势竞争

　　下面将针对智能手机产业的演化方式与竞争态势进行分析。由于智能手机的产业结构的改变方式与计算机产业如出一辙,因此可以利用计算机产业的发展趋势来预测智能手机的发展方向,而其中一部分似乎已经得到验证。另外,将利用产品生命周期的概念,针对智能手机产业的一些关键转折进行分析,以便对智能手机的超优势竞争态势有一个全面的认识。

1. 智能手机产业的演化

　　智能手机已经在人们日常生活中普及,表 8-7 是智能手机的定义,但一直没有一个标准的答案。

表 8-7　智能手机的定义

项目	定义
外观	轻薄短小,易于携带
基本功能	具备数据与语音的无线通信功能,且皆为内嵌式而非外加的模块
数据通信	1. 具备 PIM 功能,其中包含 date book(日程表)、contact(通讯录)、to do list(工作表)、memo(记事本)、hotSync(与计算机同步)等功能 2. 可连接 internet、收发 e-mail
语音通信	具备内嵌式语音通讯功能
输入方式	任何形式,不拘于触控式、按键式或语音输入等
处理器与作业系统	拥有多工的嵌入式微处理器与作业系统

　　后来,增加了两个条件:具有开放式的作业系统,能让使用者依需求安装程序;具有存储器扩充槽或其他硬件扩充能力。

　　然而这样的定义方式,主要是根据当时主流智能手机的规格所撰写,随着时间的演变,很多项目已经与现实不符。例如在外观方面,所谓轻薄短小已经不复存在,现在旗舰型的智能手机动辄有 5 英寸(12.7 厘米)以上的屏幕;而在存储器的扩充能力方面,首先 iPhone 在设计上就不具备存储器扩充能力,其他企业也有类似的设计。所以当我们在定义什么是智能手机的时候,最重要的一个要点,是要说明智能手机和传统手机,或者是功能手机之间的差别是什么。

牛津字典对智能手机(smartphone)的解释:"A mobile phone that is able to perform many of the functions of a computer, typically having a relatively large screen and an operating system capable of running general-purpose applications."这个解释的重点,就是如果一部手机能像一台个人计算机一样,有一个能安装各种应用程序的作业系统,就称为智能手机了。要达到这样的目的,可以有两种做法,一种是设计一个可在手机原有系统中执行的软件平台(如 Java Platform Micro Edition),让使用者可以通过这个平台安装一些应用程序,但因为这类平台所提供的应用程序界面(Application Program Interface)不够完整,所以在功能性或效率上都有所限制,所以当初这样设计的目的,主要是用来安装一些小型游戏,这就是传统功能手机所采用的方式。另一种方式,就是在一个装有类似一般计算机作业系统的手持式装置中,加入可以执行电话功能的软硬件,也就是在手持式计算机加入一个打电话的应用程序,这就是所谓的智能手机,因此智能手机是从掌上型计算机加入了电话功能演变而来的。智能手机产业的演化,基本上是一个信息与通信产业整合的过程,因此会比较容易了解其中的参与者与价值链演化间的关系。

2. 信息产业价值链的演化

这个世界上,大概没有人比前 Intel 总裁 Andrew S. Grove 更适合讨论信息产业的发展了,Grove(1996)清楚地描述了当初在 20 世纪 80 年代末期,许多大型垂直整合式的计算机公司大幅裁员,而新形态的计算机业者纷纷冒出头来的现象。在 80 年代初期,信息产业是以垂直方式整合的,大型计算机公司拥有自己的芯片厂,并开发专属的芯片为元件,制造专属的计算机,并拥有专属的作业系统,且针对特定的商业应用,销售自己开发的应用软件。因此,在这个产业中,企业以一个垂直式专属集团的方式,与其他的垂直式专属集团竞争。然而,经过一段时间后,因为微处理器的迅速发展,而且 IBM 主动开放其个人计算机的架构,个人计算机逐步演化成大量生产的经济形态,而其产业结构也改变为水平分工式的产业结构。

Grove 从上述的例子中总结了两个教训:①当产业结构改变的时候,在旧结构中经营得越成功的企业所遭遇的威胁通常越大,其调适的脚步也越迟钝。②新投入一个结构已经固定的产业,挑战其中地位稳固的企业,其代价可能非常高,但是当结构开始改变的时候,加入该产业成功的机会较高。智能手机产业中的 Nokia 就属于第一种状况,而 HTC 则比较接近第二种状况。

另外,针对水平分工式的产业,Grove 也提出了三个新的游戏规则:①刻意求异,却没有造成太大实质差异的事不要做。如果为了差异化,而脱离主流标准,容易招致失败。因为个人计算机的好坏与兼容性的关系密不可分,所以制造不同来达到更好,是自相矛盾的。②当某个科技上的突破,或重大变化出现在面前时,最先采取行动的人,才能在时间上领先竞争者,在这样的行业里,时间优势是市场优势的最佳保证。③定价方面应依照市场所能接受的程度为产品定价,采取以量制价的策略,然后致力降低成本,以达成量产量销的规模经济形态,必要的大投资终将证明是有利的。反之,若依据成本定价,将只能掌握特定利基,在以量产为基本形态的产业中,是不太有利的经营模式。

仔细观察这三点描述,可以看到产业发展,从差异化转变为利用规模化达到成本领先的过程,这也暗示着如果企业尝试要去建立一个持续性的竞争优势,将会面临的根本问题。因为产业快速的变动,过去的竞争优势(如差异化)可能变成现在的包袱,Apple Computer Inc.就是一个实际的例子。因此,超优势竞争的理论认为企业必须不断建立新的竞争优势,以对抗这样的环境变化,但问题是差异化和规模经济是两种不同的策略导向,Porter所谓的卡在中间,就是指同时追求这两种策略所导致的下场。难道没有其他的办法吗?

3. 通信产业价值链的演化

现在的移动电话是由车用移动电话发展而成的,一开始的装备大概重30多千克。20世纪70年代,由摩托罗拉的Martin Cooper所率领的团队,研发出首部手持式移动电话,重量缩减到1千克左右。20世纪八九十年代,整个移动电话产业由几家大企业所推动,例如摩托罗拉、爱立信、诺基亚和西门子等。这些企业不只投入了大量的研发资源,而且从产品设计、制造、营销乃至于整个移动通信的基础设施都一手包办。这样的产业形态,就像前一个单元所描述的早期计算机产业一样,属于垂直整合的形态,因此能够进入这个高度竞争产业的公司,都不是中小企业。然而就像计算机产业的发展一样,由于某些驱动因素的存在,例如技术的标准化、知识的流动、客户的压力等,整个产业的结构,也逐渐往水平分工的模式发展,Anderson & Jonsson(2005)就提出了许多例子,说明这中间的演变。例如在手机芯片方面,Qualcomm本来是一家专门做CDMA系统的公司,从基地台设备到手机都有生产,但是由于Qualcomm本身的规模相对于当时电信设备业的主要企业有一段距离,因此在1999年Qualcomm决定将重心放在通信技术的研发上,然后通过技术的授权以及晶片的销售来获利,至于其他的业务,便逐一脱手,将基地台设备业务卖给爱立信,手机研发业务则卖给Kyocera。由于专注在技术本身的开发上,今天Qualcomm已经成为手机芯片的龙头。在手机芯片领域,类似的例子还有,西门子将其半导体部门在1999年独立为Infineon Technologies,Freescale Semiconductor从原来摩托罗拉的半导体部门变成独立的公司。

除了硬件的垂直整合转为水平分工的改变外,在软件方面也产生了变化。由于原来手机的主要功能是打电话,需要的是一个符合通信规范与标准的软件,这样的软件在执行的时候,如果产生时间方面的误差,手机与基地台便无法沟通,所以需要一个实时作业系统,ENEA、Wind River、Integrity等都可以提供。实时作业系统当然也可以提供一些简单的应用,例如联络人、日历、小游戏等,但是如果希望提供一些像上网、看影片甚至自行安装软件等功能时,便需要一个额外的开放式作业系统,如像诺基亚开发的Symbian作业系统或者微软提供的Windows Mobile作业系统等。所以整个手机产业在演化到智能手机的过程,也是一个由垂直分工转化为水平分工的变化,这就代表Grove所提到的现象,不管那两点教训或者水平分工产业的游戏规则都可以适用在智能手机产业上。

4. 智能手机：以作业系统主导的商业生态系统

智能手机的组成要件是一个开放式作业系统，因为作业系统不但决定了所需的硬件规格，也决定可在其上执行的软件与其开发环境，而这些软硬件组合，就构成 Moore (1993) 的商业生态系统，其中作业系统的提供者，会主导整个商业生态系统的运作，企业可能扮演枢纽者的角色，也可能会扮演支配者的角色，这个部分是作业系统提供者的策略选择。

1) 第一代智能手机作业系统

所谓第一代智能手机作业系统，是指 2000 年左右针对商业人士的需求，将传统手持式计算机 (PDA) 的作业系统，与手机功能整合在一起所推出的智能手机作业系统。这些系统，主要都承袭了原先手持式计算机作业系统的操作方式，有的加入了拨号键盘，有的则维持原来手持式计算机的操作模式，其中主要的系统有：

Symbian OS：在 2000 年上市的 Ericsson R380 是第一部以 Smartphone 宣传的手机，也是第一部使用 Symbian OS 的手机。由于 Symbian OS 只提供了一个作业系统的核心，本身并没有提供完整的图形界面，所以 Nokia 在 2001 年基于 Symbian OS 自行开发了 S60 的图形界面 (Series 60 User Interface)，并开始推出 Symbian S60 的智能手机。早期 Nokia 的智能手机，大部分配备一般的拨号键盘，而且没有触控屏幕，同时第三方软件的数量也很少，所以很多人都不知道 Nokia 手机是智能手机，大部分的人之所以选购的原因，主要是受到 Nokia 的品牌所吸引而购买。

Windows Mobile：由于嗅到智能手机的商机，微软在 2002 年以原有 PDA 作业系统为核心，发展出两个版本的智能手机作业系统。一个版本是在原本的 PDA 的作业系统上加上电话的功能，由于原来的 PDA 就是使用触控笔与触控屏幕的界面，需要用两只手才方便使用。另外一个版本，则类似一般电话的造型，使用传统电话按键输入，适合单手操作。Windows Mobile 主要诉求客户为商务人士，所以提供电子邮件、行事历、IE 等功能。由于微软只提供软件作业系统，所以是由微软的合作伙伴（主要是 HTC）提供硬件并通过电信公司来销售。这两个版本的销售量，以具有触控功能的占多数，因为使用者如果要选择传统电话按键式的智能手机，通常会以 Nokia 的手机为优先考量。

BlackBerry OS：这是由 Research In Motion (RIM) 在 2002 年推出的智能手机作业系统，而其最大的特色，是将实体的 Qwerty 键盘与手机做了完美的结合。由于具有实体 Qwerty 键盘，非常适合做文字输入，系统会在通信过程中将传输的资料做加密的处理，所以早期 BlackBerry 的手机，都是由一些大型企业或政府单位集体采购，提供其雇员使用。到了 2005 年，许多常使用简讯的青少年，也因为其容易输入文字的特性，而开始使用 BlackBerry 手机，并且蔚为风潮。从这里可以推论，大部分选购 BlackBerry 手机的用户，是因为喜欢实体的 Qwerty 键盘，而不是因为作业系统的原因。

第一代的智能手机，虽然都具有上网或者安装第三方软件（通过 PC 安装）的功能，然而在实际操作上面，因为软硬件的限制，都没有达到很好的效果，所以使用人口以创新者和商务人士为主。根据调查，到 2007 年为止，全球智能手机的渗透率只有 3%，大致与创新者占人口比率 2.5% 相符。如果考虑各个作业系统的占有率，到 2007 年第三季度为止，还是以 Nokia 的 Symbian OS 为最高达 63.1%。

2) 第二代智能手机作业系统

由于互联网的蓬勃发展，有越来越多的网络应用出现，如 2005 年有 Youtube，Facebook，Google Map 等重量级应用出现，这些应用的使用者当然想要随时随地使用这些服务，然而当时智能手机所配备的浏览器，都无法方便使用这些服务。此时正是产业转型的重要时刻，Apple 就切入了这个市场，开始了新一代智能手机的战争，而主角就是 iOS 和 Android。

iOS：是由 Apple 在 2007 年推出的 iPhone 所搭配的作业系统，后来也配置在 Apple 其他的行动装置上，例如 iPod touch、iPad 等。iOS 与苹果的电脑作业系统 Mac OS X 使用同一个基于 Unix 的作业系统核心 Darwin，但针对行动装置，尤其是使用者界面的部分，采取了全新的设计，大幅降低了使用者的进入障碍。其中最主要的特点有：

①多点触控：多点触控可以说是 iPhone 问世后最令人惊艳的一个特色，利用两只手指，轻松地在屏幕上做放大、缩小以及滑动的动作，所以即使是一个 3.5 英寸（8.89 厘米）的屏幕，也可以方便地浏览相片、网页、地图等信息。这个突破，要归功于 Apple 所采用的电容式触控屏幕，与传统电阻式触控不同，电容式屏幕能感应手指接触屏幕所产生的电容变化，因此使用者不需要额外施力，非常适合利用手指的滑动来进行输入。②类 PC 的网络浏览器：在 iPhone 推出之前，许多企业在推广行动上网做了许多努力，如制定针对行动上网的 WAP(Wireless Application Protocol)标准、推广针对手机屏幕大小的行动网站等。然而这些努力都没有成功，因为如果没有够多的行动上网用户，网站业者就不愿意针对行动用户重新设计网站；然而如果没有够好的行动上网经验，就不会有够多的行动上网用户。Apple 解决这个问题的方式是通过一个具有完整功能的浏览器(Safari)，加上多点触控的操作界面，来提升使用者的上网经验，如此只要行动网络的速度够了，使用者就可以有接近 PC 的网络经验，而网站业者也不需要重新设计网站了。③应用程序商店：iPhone 刚推出的时候，并没有提供第三方程序安装的功能，但在 2008 年 7 月 iPhone 3G 上市的时候，便预载了应用程序商店(App Store)，这是 Apple 暨 iTune Store 之后另一个成功的商业模式创新。在 App Store 出现之前，智能手机也可以安装软件，然而使用者要自己到网络上搜寻应用程式，下载到 PC 后，将手机连接到 PC 以进行安装，整个程序不但繁琐，而且付款机制也没有一个标准，对使用者和应用程序开发商来说都没有提供很好的使用经验。由于 Apple 已经有成功在网络上贩卖音乐，且跟手持装置整合的经验(iTune Store)，所以将这样的经验复制到手机的软件贩卖上，马上就获得了使用者及应用程序开发商的支持，经过短短一年多的时间，Apple 便通过媒体宣布在 App Store 上架的应用程序已经超过十万个，而下载次数也超过 20 亿次，具体说明了应用程序商店的成功。

Android OS：Android 作业系统最初由 Andy Rubin 所创立的 Android Inc. 所开发，而 Android Inc. 在 2005 年 8 月被 Google 所收购，也就是说 Android 作业系统，某种程度是跟

Apple 的 iOS 同时在进行开发的动作。但跟 Apple 不同的是，Google 与 34 家硬件制造商、软件开发商以及电信运营商共同成立了开放手机联盟(Open Handset Alliance)，并以开放原始码的方式，免费授权给手机制造商，以推出搭载 Android 作业系统的智能手机。第一部 Android 手机，是由 HTC 所研发制造，在 2008 年 10 月通过美国 T-Mobile 进行销售的。在作业系统方面，Google 针对前述 iOS 的几个重要的功能，也有相对应的解决方案，包含了：支援原生的多点触控，与各种触控手势。提供基于 Webkit 的浏览器，并支援 iPhone 不支援的 Flash 网页。在 2009 年 3 月推出 Android Market 的在线应用程序商店，并在 2010 年 10 月有超过 10 万个应用程序上架，只比 iOS 多花了三个月的时间。所以基本上，iOS 具有的功能，Android 也都有，并且 Google 努力扩充开放手机联盟的会员，单手机制造商的部分，就从一开始的 4 家，增加到 2013 年 3 月的 23 家(www.openhandsetalliance.com)。相对于 Apple 独占了大部分 iOS 所产生的价值，Google 采取了与参与者共同分享的方式，也因此 Android 手机可以快速吸纳其他作业系统的企业，并在 2011 年超越了 Symbian 作业系统，成为全球第一大智能手机作业系统。

如果引用 Teece(1986)的概念，iPhone 及其所搭载 iOS 可视为是智能手机的主导性设计。在 iPhone 之前的智能手机设计，每家企业都有其独特的地方，例如 Windows Phone 会有一支触控笔，BlackBerry 会有实体的 Qwerty 键盘，Nokia 的智能手机则像一般手机。但是在 iPhone 之后，智能手机就朝着同一个方向发展，全部是电容式多点触控，实体键盘都不见了，而在软件方面，icon 的配置、解锁的方式也都大同小异。因此在 iPhone 这个主导性设计出现之后，互补性资产的重要性将会越来越高，也就是说，在后期智能手机的竞争重点，不会是独占性机制，而是互补性资产。

5. 智能手机产品生命周期与超竞争优势

从智能手机作业系统的演进来看，第二代智能手机作业系统之所以可以取代第一代智能手机作业系统，主要驱动力来自科技进步产生的推力(电容式触控)，以及使用者需求产生的拉力(移动上网)。针对这两种力量，分别以技术生命周期来解释科技进步产生的推力，以及用技术采用生命周期来解释使用者需求产生的拉力，然后整个智能手机产品生命周期的内部驱动力，就可以用这两种力量的互动来加以解释。通过这样的分析，结合市场的数据，就可以分析不同时期的竞争态势，借以找出各个企业策略选择时的重点，以及所产生的实际效果。

1) 生产者观点

按照 Ford & Ryan(1981)依照技术渗透的状况，将产品的技术分为技术发展、技术应用、应用上市、应用成长、技术成熟与技术衰退等六个阶段，进一步整合可以分成三部分：①以产品上市为导向的技术开发时期的主要活动包含了到产品上市前的三个阶段：技术发展、技术应用以及应用上市，在这个阶段企业的主要活动是将已经拥有的技术包装成产品，由产品去测试市场的反应，以作为进一步改善的依据。②以使用者需求为导向的技术开发时期就是技术生命周期中应用成长这个阶段，在这个阶段企业的主要活动是根据市场的需求，进行产品的改良或重新开发。通常，在第一阶段就进入市场的企业，会采用逐步改良的模式,而新进入市场的企业,则有较大机会以全新的产品进入市场。Nokia 和 Microsoft 都是采用逐步改良的方式,去加强 Windows Mobile 以及 Symbian 的功能,但是 Apple 的 iPhone 就是以全新的产品与技术,针对使用者的需求,并且提出完整的解决方案,来切入智能手机的市场。③以大量商品化为导向的技术开发时期主要是技术生命周期中技术成熟这个阶段,此阶段的活动重点是如何利用工艺来降低产品成本,不管是在硬件还是软件方面。如果以智能手机为例,Android 就是通过开放手机联盟群殴的方式,让产品快速且低成本地进入市场,以获取市场的占有率。图 8-2 将主要智能手机作业系统,以技术生命周期的角度呈现,主要呈现的是不同阶段技术开发目标的不同。

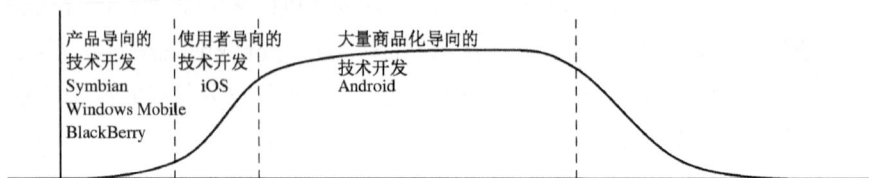

图 8-2　智能手机作业系统技术生命周期

2) 使用者观点

技术采用生命周期技术是以使用者为观点来探讨产品的不同阶段,由于使用者对新技术偏好的不同,将其分为创新者、早期使用者、早期大众、晚期大众与落后者五种不同的类型。在 Moore 的模型中,又加入了鸿沟这个阶段,这个鸿沟主要是因为早期使用者与早期大众的价值差异过大,所以一个符合早期使用者的产品,通常没有办法满足早期大众的需求,因此在这个时候,可能需要由另一个产品的引进,才有办法跨越这个鸿沟。同样的,因为晚期大众对价格较为敏感,因此也可能需要另外的方案来进行突破。

技术采用生命周期理论跟采用其他理论的不同之处是生命周期理论有一个定量的模型,因为根据 Rogers(1962)在创新的扩散中的研究,这五种不同类型的使用者是有一定的分配比例的,所以如果可以把智能手机市场渗透比率的资料套在这个模型中,就可以把智能手机在技术采用生命周期的各个阶段加以标定,并厘清不同智能手机作业系统锁定的目标族群。由于智能手机初期的主要市场在美国,所以研究首先以美国市场资料进行统计,资料来源包括 Gartner(www. gartner. com),Nielsen(www. nielsen. com)以及 Ipsos(www. ipsos. com),由于并没有单一资料来源有所有年度的资料,所以针对每个年度,如果只有单一资料来源,就以该资料为准;如果该年度有超过一个以上的资料来源,就以平均值代表。

3) 产品生命周期与超优势竞争

在使用了以生产者为观点的技术生命周期,以及以使用者为观点的技术采用生命周期进行分析之后,将这两种生命周期整合为产品生命周期,针对智能手机在美国的演化与超优势竞争态势进行分析。

① 导入期:指的是 2000—2006 年,智能手机被当成一种新商品引进市场的阶段,这个阶段主要的竞争者有 Nokia,Microsoft 以及 RIM。这个时期的产品与需求并没有一个标准,所以各个公司皆以延续原来产品的方式来切入这个市场。

Nokia 主要延续原来的移动电话市场，所以在外形上维持传统电话键盘输入的方式，纯粹在软件上做出变化；Microsoft 则延续其 PDA 的市场，将电话功能与 PDA 结合，采用触控笔进行操控；至于 RIM 则是在原来具有 Qwerty 键盘的传呼机加入通话的功能，因此成为一部具有 Qwerty 键盘的智能手机。在这个阶段，智能手机彼此的竞争不是很激烈，因为个别企业有其产品设计和开发的诉求，针对不同特性的早期使用者，到 2006 年为止，在美国市场的渗透率只有约 3％。

② 成长期：指的是 2007—2012 年，智能手机产业开始大幅成长，而且是整体获利最多的阶段。这个阶段由 Apple 在 2007 年加入战局开始，Apple 利用其优异的软硬件设计与整合能力，吸引早期使用者购买 iPhone，在 2008 年将渗透率推升到 17％，一举跨越 Moore 所谓的鸿沟。Google 在 2008 年底，也通过开放手机联盟，以开放式的架构，率领整个价值链的企业迅速进入并攻占早期大众的市场，在 2012 年将渗透率推升到 50％。

③ 成熟期：从 2013 年开始，智能手机进入成熟期的阶段，手机的设计几近标准化，销售增长速度缓慢，竞争加剧，产品周期变得更短。iPhone 占据高级市场，而 Android 则由众多开发手机联盟的硬件企业，提供了各式各样的选择，拥有最高的市场占有率。

④ 衰退期：尚未有任何迹象可以预测智能手机的衰退期，智能手机势必会产生新的变因，引入新的元素，否则就没有新的动能。目前，各个企业正在研究的新产品，如 Google Glasses 或者 Apple 的 iWatch 这一类型的穿戴式装置，可能是触发智能手机产业转型的力量。

将智能手机的产品生命周期与超优势竞争的概念整合在一起。首先如果以 Porter 的概念，将智能手机视为一个产业，而企业希望针对智能手机产业建立一个可持续的竞争优势，其概念将类似图 8-3 所示的状态。但实际上，根据技术采用生命周期的概念，整个周期的使用者特性是不同的，因此必须针对使用者特性，建立不同的竞争优势，并推出不同特性的产品，才有办法吸引各个不同时期的使用者，进而在市场上赢得胜利，如果以智能手机在不同产品生命周期的竞争优势的概念，将类似图 8-4 所示的状态。

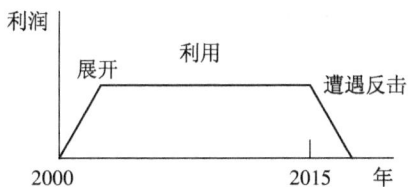

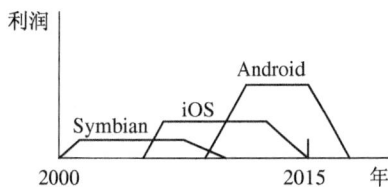

图 8-3　智能手机的可持续竞争优势　　图 8-4　智能手机的超竞争优势

可以发现，针对高科技产品，如果希望找到一个可持续竞争优势来贯穿整个产品生命周期，是有其难度的。比较可行的方式，是以技术采用生命周期的观点，区分使用者的特性，根据所处生命周期的位置，建立相对应的优势，但这就代表这个竞争优势是无法持久的，因为当产品生命周期走到下个阶段，竞争优势的条件就改变了，因此必须不断建立新的优势，这个就是所谓的超优势竞争。如果在同一个阶段的竞争对手采用类似的方式竞争，通常主导企业还是可以维持相对的优势（如 Nokia 并没有因为微软的竞争，造成太大的困扰)，比较可怕的是竞争对手直接瞄准下一阶段的使用者时，这时候产业的竞争形态就会产生改变，原有的竞争优势将无法持续，如 Apple 之于 Nokia，或者 Google 之于 Apple。

可以发现智能手机产业的产业结构，跟个人计算机产业一样，整个价值链是由垂直整合转向为水平分工的模式，这样的改变，大大降低了进入此产业的障碍，因此引发了超优势竞争的态势。大量的研发投资，不再是获得竞争优势的保障，因为模块化的产品设计使得小厂跟大厂的成本差异变小，因此台湾和大陆的制造业相继进入这个市场。像个人计算机产业一样，整体产业的利润会由手机制造商转移到具有竞争优势的零部件制造商上。

同时，也像个人计算机产业一样，作业系统和软件及 CPU 会决定产品的性能，因此掌握这些关键元件的企业，可以从中获取较多的利润。而且慢慢的，由于所有企业都可以接触到提供关键元件的企业，在产品的功能上要做出区别便会越来越难，在规格上的先行者优势也会变得越来越小。不管是加大屏幕尺寸，存储器的容量扩展或者提高照相机的像素，其他企业很快就会有同样的零部件，做出同样规格的产品。因此，智能手机在主导性设计出现之后，便进入超优势竞争的时代，在这样的竞争态势下，若非具有特殊的竞争优势，否则是很难持续获利的。

Dediu(2012)的统计可以说明这样的状况，在 2007 年的时候，Nokia 掌握了大部分手机产业的获利，其他企业分配剩余的利润。但是到了 2011 年第四季度，大部分手机企业皆为亏损，获利的企业只有三家，其中 Apple 获得其中 73％的利润，而三星则占有其中 26％的利润，至于 HTC 则勉强获得 1％。这样的变化，来得又快又急，企业往往来不及反应，这就是超优势竞争的特色。

6. 超优势竞争的案例分析

智能手机产业处于一个超优势竞争的时代，企业要在这样的环境下竞争，如果依照 D'Aveni(1994)的理论，必须采用一种动态的策略，不断去创造、毁灭、重建短期的优势，以维持企业的历久不衰。但是如果以 Porter 的角度来看，这些短期的策略都是属于营运效益的范畴，企业必须在定位上建立竞争优势。因此，本研究将以智能手机产业的实例来分析企业在超优势竞争环境下所采取的策略，尝试找出一个可行性架构，解决长、短期竞争优势的争议。

1) 智能手机品牌企业的超优势竞争

首先我们针对智能手机的品牌企业进行个案分析比较，Apple 当然是其中最重要的一个智能手机的品牌企业，可是因为 Apple 本身也兼具作业系统企业的角色，此处将针对 Android 阵营的两个主要品牌企业 HTC 以及 Samsung 进行分析。HTC 是一个专业的智能手机企业，在 2002 年生产了市场上第一部 Windows Smartphone，并在 2008 年生产了第一部 Android Smartphone，可以说是智能手机市场的先行者，但是 Samsung 反而以后来居上的方式，以后进者的角色击败了 HTC 以及 Apple，成为全球智能手机市场占有率最高的企业，希望通过市场资料的分析，找出其中的关键因素。

A. HTC(领先一步的策略)

宏达国际电子(简称 HTC)是在 1997 年 5 月，由王雪红与卓火土以资本额新台币 500

万共同创立的公司。当初成立的目标是要制造当时市场上畅销的笔记本电脑，然而当时角逐这块市场"大饼"的代工者不少，如广达、仁宝等，这些代工企业已经拥有国际品牌如惠普、戴尔的订单，制造方面也达到经济规模，HTC 想要进入这个市场竞争，显然不是什么好的策略。因此，HTC 做了一个现在看起来是正确的策略选择，进入一个新的市场，也就是 PDA 的设计与代工，成为当时微软所主导的 Windows CE 作业系统的合作伙伴，并开发出全球第一部微软的 PDA，从此开始了 HTC 领先一步的竞争策略。概观 HTC 的发展，可以分为三阶段：

PDA 代工时期(1998—2002 年)：1998 年 5 月，全球第一部由微软认证的 PDA 上市，HTC 优异的硬件设计及制造的能力因此得到认可，随后帮康柏计算机设计代工的 iPAQ 系列获得极大成功，甚至被金氏世界纪录列为当时功能最强的 PDA，因此 HTC 在 PDA 的设计代工业务也蒸蒸日上，并于 2001 年 7 月在台湾证券交易所挂牌上市。

智能手机代工时期(2002—2006 年)：2002 年开始，电信公司除了传统的语音传输服务之外，开始提供数据传输(GPRS)的服务，目标族群便是商务人士，电信公司希望通过行动上网、收发 E-mail 等增值型服务，维持业务的成长。HTC 找到这个切入的机会，与微软以及英国电信公司合作，共同推出全球第一部搭载微软作业系统的智能手机，并发展出直接为电信业者设计、代工的商业模式，通过这样的模式，HTC 与台湾其他手机代工厂的发展产生了极大的不同，这是 HTC 在超优势竞争的环境下第一次转型成功。在这个时期，HTC 的客户是电信业者，电信业者希望通过微软的智能手机来提高平均用户的收入，由于 HTC 在技术上大概领先一年的时间，因此在这个市场上没有什么竞争对手，所以毛利率能够维持 30% 以上；另外由于不打品牌，营销费用也低，营业利益率也达到 20% 以上。

智能手机品牌时期(2006 年至今)：2006 年 6 月，HTC 宣布自创品牌，以 HTC 为品牌名称进入了一个新的阶段。一般的代工企业自创品牌后，首先面临的就是品牌与代工之间的冲突，但手机产业独特的双品牌手机模式，解决了 HTC 在过渡期间的问题。双品牌手机指的是 HTC 在帮电信商定制手机的同时，机身上同时贴有电信公司及 HTC 两种品牌标章，这一方面可以将品牌形象慢慢根植于用户，另一方面电信商也会负担大部分的营销费用。2008 年 HTC 与 Google 合作推出全球第一台搭载 Android 系统的手机 T-Mobile G1，是 HTC 在超优势竞争环境下的第二次转型，其后并在 2010 年初继续推出 Google Nexus One 系列手机。由于 Android 是第一个可以跟 iPhone 分庭抗礼的作业系统，HTC 因再度抢得先占优势，经过 2009 年短暂的转换期阵痛后，让 HTC 2010 年在营收上有了倍数的成长，这优势一直延续到 2011 年。然而 2010 年 Google 与 Samsung 合作的 Nexus S 系列手机是另一个转折点，由于 Google 希望扩大整个市场占有率，因此扶植 Samsung 与 Apple 竞争，所以连续两代的 Nexus 系列手机都与 Samsung 合作，HTC 从此失去了技术上的先占优势。HTC 的营收在 2011 年第三季度达到高峰，并从 2011 年第四季度开始衰退。从 2012 年开始，HTC 希望通过主打的旗舰型商品来带动市场的买气，推出具有 4 核心微处理器的 One X 系列，并主打相机连拍的功能，然而整体营收仍然持续下滑，HTC 把 One X 的失败归咎于营销没有做好，并于 2012 年底更换新的营销。

2013年HTC继续主打新的旗舰型商品HTC new one,这次的特色是金属机身以及高感光的相机元件,然而也因为这两样特殊的设计,在供应链上产生了问题,造成产品虽然颇受好评但出货延迟的问题,因此2013年第一季度的营收仍然持续破底,HTC预期在供应链问题解决后,2013年第二季度的营收可以较第一季度成长,然而营业利益率预估只有1%～3%。从历史资料来看,HTC基本上是采取先占的策略,通过与国际大厂的合作,不但提升了自己的技术,也可以率先在市场上推出产品,以获得较高的利润。

可以发现,HTC采用的是领先一步的策略,通过跟国际大厂的合作,利用本身的研发速度与定制化能力,率先推出领先市场的产品,然后利用跟电信商合作进行销售的商业模式,获取较高的利润。如果要对照Porter的概念,就是一个利用速度造成差异化的策略,这样的能力在一个超优势竞争的环境下是很有竞争力的,但在产品生命周期进入成熟期后,因为速度的重要性降低,就会产生问题。

B. Samsung(后来居上的策略)

Samsung Electronics(以Samsung代表)是韩国三星集团的成员之一,成立于1969年,公司成立之初生产的产品是黑白电视机。1982年,Samsung集团预料到未来主导电子业的发展将是半导体产业,即使身处大片反对声浪中,仍然投身于半导体事业,并在1983年成功开发出64K DRAM,开始在国际半导体市场崭露头角。1987年,李健熙先生接任会长,隔年在Samsung集团成立50周年的庆祝会上,李健熙宣布了集团的二次创业,并定调Samsung的发展方向为21世纪世界超一流企业。李健熙在1988年将Samsung Electronics与Samsung Semiconductors合而为一,开始进行多角化经营。李健熙认为:Samsung要减低对半导体部门的依赖,将利益结构分散到移动电话、数字产品和家电等部门,由实行多角化经营策略,成功达成目标。也因为这样的策略,让Samsung具有半导体、通信、家电、电脑和显示器装置等多样化产业,具备了在数字时代发展的条件,到了2009年,Samsung所生产的商品中,共有11项成为世界排名第一的产品。李健熙的移动电话事业,就是迈向超一流精神下的产物。Samsung在1988年开始手机事业,直到1994年3月才完成首部自行研发的手机。20世纪90年代,Motorola是韩国手机市场最大品牌,占据70%的市场。李健熙指示,不管要花多少钱,用任何方法,都要造出能与Motorola媲美的产品,因此名为Anycall的手机便应运而生。1995年7月,Samsung终于成功打败Motorola,成为韩国手机销售第一名,市场占有率达52%。1999年,Samsung手机年销售量突破1 000部,2003年突破5 000部,2004年更突破了1亿部。根据Gartner统计,Samsung在2012年的第一季终于挤下自1998年以来一直蝉联冠军的Nokia,取得全球手机市场的龙头宝座。

由于Samsung在传统手机的销售上表现不错,因此对于发展智能手机的工作一直处于备而不用的方式,一直到2007年Apple发表了iPhone,Samsung才在第一季的报告中,首次提到智能手机。直到2008年2月,Samsung才推出了基于微软智能手机作业系统的Omnia SCH-490,尝试与iPhone做首次的对抗。Samsung本来一直认为智慧手机还停留在少数创新者与早期采用者的时期,直到2009年iPhone一举跨越鸿沟之后,紧接着就造成一般手机价格的崩落,导致之前毛利一直超过10%的手机部门,到了2010年竟降到7.2%。

李健熙会长了解唯有发展智能手机，才能挽救利润下滑的命运，所以在 2010 年 3 月重回会长职务后，便设立手机无线事业部，下令开发出足以与 iPhone 媲美的手机，由此才有 Galaxy S 的出现，以及之后基于 Galaxy S 而与 Google 合作的 Nexus S 手机。之后 Samsung 以每年推出新版本的方式，在 2011 年推出 Galaxy S2，2012 年推出 Galaxy S3，销售量都逐年大幅成长，其中 Galaxy S3 在 2012 年第三季度甚至以 1 800 万部的数量，打败 iPhone 4S，成为全球单一机种销售冠军。

观察 Samsung 在 Galaxy 系列的竞争策略，除了软件使用 Google 提供的 Android 作业系统外，在硬件部分几乎全部使用自己生产的零部件，尤其在面板部分，其独步全球的 AMOLED 技术，不但色彩鲜艳，而且可以减少机身的厚度，这个部分是其他竞争对手无法望其项背的。因此，Samsung 在智能手机上的策略，就是不断加大屏幕和解析度，因为在浏览网页，或者多媒体的应用上，大屏幕绝对是一个制胜的因素。表 8-8 列出了 Galaxy 系列手机的演进，可以看到 Samsung 充分发挥了其垂直整合的优势，智能手机零件表中成本最高的几个项目，包括了屏幕、CPU、DRAM 以及相机模块都使用自家的元件，不但压低了成本，部分元件中 Samsung 所特有的技术也产生了差异化的效果。

表 8-8　Samsung Galaxy 手机规格比较

机型	Galaxy S	Galaxy S2	Galaxy S3	Galaxy S4
屏幕大小	4 英寸 Super AMOLED	4.3 英寸 Super AMOLED Plus	4.8 英寸 HD Super AMOLED	5.0 英寸 Full HD Super AMOLED
分辨率	800×480	800×480	1 280×720	1 920×1 080
CPU	1G Cortex A8 (Exynos 3110)	1.2G 双核 Cortex-A9 (Exynos 4210)	1.4G 四核 Cortex-A9 (Exynos 4412)	1.6G 四核 Cortex-A15 ＋1.2G 四核 Cortext-A7 (Exynos 5 Octa)
DRAM （Maximum）	16GB ROM 512MB RAM	32GB ROM 1 GB RAM	32GB ROM 2GB RAM	64GB ROM 2GB RAM
相机	5M CMOS	8M CMOS	8M CMOS	13M CMOS
厚度	9.9 毫米	8.5 毫米	8.6 毫米	7.9 毫米

资料来源：根据 http://www.samsung.com/资料整理，1 英寸＝2.54 厘米。

从资料来看，Samsung 在智能手机上采取了后来居上的策略，Samsung 利用其在传统手机上的基础，在智能手机的硬件部分，先进行基础元件的布局，一旦时机成熟，只要转换软件作业系统，便可迅速攻占智能手机市场。

从 2009 年第四季度到 2012 年第四季度，Samsung 智能手机占 Samsung 手机整体出货量的比例，比对同时期全球市场智能手机的渗透率可以发现，Samsung 以非常快的速度改变其产品结构，从 2009 年第四季度智能手机只占其手机出货量的 3％开始，到了 2012 年第四季度这个数字已经蹿升到 59％，从这里可以看出，Samsung 以逸待劳，在智能手机跨越鸿沟后，直接瞄准大众市场，以集团作战的方式，席卷市场。

可以发现，Samsung 由垂直整合降低直接成本，通过集团作战的方式，降低间接成本，并以跨产品功能整合的方式，扩大销售的数量，如果要套用 Porter 的概念，就是一个利用规模达到成本领先的策略，这样的能力在产品生命周期进入成熟期后，可以发挥最大的效用。

C. HTC 与 Samsung 的策略差异

首先，HTC 是用领先一步的产品策略，这小小的一步，在产品导入或者成长的初期，是可以发挥很大作用的，所以 HTC 在 Windows Phone 以及 Android Phone 刚导入时期的绩效都很好，但当智能手机开始步入成熟期的时候，在产品规格或应用上领先的效果，就变小了。在这个时期，供应链、制造能力、通路、品牌、客户关系、销售和服务等互补性资产，反而变得比较重要。HTC 在这些方面比较缺乏经验，虽然曾聘用一批从 Sony Ericsson 过来的高级经理人，但因为某些因素都相继离职，所以 HTC 在互补性资产上的能力仍旧需要加强。如果以 Moore(2005) 的创新类型来分类的话，HTC 致力于产品领导类型的创新，公司领导人也不断强调 HTC 产品创新的能力，但是这种类型的创新，只有在产品导入期或成长期才具有优势，从智能手机的产业分析来看，现在已经逐步进入成熟期，因此当环境改变，"战争"形态也发生变化的时候，如果没有用正确的态度应对，业绩下滑也就无可避免了。

Samsung 与 HTC 的策略有很大的不同，Samsung 后发先至的能力，其实是建构在整个公司的互补性资产上，这并不是说 Samsung 不重视产品的创新，而是相对的 Samsung 在互补性资产上所能创造的差异化，远远超过 Samsung 在产品上差异化的能力，当产品进入成熟期阶段时，互补性资产带来的优势，会发挥更大的效益。

同样以 Moore 的创新类型来分类，Samsung 便属于经营卓越类型的创新，不管在供应链、制造能力、渠道、品牌、客户关系、销售和服务上，Samsung 都展现出国际一流品牌所应具有的水平，这些能力是可以持续而不受超优势竞争的影响。

2) 智能手机芯片企业的超优势竞争

在个人计算机领域中，Intel 是几近独大的芯片企业，但在智能手机领域也有一个企业扮演类似的角色，那就是 Qualcomm。根据 Strategy Analytics 的分析，2012 年全球智能手机芯片市场的营收有 51% 属于 Qualcomm，这主要归功于 Qualcomm 在 CDMA、WCDMA 和 LTE 这些通信标准上长久以来的技术布局。然而第二名的企业联发科占有 12.8% 的市场营收，联发科是以什么样的方式在智能手机芯片市场竞争而获得如此的成绩？以下将针对这两家企业的竞争策略进行分析，分析的重点主要是在通信标准不断更新的年代，企业如何在产品更替时持续保持竞争优势。

A. Qualcomm(制定标准的策略)

高通公司(Qualcomm Inc.)成立于 1985 年 7 月，公司总部位于美国圣地亚哥，该公司在无线通信技术上扮演着重要的角色，其最大的贡献是开发出一个基于 CDMA(Code Division Multiple Access)技术的移动电话系统，这样的系统，有别于目前广泛运用的 GSM 全球移动通信系统，因此在很多地区是无法使用的，大陆只有中国联通是采用 CDMA 的系统。CDMA 系统的特色在于使用展频的技术，将强度比较弱的信号，分布在较宽的频带中，所以辐射量较小，也不容易遭受干扰(与 GSM 相比)，但因为进入市场的时间较晚，所以使用 CDMA 系统的电信商相对较少。可是由于 CDMA 的技术较为先进，所以国际通信标准组织 3GPP 以及 3GPP2 在制定新一代的通信标准的时候,无可避免地采用了部分 CDMA 的技术,从而制定出第三代移动电话的技术标准(3G)WCDMA。因此,Qualcomm 除了拥有 CDMA 系统的专利外,也拥有许多 3G 行动系统的专利,从 Goodman & Mayers(2005) 的统计中可以发现,不管是在 3GPP 或者是 3GPP2 的技术标准中,Qualcomm 都占有绝大多数的专利,而这其实是 Qualcomm 刻意操作的结果。因为 Qualcomm 的策略就是将技术专利化,然后将专利标准化,最后将标准市场化。也就是说,Qualcomm 是将公司的重心放在研发创新、专利布局还有技术标准化、标准商业化这四个活动上。

Qualcomm 早期以 CDMA 技术为核心,但收入来源却涵盖手机以及基地台设备等, 1999 年,Qualcomm 毅然决定专注于通信技术的研发,将这些业务都一一出售,然后采取新的商业模式,由专利授权以及销售芯片来获利,其中负责芯片生产与销售的部门称为 Qualcomm CDMA Technologies (QCT),而负责专利授权的部门则是 Qualcomm Technology Licensing (QTL)。本研究根据 Qualcomm Annual Report(2002—2012)的信息,整理出 Qualcomm 这两个部门的营收及其利润。其中营收的部分,芯片销售(QCT)的部分平均占 65%,而专利授权(QTL)的部分则占 35%,但是如果针对利润的部分来计算的话,结果刚好倒过来,QCT 只占了 35%,而 QTL 占了 65%。为什么会是这样的结果呢? 这跟 Qualcomm 的专利授权模式有关,Qualcomm 基本上收取每部 3G 手机售价的固定比率为其专利授权费用,这代表 Qualcomm 授权收入是跟整体手机产业的产值成正比,而且这部分的毛利接近 100%,净利也高达 90%,所以基本上 Qualcomm 只要致力于促进 3G 手机产业的发展,营收就会跟着成长。

所以 Qualcomm 其实是一个靠专利授权获利的公司,至于芯片销售的部分,某种程度可以说是推广 3G 手机产业的一种方法,两者是息息相关且互补的。但是其中技术的开发、专利的申请,推广到国际标准组织等工作,都需要长期的积累,这不是短时间的努力可以达成的,所以属于可持续性的竞争优势。至于芯片销售的部分,需要考虑市场的演进,以及技术的变化,便属于超优势竞争的范畴。可以发现 Qualcomm 采用的是制定标准的策略,通过技术研发形成专利,参与标准组织将专利制定为标准,最后将标准推到市场,并从中获利。如果要套用 Porter 的概念,就是一个利用制定标准达到差异化的策略,而如果套用 Teece(1986)的概念,就是独占性机制,这样的能力在专利有效时间内可以发挥很大的效用。

B. 联发科(破坏式创新的策略)

联发科技股份有限公司(简称联发科)成立于 1997 年,总公司位于台湾新竹科学园区内,是由联电旗下产品设计部门独立出来的一家半导体设计公司,公司初期以开发光盘机芯片为主,其早期制胜策略为避开日本同业 8 倍速的主力产品,直接跳级开发 24~32 倍速的产品,并发挥低价的优势,所以可以打败松下、索尼等竞争对手,成为光储存芯片的世界第一。在 2003 年的时候,联发科 99% 的营收皆来自 DVD 市场,但是到了 2004 年,由于市场逐渐饱和的关系,DVD 芯片销售增长停滞,所以联发科当年的营收成长率只有 5.23%。所幸在 2000 年时,联发科就已经决定投入手机芯片的研发,第一代的产品锁定了 2.5G 的

GSM/GPRS 芯片。由于当时功能性手机除了打电话外,还必须提供照相以及音乐播放的功能,手机制造商因此要花很多力气,撰写软件来整合这些功能。联发科为了跟传统手机芯片大厂做出区别,因此将重心放在提供完整的软件解决方案,也就是所谓的 Turn-Key Solution,除了提供手机本身所有的软件之外,甚至连手机厂调校手机所需要的软件,都帮客户设计好,这是其他手机芯片大厂不愿意做的事。也因为解决方案够完整,所以采用联发科芯片的企业,只要开模做个机壳,就可以推出一部手机。2005 年开始采用联发科芯片的联想手机,成为大陆国产手机市场占有率第一名,很快几乎所有大陆手机制造商都成为联发科的客户,到了 2006 年,联发科手机芯片出货量正式突破一亿套,从此联发科手机芯片的发展过程,成为破坏性创新的一个经典案例。

然而一个成长率高的市场,总会引来许多企业采用类似的模式竞争。具体代表的例子,就是展讯与晨星,所以山寨手机的市场,在 2010 年从联发科一家独大,变成展讯、晨星的分食格局。联发科除了在 2G 市场采用降价求售,抢回市场占有率的策略外,也积极部署重兵在 3G 以及智能手机的市场。由于联发科在 2008 年才正式获得微软 Windows Mobile 的研发授权,并赶着在 2009 年巴塞罗那的世界通信大会上发布了第一个支撑 Windows Mobile 的 MT6516 芯片,但是 Android 的时代已经来临,Android 在 2010 年的爆炸性成长,是联发科始料未及的,所以联发科在 2010 年中才加入开放手机联盟(OHA),取得 Android 授权,整个过程联发科连续错过了推出 Windows Mobile 的平台以及 Android 平台的最佳时机,导致连续六个季度毛利率的下滑。所幸联发科在 2011 年推出了首款支撑 Android 的 MT6573 芯片组,并在 2012 年 2 月,推出了一款整合了 1GHz ARM Cortext-A9 CPU,以及 PowerVR SGX 5 图形处理器的 MT6575 芯片组。这款芯片组在性能上超越了 Qualcomm 的 MSM7227A 系列,但价钱则更便宜,所以很快成为中国千元智能手机市场的销售主力。接着联发科继续推出了具有双核心架构的 MT6577 对抗 Qualcomm 的 MSM8225 系列,虽然性能差不多,但在价格上,联发科就占有绝对的优势了。

2013 年初,联发科继续推出具有四核心的 MT6588 芯片组,图形处理芯片也升级为 PowerVR SGX544,这已经超越了 iPhone 4S 的等级,所以在入门级的智能手机市场上,已经没有什么对手了。联发科的多路进攻让其他竞争者感到威胁,2012 年第一季度智能手机核心晶片组的产业规模已达 24.7 亿美元,然而在入门级智能手机市场的激烈竞争下,Qualcomm 虽然仍然占据产业龙头宝座,但市场占有率已从 2011 年同期的 51% 下滑到 44%,其中以联发科受益于中国入门级智慧手机市场的爆炸性成长而首次进入五强,对 Qualcomm 产生的影响最大。

Qualcomm 对此的应对方式就是也推出了仿效联发科成功模式的 QRD(Qualcomm Reference Design)平台,希望通过成熟的解决方案来缩短客户推出智能手机产品的时间,进而提升客户的忠诚度。其中第三代 QRD 平台已于 2012 年上半年推出,瞄准了过去从来不是 Qualcomm 目标客群的小型山寨厂,而大型手机品牌厂拿到的 QRD 公版方案的价格,甚至比联发科还要低 5%。同时,Qualcomm 也愿意派出具有经验的工程师到现场指导,种种迹象都显示了智能手机芯片组市场的竞争将更加激烈,这也验证了在超优势竞争的环境下,对手会很快采取反制的策略。但如果仔细分析,Qualcomm 不过是拿过季的芯片降价来对抗联发科,至于可否建立像联发科一样针对研发能力较弱的客户提供完整的解决方案,还需要时间的验证,至少联发科 2012 年在 Android 平台上的营收数字,已经证明有一个好的开始。

根据联发科的年报(2001—2012),因为联发科并没有在季报或年报中标示各类产品的营收比例,因此通过搜寻软件,找到各个年度法说会中所提到各个产品类别所占营收的比率。例如在 2013 年 2 月 4 日的法说会上,总经理便表示在 2012 年第四季度,智能手机芯片占整体营收的比重已达 38%～43%,而功能手机芯片的比重则降至 19%～24%,有了这些数字后,取其中位数,乘上公司营收便代表该产品类别的数字。可以发现,从光储存芯片转换到手机芯片的时候,过程是平顺的,而光储存的衰退速度也相对平缓。但是在从功能型手机芯片转换到智能手机芯片时,在 2011 年出现了一个很大的落差,这是联发科当初选错智能手机作业平台产生的后果,还好联发科很迅速地更正了这个错误,因此在 2012 年获得重新再起的机会。从这里也可以看出在超优势竞争的时代,一定要非常注意产品转换的时间与速度,否则很容易一蹶不振,Nokia 就是没有当机立断转换作业系统,因此将市场拱手让给 Samsung。

可以发现联发科采用的是破坏式创新的策略,通过积累研发能量,针对特定市场需求,推出完整客户解决方案,以低价方式切入市场,然后根据市场,迅速反应调整,以进入下一阶段的市场。如果要套用 Porter 的概念,就是一个兼具成本领先以及差异化以大陆市场为目标的集中化策略。

C. Qualcomm 与联发科的策略差异

可以发现,Qualcomm 是一间技术导向的公司,但真正让 Qualcomm 成功的,却是他将技术市场化的商业模式,这也是一种经营模式上面的创新。Qualcomm 在产业导入期与成长期的时候,提供"军火"(芯片)给参战的企业进行厮杀,而在产业成熟后,虽然芯片部分的获利会因为竞争激烈而下降,但是权利金的部分,却会因为市场成长而上升,这是一个非常聪明的两手策略。所以表面上 Qualcomm 利用 QRD,以降价来跟联发科竞争,其实这是促进整体智能手机市场成长的策略,Qualcomm 通过技术商业化模式产生的竞争优势,使其立于不败之地。如果以 Moore(2005)的创新类型来分类的话,Qualcomm 致力于技术领导类型的创新,这是一个把技术价值极大化的过程。过去有很多企业开发了非常多的技术,但最终并没有因此而获利,例如 Xerox、AT&T 等,但 Qualcomm 这个例子,让我们看到了通过技术获取商业价值的力量。这样的策略在超优势竞争时代,会发生在标准转换的时候,例如当通讯技术从 3G 转换到 4G 的过程,万一 Qualcomm 主导的技术无法成为标准,那么 Qualcomm 可能会就此一蹶不振,如当初 Intel 主导的 WiMax 与 Qualcomm 主导的 LTE 竞逐 4G 标准的时候,就是一个关键。所幸 LTE 获得较多的支持,所以 Qualcomm 可以持续保有竞争优势,Qualcomm 某种程度上还是在进行超优势的竞争,只是其战场是在标准上,而不是最终的产品,而 Qualcomm 的持续性优势在于其专注于将标准市场化的模式。

反观,联发科与 Qualcomm 的策略有很大的不同,联发科是一间客户导向的公司,也就是说产品本身是什么其实不是那么重要，重点是客户需要什么，联发科就想办法提供什么，不管是价格或是服务方面，这样的能力其实是在做光储存芯片的时候就建立的。

因此，同样以 Moore 的创新类型来分类，联发科便属于顾客亲密类型的创新，联发科通常不是在产品导入期，或者是产品成长的初期进入市场，就像 Samsung 一样，联发科的优势会在产品进入成熟期后有比较好的发挥。也正因为这样的优势，跟产品本身没有直接的关系，它是建立在联发科的整体营运模式上，所以是一种在超优势竞争时代的持续性竞争优势，聚焦于产品成熟期的成本领先策略。

7. 商业生态系统的超优势竞争

部分智能手机企业的竞争策略，都是针对所处的环境，选择一个认为对他有利的作业系统，跟扮演相同角色的企业进行竞争，基本上就是商业生态系统中的利基者角色。然而在生态系统中，最重要的是该生态系统的主导企业，如 iPhone 的生态系统，Apple 当然是其中的主导企业，如果是 Android 系统，那就是由 Google 所主导。如果仔细分析这两个企业在其商业生态系统中所扮演的角色，就会发现有一些根本性的不同。Apple 创造与建置了整个商业生态系统的主要架构后，只开放了部分的接口与特定企业合作，并且控制了主要的收费来源（包含软件与硬件），所以 Apple 获取了大部分商业生态系统所产生的价值，这是 Iansiti & Levien(2004) 所谓支配者的角色。至于 Google 从一开始建立 Android 商业生态系统的方式，就是采用一个开放式的架构，并且通过开放手机联盟(OHA)这个组织，串联了相关的企业，在利益分配方面，则是由企业依其个别实力去争取应得的利润，Google 只负责制定基本的游戏规则，这则是商业生态系统中所谓枢纽者的角色。针对这两个主导企业在扮演这两种不同角色时候的策略选择，以及相对应的运营活动，就超优势竞争的观点，进行个案分析与比较。

1) Apple 的商业生态系统策略

从个人计算机时代开始，Apple 就一直保有其独特且封闭的生态系统，因此 Apple 在全球个人计算机的市场占有率一直没有超过 5%。然而 Apple 通过不断扩充其商业生态系统中的产品类别与服务，有效提升各个产品类别彼此的连接性与互补性，因此在讨论 Apple 的商业生态系统策略时，就不能只聚焦在智能手机产业，而必须以更宏观的角度来观察其整个商业生态系统的成长，分析 Apple 的商业生态系统策略及其产生效益的方式。

A. Apple 的商业生态系统与产品演进

Apple 由 Steve Jobs 和 Steve Wozniak 于 1976 年创立，成立之初的名称是 Apple Computer, Inc.，但在 2007 年时，因为推出了智能手机 iPhone，公司营业范围不再局限在个人计算机这个领域，因此改名为 Apple Inc.。Apple 的 Apple II 计算机在 20 世纪 70 年代促成了个人计算机的革命，其后 Macintosh 计算机的图形界面，刺激了 Microsoft 发展了视窗系统，让一般的使用者脱离必须背诵许多文字指令的界面，让整个个人计算机产业跨越早期使用者的鸿沟，慢慢演进到目前成熟商品的阶段。然而 Apple 在个人计算机市场因为其独特的商业生态系统与主流的产品不兼容，因此在整个个人计算机产业迈向成熟之际，Apple 在个人计算机的市场占有率反而在十年内从 20% 下降到低于 5%。

2001 年 10 月,Apple 推出了 iPod 音乐播放器,由于精美的设计,以及搭配了使用方便的 iTunes 音乐下载系统,成功击败了 Sony 的 Walkman 系列,成为全球市场占有率最高的音乐播放器,这是 Apple 将其商业生态系统跨出个人计算机领域的第一步。促成 iPod 成功的因素,除了软硬件的高度整合外,最重要的是一个创新的商业模式——iTunes Music Store。当时 Apple 与美国五家主要的唱片公司签约,后来又加入了 600 家独立厂牌的歌手,所以能在商店中提供超过 1 000 万首歌曲供用户下载,每首歌售价 0.99 美元,并至少提供 30 秒的免费试听,这样的商业模式,不但促成了 iPod 的销售,也让 Apple 在 2008 年打败 WalMart 成为美国销量最大的音乐零售商。而 Apple 将营收的 70% 分配给音乐供应商,是让唱片公司和音乐产业在当时可以持续发展的重要因素,因为在 iTunes 出现之前,唱片公司对于泛滥成灾的音乐盗版根本无能为力。所以通过 iTunes Music Store 的商业模式,Apple 创造了一个三赢的局面,一方面使用者得到了方便的音乐服务,而音乐供应商赚到了钱,可以持续开发新的商品,当然 Apple 同时也卖了许多 iPod,让 Apple 跨出了转型的第一步,从此以后,Apple 便不断复制这个成功模式在新的产品上。

2007 年 Apple 推出智能手机 iPhone,它跟之前的智能手机最大的不同,是 iPhone 采用了适合手指触控的新界面,并由较大的屏幕以显示较多的信息,降低了智能手机的使用门槛,让 iPhone 一上市便引发了全世界的热潮。

2008 年 Apple 延续了 iTunes Music Store 的模式,推出了 App Store,让 iPhone 的使用者可以付费或者免费下载各类应用程序,同样的 Apple 将其中 70% 的收入分配给开发者,利用这样的模式,马上刺激软件开发者,针对 iPhone 开发了许多应用,也因为有这些应用,增加了消费者选择 iPhone 的意愿,并刺激更多的软件开发者投入开发 iPhone 的应用,这种双边市场(two-sided markets)的平台模式,刺激了 iPhone 的销售,让 iPhone 很快变成 Apple 营收的主要来源。

而 Google 稍后也发展了 Android 的智能手机系统,并结合众多硬件企业,推出各式机型与 iPhone 竞争,成功压制了 iPhone 在市场占有率上的成长。但 Apple 在 2010 年推出 iPad,继续使用同样的作业系统与程序平台,迅速创造了一个新的平板计算机市场,并造成 PC 市场的衰退。不过就像 iPhone 一样,各式各样的 Android 平板,很快在市场上推出,Amazon 和 Google 相继主导了低价平板的市场,也让 Apple 不得不思考应对的策略,这段过程,可以说是商业生态系统超优势竞争的一个实际案例。

从上述 Apple 的产品演进来看,Apple 的商业生态系统策略就是不断推出新品类的产品,整合到原有的商业生态系统中,让营收进行有机成长,如果跟联发科做比较,联发科不同的产品类别,彼此在应用上是无关的,导致新品类的产品并无法增加旧品类的营收,但是在 Apple 的图中,新品类的产品会带动旧品类产品的销售,所以 Apple 在 Desktops 或是 Laptops 的市场的成长率,因为 iPhone 与 iPad 的畅销,而超越了个人计算机市场整体的成长率,也是 2011 年第三季度正式突破 5% 市场占有率的关系。

B. Apple 如何反败为胜

Apple 如何反败为胜,重要的是这背后的决策过程是如何形成的,以及是否可归纳成一个可说明与执行的架构,尝试从一些次级资料进行分析,找出 Apple 反败为胜的关键因素。

从 1997 年 Steve Jobs 回 Apple 担任临时执行长开始谈起,根据 Rumelt(2011)描述,当年 Apple 濒临破产,Steve Jobs 所做的第一件事,就是把营业项目精简至核心业务,以脱离财务困境,只以一款 Power Mac G3 来满足大部分使用者对于台式电脑的需求。同时为了与一般个人计算机进行区别,在隔年推出 iMac 这款将主机跟屏幕结合在一起的计算机,获得市场的好评,让 Apple 在 1998 年实现 3.09 亿美元的获利。然而这样的策略,"止血"有余,但很难让 Apple 开创未来,因为当时 Wintel 阵营已经等同于业界的标准,所以在个人计算机领域,Apple 只能继续留在微小的利基市场。

在 2001 年 1 月的 MacWorld 上,Steve Jobs 提出了数字枢纽的概念。当时正是网络开始蓬勃发展的年代,所有的内容开始往数字化的方向迈进,包括了文字、声音、相片以及影片等,这是一个难得的机会。所谓的数字枢纽,就是通过 Mac 连接各式各样的的数字行动装置,获取其中的内容,然后利用计算机上的软件将内容进行编辑后,在网络上做进一步的应用;或者是反过来,将网络上的内容下载到数字行动装置后,供使用者应用。但是 Apple 发现其中 Rio 公司生产的音乐播放器,因为缺乏相关软件与内容的配合,用户局限在少数熟悉计算机的先期使用者。为了解决这个问题,Apple 先开发了在 Mac 上的 iTunes 软件,跟 Rio 这一类音乐播放器配合,来解决软件不好用的问题。进一步又发现当时市面上的音乐播放器不是大而笨重(使用 2.5 英寸硬盘,体积太大),就是小而无用(使用 Flash,容量太小),所以当 Toshiba 发展出第一个 1.8 英寸硬盘并介绍给 Apple 后,Apple 就用以开发出第一代 iPod,从此 Apple 进入了一个新的领域。

Apple 的下一步就是把其他功能也整合进来,例如投影片中的 PDA、相机、摄影机、影片播放器等,这不就是 iPhone 所提供的功能吗? 同时如果 iPhone 也可以上网,那 PC 就不是这个数字枢纽的中心了? 网络才是中心。因此在 2011 年的 MacWorld,Apple 推出了 iCloud 的云端服务,正式将数字枢纽的概念转向云端,从此 Mac、iPhone 以及 iPad 都变成 Apple 数字生活里的一种联网装置。

可以发现,Steve Jobs 实际上就是建构在互联网基础上的联网数字生活方式,使用者可以通过不同的硬件装置,在网络上存取各种不同类型的数字内容。在这样的目标下,Apple 的实际做法就是建构出专属于 Apple 的一种商业生态系统,Apple 一方面提供平台给内容开发商,开发使用者想要的内容,另一方面提供硬件装置给使用者,让使用者存取这些内容。内容的服务或者硬件装置的形式都可以逐步增加,只要硬件装置与内容服务间连接紧密,且使用经验一致,每次一有新形态的产品或服务出现,不但可以马上吸引到原有的客户群,还同时吸引了非 Apple 的用户,所以 Apple 的基本客户群会逐渐成长,且营收也会因为产品线间的互补作用,而呈现近乎指数形态的成长。可以发现,Steve Jobs 看到的是一种通过网络所产生的连接性及在这种连接性之下的商业模式。

Apple 可以通过一个半开放式软件平台,连接数字内容的制造者与消费者,而这些内容,只有通过 Apple 所销售的一些封闭式的硬件才能存取,因此 Apple 可以通过锁定来避免与其他企业竞争,而使用者也不会轻易切换到其他的平台。Apple 在利用 iTunes 与

iPod 验证了上述的商业模式之后，就开始衍生到不同的产品与内容，在硬件产品方面，就是后来的 iPhone，iPad 及 Apple TV；在内容方面则从音乐延伸到影片、电子书以及应用程序等。通过这样的运作模式，Apple 某种程度实践了在超优势竞争时代的可持续性竞争优势。

C. Apple 的价值主张与营运活动

从上述的分析可以了解，1997 年 Apple 面对的问题是，个人计算机产业已经进入成熟期，开放式的产品标准让 Apple 的封闭式系统成为一个利基型的产品，虽然进行了聚焦的策略，让公司重新获利，但长期缺乏成长的机会，其挑战便是找出长期成长的机会。如果要留在个人计算机产业，只能朝规模经济与低价化的方式竞争，但 Apple 的核心竞争力并不在这里，而且从长期来看，所有连接网络的终端装置都会是个人计算机的替代品，因此合理的思考方式，是将竞争范畴扩大到所谓的联网装置，而不要局限在个人计算机的框架内，对于是否要进入联网装置这个产业，可以尝试进行"六力"分析，探索其中的机会。

产业内的竞争：除了个人计算机和游戏机的市场外，其他像 PDA、联网手机、数字机上盒等，都还处于开始发展的阶段，企业停留在寻找使用者需求以及技术解决方案的阶段。

潜在进入者：手机业者、网通业者、家电业者等都是即将进入这个市场的竞争对手，由于企业本身的专业不同，竞争的方式会非常多元，差异化的空间较大。

供应商：各种标准尚未完备，每家软硬件供应商的技术专长与能力也不同，提供了各式差异化的机会与可能的应用方式。

客户：早期大众逐步拥有笔记本电脑，并开始习惯一种随时随地上网的生活形态，然而笔记本电脑的体积与重量，以及 WiFi 无线网络并非无所不在，仍旧造成使用的局限。

互补品：固网的速度与普及率不断提升，然而行动网络的发展才刚开始，但预期成长的速度会很快。

替代品：联网装置的替代品就是让每个设备都具备上网的能力，而不需要靠其他的联网装置，例如音响本身可以上网，便不需要 iPod；电视本身可以连接网络，便不需要靠数字机上盒，汽车本身可以上网，便不需要靠手机导航等。

通过"六力"的分析，这个联网装置的产业，以差异化的方式来竞争的空间很大，但主要的重点在于如何提高装置本身的方便性及应用的多样性，这些特性其实是与 Apple 原来的竞争优势互相吻合的。由此，可以得到以下的策略指导方针，相当于 Porter 所说的价值主张。Apple 可以从一个计算机公司，逐步转型为一个提供联网数字生活方式的公司，考量网络环境的发展状况，由整合不同的装置与服务，以提供一个完整且独特的使用经验给使用者，并以多元的方式来获取利润。如果套用 Porter 的概念，这是一个利用生态系统达到差异化的策略。

2）Google 的商业生态系统策略

A. Google 的商业生态系统与产品演进

Google 是一家提供网络搜寻服务产品的公司，创办人佩吉（Larry Page）和布林（Sergey

Brin)本来是斯坦福大学的博士生,在学校从事一项关于搜寻的项目时,开发出一种称为 PageRank 的技术,因为这个技术,其搜寻引擎的精确度远胜于当时其他的搜寻引擎,所以在 1998 年他们以私营方式成立了 Google,来维护 Google Search 这个网站,并在 2004 年进行首次公开募股,于纳斯达克(Nasdaq)上市,其市值在 2012 年超越 Microsoft,成为全世界第二大上市科技公司(仅次于 Apple),市值约 2 500 亿美元。Google 营收主要来自其广告系统,而这其中又分成两个部分,大部分的营收来自通过 Google Search 提供的广告(AdWords),少部分来自在第三方网站上放置的广告(AdSense)。为了扩大来自搜寻方面的广告,Google 除了提供基本的文字搜寻功能之外,另外还提供各式各样的特殊功能,例如天气预报、新闻、地图搜寻、机场信息、翻译、语音搜寻以及图片搜寻等。另外,为了更了解使用者的个人偏好,以达到个人化广告的目标,Google 于 2004 年开发了一个免费电子邮件的服务 Gmail,提供每个使用者 10Gb 的邮箱容量,使用者需付出的代价是 Google 可以由你的邮件内容,了解你的个人偏好,并提供定制化的广告给你。另外,Google 也在 2007 年开发了自己的浏览器 Google Chrome,并同时提供各种平台的版本,例如 Windows、Mac OS、iOS 及 Android 等。当使用者通过 Google Chrome 在网络上进行浏览时,所去的每一个网站,点击的内容,都会被记录下来,Google 希望通过分析这些记录,为使用者提供更好的搜寻结果,同时也提高搜寻广告被点击的比例。

当 Apple 在 2007 年推出 iPhone 的同时,传言 Google 也计划开发自己的行动装置与之对抗,但最后证实只是一个名为 Android 的手机作业系统。Google 在 2005 年就已经收购了一家名为 Android 的手机软件公司,随后邀请了世界上多家手机制造商、电信营运商、半导体供应商、软件开发商等,筹组了开放手机联盟(Open Handset Alliance 简称 OHA),目标是共同开发并制造 Android 系统的手机,并在 2008 年 9 月,通过 T-Mobile 发行了第一款由 HTC 制造的 Android 手机 G1。由于 Android 系统的手机提供了类似 iPhone 的功能,但有更多厂牌、屏幕大小、性能以及价位上的选择,因此很快在市场占有率上超越了其他作业系统,在 2011 年第一季度成为全世界最畅销的智能手机作业系统。到了 2013 年第一季度,Android 的市场占有率达到 74% 的新高,同期 iOS 是 18.2%,其他作业系统总共不到 8%。

虽然 Android 在 2011 年成为全世界市场占有率第一的智能手机作业系统,但因为 Google 是免费授权给其他企业,所以除了通过 Google Play(类似 Apple 的 App Store)产生的营收外,Google 没有办法从智能手机上面直接赚到任何一毛钱。如果分析 Google 的财报可以发现,Google 的营收虽然不断成长,但主要还是来自 AdWords(Google 自己的网站)和 AdSense(第三方网站)两个系统。

B. Google 如何成长

在讨论 Google 的成长策略时,我们可以先到 Google 的官方网站看看公司使命:Google 的使命是整合全球范围的信息,使人人皆可存取并从中受益(Google's mission is to organize the world's information and make it universally accessible and useful.)。这个使命看似简单,就是整合信息让人方便存取,但是挑战在于怎么将它转变为一个可长可久的商业模式。Google 在成立之初,是靠着授权搜寻引擎的技术来维持,而真正开始成长,是因为找到了一个与众不同的广告营利模式。

在网络世界里,广告是一种常用的营利模式,网站经营者免费提供使用者需要的内容或服务然后在其中放置由广告主付费的广告,让使用者浏览并点选。在这样的模式下,广告对使用者是一种干扰,所以使用者点选的欲望很低,所以网站经营者必须提供对使用者更有吸引力的内容或服务来留住使用者,以增加流量,让广告主愿意付钱。但是广告主虽然付了钱,却没有达到相应的效果,因为广告做的版面越大,对使用者造成的干扰越大,有时反而是反效果,这就是传统横幅广告的模式,网站经营者必须小心在取悦使用者与取悦客户(广告主)间求取一个平衡。

Google 的做法跟一般网站有很大的不同,Google 在成立之初,就订下了十大信条,其中第一条也是最重要的一条是"只要以使用者为中心,一切就会水到渠成"。所以 Google 并不对外出售搜索结果的排名位置,而这是传统搜索引擎的营利模式,因为这会破坏了搜索的精准度,就像横幅广告一样,是一种双面刃。对于广告,Google 将它放在特定的位置,并标示为广告,而且要求广告必须与搜索结果相关,不得偏离主题,所以既不干扰使用者,有时甚至就是使用者要搜索的目标,也就是说广告的相关性越高,点击率就会越高。另外一方面,广告主只有在使用者点击广告之后,才需要针对点击的数量付费,这是一个创新的商业模式。所以在这样的模式下,只要 Google 把搜索引擎做好,那么就会有越来越多满意的使用者与广告主,而 Google 就会有越多的获利来投资,并把搜索引擎做得更好,所以十大信条的第二条就是:专心将一件事做到尽善尽美。总结来说,Google 的策略就是以使用者的角度,将搜索引擎做到最好,这不是完美的呼应到前面所提到Google 的公司使命吗?

那么 Google 所面临到的挑战是什么呢? 我们可以从 Landry(2012)整理的资料发现,根据 2011 年的统计,除了少数的国家外(中国、日本、韩国、捷克等),Google 搜索引擎的占有率都是第一,且以悬殊的比例领先第二名,这代表 Google 在 PC 的搜索引擎市场已经饱和,所以 Google 需要的是另一个成长的机会,由于广告主会将广告预算分配到不同形式的广告上面,但是 Google 在个人计算机搜索引擎的广告占有率已经渐趋饱和,所以必须以不同形式来提供广告,而行动网络就是这个机会。

所以可能思考的方式,就是将竞争范畴扩大到所谓的联网装置的广告产业,只要装置能连上网络,就有搜索的需求,就有提供广告的机会,而不要局限在个人计算机搜索的框架内,会发现为什么 Apple 和 Google 最后会在同一个产业里面竞争。Apple 原本是一个硬件公司,卖计算机赚钱,当它创造了一个联网装置的商业生态系统,目的是通过服务来锁定客户,以便于卖更多的硬件,所以需要控制整个生态系的价值链,以保障它的利润。但 Google 是一个广告公司,创造的联网装置的商业生态系统,目的是要让使用者可以接触更多的广告,因可以开放整个商业生态系统,让更多人进来提供软、硬件的服务,Google 就可以间接从中获得利润。这两个公司因各自有其经营的商业生态系统,获取了超越同业的利润。

C. Google 的价值主张与营运活动

从以上的分析来看,Google 现有的广告客户族群日趋饱和,但如果从替代品的角度切入,便可以扩大客户的族群,所以思考的方式,是将竞争范畴扩大到联网装置的广告产业,而不要局限在个人计算机搜索的框架内,因此我们重新就联网装置的广告产业这个概念进行"六力"分析,探讨其中的机会。

产业内的竞争:如果说 PC 的搜索引擎广告市场已经被主要企业占领,那么一般联网装置的广告市场,就像是一个尚待开垦的白地,重点在要如何去开垦与经营。

潜在进入者:由于除了计算机以外的联网装置,通常缺乏传统的鼠标及键盘,所以会有较多以专业搜索方式的应用程序存在,因此面对的是"长尾"且差异化的竞争。

供应商:提供各式专业搜寻的时候,碰到需要有提供内容或信息的企业,例如图资、天气、路况、新闻等,除了付费的模式外,还可以尝试建立一种互惠伙伴关系的模式。

客户:由于搜寻广告的客户很多都是中小型企业,这些企业本身没有能力建构完整的网络商业系统,因此除了提供广告,将使用者带到客户的网站外,如果能提供更多的附加服务给客户,例如帮客户管理用户资料、通过手机做用户识别,甚至提供付费机制,或运送服务等,以降低客户的营运成本,并提高其营收,如此客户也会贡献更多的广告收入。

互补品:各种网络的基础建设,联网的装置及其作业系统本身,都是重要的因素,最重要的是要有满足使用者需求的服务与应用,所以如果 Google 想要获得成功,必须想办法让这些业者都能成功。

替代品:广告是一种营销的手法,其他有类似广告作用的网站,例如 Mobile01 这类型的网络论坛,或者脸书这种社交网络,都是广告的替代品,这其中尤其以脸书所产生的威胁最大。

可以发现,如何让联网装置的使用者增多是策略成功的重点,因此在硬件上要有多样化的选择,而且以便宜的价格供应,如此会带来较多的用户。越多用户使用网络,就有越多企业在网络上提供服务,而这些用户都是 Google 的潜在使用者,这些企业也都是 Google 的潜在客户,所以 Google 的策略选择就与 Apple 大不相同,策略指导方针或者价值主张可以这样:Google 将从一个网络搜索公司,逐步转型为一个提供联网数字生活方式的公司,考量网络环境的发展状况,由提供开放式的平台,整合伙伴的多元装置与服务,以提供不同经验给不同类型的使用者,并通过广告的方式来获取利润。可以看到,Google 与 Apple 价值主张的不同,主要在获利模式上面,而 Google 实现获利的方法在于拥有使用者的数目,因此必须将使用者取得服务的成本降到最低,如果套用 Porter 的概念,这就是一个利用生态系统达到整体成本领先地位的策略。

3) Apple 与 Google 在商业生态系策略上的比较

Apple:Apple 的生态系统策略是架构在产品领导的创新上,Apple 先推出了 iPhone 这个产品,以创新的使用经验,吸引了首波早期使用者,之后 Apple 才推出了 App Store,吸引开发者的加入,开发 App 以吸引更多新的用户。在这个模式下,产品本身非常重要,因为如果没有好的产品来吸引首波用户,这个生态系统就无法继续走下去,所以 Apple 非常小心地控制整个生态系统,以维护产品单纯的使用经验。但是这样的模式在产品进入成熟期后,使用者间的差异就会加大,单一产品便无法满足所有用户的需求,因此便只能维持特定族群的客户,市场占有率无法提升。这时候 Apple 的策略就是进行品类更新的创新,通过新品类进入市场以吸引新的用户,同时通过与旧品类的连接,延长旧品类的生命周期。要做到这样,必须对整个生态系统有严密的控制,因此 Apple 扮演的是一个支配者的角色。

如果以 Moore(2005)的创新类型来分类的话,Apple 致力于产品领导以及品类更新两种不同形态的创新,通过这两种创新类型的交互应用,Apple 成功地从个人计算机产业,转换到联网装置的产业,并在这场超优势竞争的战役中,获得初步的胜利。但是 Apple 面临的挑战就是,在智能手机产业也进入了成熟期后,Apple 必须进行下一波的品类更新,因为成熟期的产业不是 Apple 擅长的战场。不过由于 Apple 已经建立了一个稳固的生态系统,增加品类成功的概率越来越高,也就是说,Apple 在这个超优势竞争的年代,可以通过商业生态系统来建立其持续性的竞争优势——聚焦于产品成长期的差异化策略。

Google:Google 开发 Android 产品的方式,与 Apple 有很大的不同。Google 通过一个松散的组织(OHA)来建立 Android 的生态系统,同时对于最后到达使用者的终端产品,Google 并没有严格控管,因此在 Android 产品的使用经验上,会有相当程度的落差,但这正是满足各种不同使用者的方法,也是 Google 可以迅速扩大市场占有率的原因。就像 Qualcomm 是通过标准赚钱一样,越多人使用 3G 手机,Qualcomm 的收入就越高。同样的,Google 是通过广告赚钱,越多人使用 Android 手机,Google 的收入就越高,这也表示,Google 所做的是一种商业模式的创新,而不是产品创新。事实上,Google 真正的产品是提供的服务,例如 Gmail,Google Map 等,Google 由这些服务来锁定使用者,至于 Android 手机,只是增加使用者的一个工具而已。

如果以 Moore(2005)的创新类型来分类的话,Google 的创新其实是有顾客亲密与经营卓越两个类型:顾客亲密指的是通过个人化的服务锁定用户,而经营卓越指的是其"三赢"的广告商业模式。Google 通过这些创新,建立了其在超优势竞争时代的持续性竞争优势,因为不管是 Apple、Samsung 或者是 HTC 所做的任何努力,最后都会变成 Google 的广告收入,所以说 Google 没有从 Android OS 的开发上赚到钱,其实不是事实,只是难以估计罢了。同样的,如果要以 Porter 的概念说明 Google 的持续性的竞争优势,就是聚焦于产品成熟期的成本领先策略。

4) Apple 与 Google 在发展策略上的比较

A. 技术私有性程度

Apple 自创立以来,为保护公司最重要的资产——创新,特别重视知识产权,也竭尽所能地运用知识产权来对付其竞争对手,此种模式到了 iPhone 也仍然持续着。Apple 在推出 iPhone 之前,就已积极注册 iPhone 商标、iOS 作业系统等名称的所有权及使用权。而对于 iPhone 的创新功能或设计,亦在推出前后完成相关的智财布局,例如在 iPhone 采行多点触控功能后，触控技术已成为杀手级的应用，改变了手机的操作习惯。面对此机会，Apple 自然不会放过掌控多点触控技术的机会，在 2009 年 1 月正式取得重要的触控面板专利，从此专利说明书达 300 多页内容，足以了解 Apple 对多点触控技术的重视。另外在 iOS 方面，其为经过多年研究、开发等复杂技术的知识积累下而产生比其他竞争者还稳定、精良的作业系统，为保有长期竞争优势，Apple 不愿将其技术轻易授权他人，保留了原始码等核心技术，只将可以在 iOS 上使用的应用软件的 SDK 释出。

Google 以终端设备行动上网的普及为目标，故将其主导的作业系统 Android 技术授权开放、应用软件 SDK 释出，加上 Android 后由 OHA 共同研拟下推出，必须受制于其他合作企业，虽 Google 仍拥有最核心架构的技术研发资产，但因开放的关系让技术私有性程度相对较低。而在 Google 已有的 500 多项专利中，有些是和其他企业所共有；另一方面，其大部分的专利多与搜索有关或位置服务的技术，这样一种涵盖范围狭窄的专利组合说明了 Google 在专利数量和多样性方面的不足。

B. 网络外部性

Apple 与 Google 两个系统的主导者，皆将其应用软件的 SDK 释出，目的是为了达到间接网络外部性的效果，以应用软件及内容服务等附加价值来吸引消费者购买使用其作业系统的智能手机。因消费者购买智能手机时会考虑现有适用的应用软件的多寡，若此手机能使用的应用软件种类越多，手机的效用越大，从而提升消费者的购买意愿。如今，Apple 约有 35 万个软件，而 Google 也以突破 15 万个。另外，相关服务的增加也是间接网络外部性的来源之一。Apple 与 Google 分别成立 App Store 及 Android Market，提供方便开发人员发表、消费者下载应用软件的渠道，并通过此平台进行应用软件的统一管理，还制定了程序内付款的机制，提供多元、安全、便利的服务给消费者。

C. 互补性资产

手机是让作业系统能发挥效用的终端装置，所以除应用软件开发商外，手机设备商为另一项重要的互补性资产。

Apple 将终端装置纳入自己企业的营运范畴，自行掌握手机的设计与开发，省去和手机设备商合作后可能被剥削的利润，但相对的也少了其他手机设备商的支持甚至成为竞争对手，在这样的选择下，Apple 必须孤军奋战，在众多竞争对手的行动终端装置市场中立足。

Google 致力于作业系统上的改善与开发，对于终端装置的部分并未涉足，其通过作业系统开放的特性号召各手机设备商采用 Android。

随着 Motorola、Samsung、Sony Ericsson 等国际知名大厂的支持及其他各手机设备商的响应，Android-base 的终端装置成倍数成长，甚至出货量在 2010 年第四季度首次超越了过去一直保持领先的 Symbian，成为市场占有率第一的手机作业系统。

Apple 与 Google 在争取成为主流设计的发展轨迹中，重视的部分不同，所发展的策略活动也因此有所不同。Apple 在推出其产品及服务时，为了掌握创新、技术等核心价值，多半是以较为封闭的态度去保护，此举虽不利于产品在市场的扩张，但通过第三方应用软件开发人员的支援，可以达到网络外部性的效益，增加消费者购买诱因。另外，Apple 因为自行开发硬件、软件的部分,较能掌握产品质量的一致性及使用的流畅度,提升了顾客使用体验价值,从而获得消费者的青睐。Google 则是大量通过外部资源的力量,整合价值提供给消费者。除第三方应用软件开发人员的支援,还拉拢手机设备商加入阵营,扩大势力版图,也强化了网络外部性的效果,Google 企图以"机海策略"快速扩张其在智能手机市场的占有率。这是为何 Android 和 iPhone 在性能表现上差异接近,但是客户忠诚度差异这么大的原因之一。换句话说,Android 的"机海策略"让其成功地打开市场占有率,但是若没有统一的管理系统,可能也会让 Google 及整个生态系统在未来发展上产生隐忧。

Google 开放系统与 Apple 封闭系统的主要叙述见表 8-9 所示:

表 8-9　开放系统与封闭系统

对各合作企业的影响	Google 开放系统	Apple 封闭系统
移动通信营运商	拥有可发展自家应用内容、建立网络应用软件商店等的自主权	过去的主导优势被剥夺,沦为仅提供数据传输渠道的角色
手机设备商	拥有硬件设计、内容应用、界面设计等的自主权; 差异化的需求让手机生命周期变短、机种变多,不容易产生规模经济; 众多品牌竞争,反而弱化每家的品牌效果	机种少,产品生命周期拉长,有利 EMS 代工厂发挥规模经济,提高成本优势
应用软件开发商	因基于 Android 架构下发展的平台版本众多,增加开发的成本和困难度; 管理机制宽松,导致盗版猖獗,影响其获利权力	受审查机制及一些严格限制所规范; 明确的使用者界面规范、单一硬件规格让其不用烦恼各版本相容的问题
主导企业	快速获取市场占有率; 过多分裂的应用平台难以统一管理; 使用者没有一致性的体验,不易产生顾客忠诚度; 主导地位容易被其他成员威胁	少了与其他企业合作的机会,不利于市场的扩张; 一致性的使用体验让品牌识别度及忠诚度提高; 服务质量及生态体系的主导权易掌握在自己手上

8.3　结论与建议

1. 智能手机产业企业竞争优势与分类

首先将本研究所涵盖的企业,针对其在商业生态系中所扮演的角色、策略类型与价值主张以及所聚焦的产品生命周期,整理如表 8-10 所示:

表 8-10　企业角色与策略类型、价值主张与聚焦的产品生命周期

企业	商业生态系统中所扮演的角色	策略类型	价值主张	聚焦的产品生命周期
HTC	利基者	利用速度造成差异化的策略	快速产品上市能力 多方策略联盟 客制化能力 独特的商业模式	导入期及成长期
Samsung	利基者	利用规模达到成本领先的策略	反应速度 垂直整合 功能性整合 集团综效	成熟期
Qualcomm	利基者	利用制定标准达到差异化的策略	技术研发 技术专利化 专利标准化 标准市场化	导入期及成长期
联发科	利基者	兼具成本领先以及差异化,以大陆市场为目标的集中化策略	积累研发能量 客户导向 快速转换主流平台 破坏式创新	成熟期
Apple	支配者	利用商业生态系统达到差异化的策略	数字生活营销 整合装置与服务 独特的使用经验 多元的获利模式	导入期、成长期及衰退期
Google	枢纽者	利用商业生态系统达到整体成本领先地位的策略	数字生活服务 多元的装置 开放式平台 广告的获利模式	成熟期

Apple、Qualcomm 以及 HTC 的价值主张,都以产品或者技术的开发为主,因此属于以产品领导为竞争优势的企业,会在产品的导入期以及成长期有较大的竞争优势;Google、Samsung 和联发科的价值主张,则多属于经营模式或者顾客导向的层面,因此将其竞争优势归类于经营卓越还有顾客亲密这两个类型,并且聚焦在产品的成熟期。而其中比较特别的是 Apple,因为它除了有产品领导的优势外,同时具有品类更新的能力,因此可以在原有产品(个人计算机)进入衰退期的时候,创造新的产品类别(iPad),由破坏市场来延续公司成长的动力,因此这里所谓的品类更新的能力,其实就是 D'Aveni(1994)所强调的破坏市场的能力。相对来说,品类更新是一个比较独特的能力,这种能力可以说是超优势竞争时代的竞争优势来源,也是 Apple 之所以能成为市值最高科技公司的主要原因。

2. 企业类型与其合适的竞争优势

Porter 提到了三种一般性竞争策略,即成本领先、差异化以及集中化。在智能手机企业中,可以发现两类:①聚焦早期使用者或是产品成长期的差异化策略;这些企业都是以产

品或技术为导向的公司,包括了 HTC、Apple 以及 Qualcomm。由于采用的是差异化的策略,为了避免对手的追赶,必须不断更新产品与技术,所以容易形成超优势竞争的态势。但由于针对早期使用者,所以在初期会有较高的毛利率,但如何维持差异化与竞争优势,是这些企业的挑战。其中 Apple 通过建构专属的商业生态系平台,以及品类更新的能力,来强化其在超优势竞争环境下的持续性竞争优势。②聚焦大众或者是产品成熟期的成本领先策略:这些企业是以经营模式为导向的公司,包括了 Samsung、联发科还有 Google。通过特有的经营模式,这些企业达到了成本领先的优势,可以在大众市场取得较大的份额,虽然毛利较低,但是可以维持较长时间的优势。其中尤以 Google 同时兼具顾客亲密与经营卓越两种类型的创新,通过开放式的商业生态系平台,以低价硬件进入大众市场的方式,可以在超优势竞争的环境下保有其竞争优势。

一个商业生态系统中具有主导地位角色的企业,不管是支配者或者是枢纽者,都可以运用其主导的力量,建立其特有的竞争优势。例如 Apple 建立了专属的平台,整合了软硬件与服务,避免了与对手直接的价格竞争;而 Google 则故意让其所属阵营的硬件企业进行价格战,以快速提高市场占有率,来冲高其广告的营收,这些策略都不是其他扮演利基者角色的企业所能模仿的。至于扮演利基者角色的企业,由于不具主导的力量,因此容易因为环境的改变而受到影响。例如在 Android 系统开发的初期,Google 是与 HTC 合作,希望以 HTC 的速度快速进入市场,但在成功进入市场后,Google 转而跟 Samsung 合作,希望以 Samsung 的整合能力,压低价格以大量供货,但这些利基企业在没有其他选择的情况下,也只能配合演出。同样的,Google 通过与华硕推出 Nexus7 的平板,迫使 Samsung 大幅降低其 Galaxy 平板的售价,也是同样的道理;而其中在 CPU 的部分,采用 nVidia 的产品,而不使用 Qualcomm 的芯片,此策略也间接带动了低价芯片的市场,而联发科也因此有机会挑战 Qualcomm 的地位。唯有在商业生态系中具有主导力量的角色,才能选择进入本身具有优势的战场,借以建立持续性的竞争优势,Google 就是例子。扮演利基者角色的企业,因为只能跟着所选择的商业生态系统进行演化,当主导企业采取不同的策略时,利基者只能被迫跟着进行其所不擅长的竞争方式,HTC 及 Qualcomm 就是具体的例子。

3. 超优势竞争环境下的持续性竞争优势

1) Apple（支配者）的持续性竞争优势

一般来说,产品或技术导向的差异化竞争优势,通常比较难以持久。因为产品和技术是很容易拆解的,所以一旦产品上市了,这个差异化所能维持的时间可能不到半年。比较夸张且实际发生过的情形是,当 A 公司在产品发表会宣布半年后要上市的产品的功能后,B 公司可以用最快的速度,将这些功能加到它要推出的产品,并在 A 公司产品上市前推出。这个例子说明了要在产品上做差异化所面临到的困境,Apple 从个人计算机时代就面临了这样的问题,因此 Apple 便将力气放在建立特有的商业生态系统上,虽然最后还是被 Google 所模仿,但 Apple 已经锁定了部分的用户,因此 Apple 可以利用其品类更新的能力,通过不断推出新的产品类型,来维持旧有产品的竞争力,并吸收新的使用者成为新锁定的用户。

运用 D'Aveni 在解释超优势竞争所用的图示,认为 Apple 利用商业生态系统与品类更新的能力,建立了一个在超优势竞争时代的持续性竞争优势(图 8-5)。这个优势的主要来源,是在当企业建立一个新优势的时候,利用商业生态系统的锁定效果,来延长旧有优势的生命周期,例如 iPod 的热卖,间接促进了 iMac 的销售。另外,Apple 也运用其支配者角色的力量,独占新优势所产生的利润,所以整体的利润累加后,就呈现指数形式的成长。

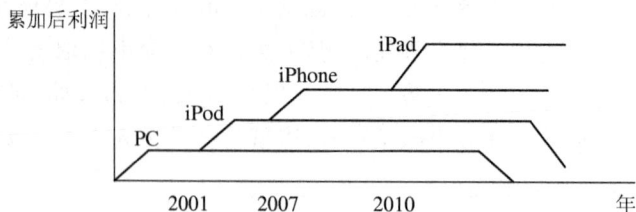

图 8-5　Apple 在超优势竞争时代的竞争优势图

2) Google(枢纽者)的持续性竞争优势

一般来说,像 Google 这种以服务为导向,并靠着特殊商业模式建立的竞争优势,通常比较难以模仿,所以挑战通常来自于新服务对市场所产生的破坏,如 Facebook 就是 Google 目前最大的威胁,而事实上根据 Hitwise 的调查,Facebook 在 2010 年全美网站的流量就已经超过 Google 了,同时新的服务不断产生,这是 Google 面临的超优势竞争。

由于在产品本质上的不同,Google 采用了一个和 Apple 类似但效果完全不同的方式,来维持其竞争优势。Google 除了自己不断推出新的产品,针对市面上可能对它产生威胁的产品,Google 也会推出类似的服务,即使无法从中获利也没有关系,因为最后都会反映到 Google 广告的收入中,所以 Android 就是这种思维下所推出的产品,而且事实上 Google 的产品几乎都是这样的概念,例如 Google Map、Gmail、Google Docs 等。Google 同样具有品类更新的能力,通过不断推出新的产品类型,来维持在广告产品的竞争力,并吸收新的使用者成为广告的对象。

以 D'Aveni 在解释超优势竞争所用的图示,认为 Google 同样利用了商业生态系统与品类更新的能力,建立了一个在超优势竞争时代的持续性竞争势(图 8-6),与 Apple 不同的地方在于,Google 扮演的是枢纽者的角色,因此并不主导新产品所产生的利润分配,所以主要利润还是来自于旧有的产品。

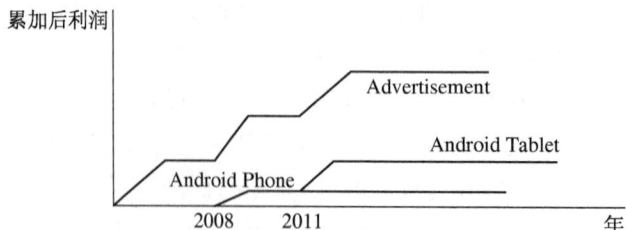

图 8-6　Google 在超优势竞争时代的竞争优势图

研究结论:通过建立并主导一个商业生态系统,并由品类更新的能力,持续更新其中的产品,是在超优势竞争时代建立持续性竞争优势的一种方法。由于主导方式的不同,支配者和枢纽者的策略会造成利润分配方式的不同,但都有机会能在超优势竞争的环境中,达到长时间持续的成长。

至于扮演利基者角色的企业,因为无法掌控局势的变化,即使能不断破坏并创造新的优势,但当没有正确侦测到环境的变化趋势(联发科采用 Windows Mobile 的例子),或者知道趋势变化但组织无法相对应对的时候(HTC 无法面对大量商品化的危机),公司的利润就会开始衰退,第一种状况还可以通过迅速修正来调整,而第二种状况则考验领导人带领公司转型的决心与能力,这对企业经营是非常大的挑战。

第 9 章
创新、知识创新与知识创新生态系统

　　当前,产业创新环境正发生着剧烈的变化,不确定性、复杂性和模糊性进一步增强。环境变化对产业创新管理理论和实践都提出了新的挑战。过去我们仅仅聚焦于产业内部创新行为,或者是一些独立的创新行为、单项技术的创新。而创新生态系统不仅需要关注内部的创新行为,还需要考虑同其他产业的有效协同创新、用户的参与、对创新成果的有效传递和应用,更需要关注知识创新生态系统的构建和持续运行。

　　20 世纪后半期以来,创新范式先后经历了线性的技术政策、非线性的创新体系及动态非线性的创新生态系统三个阶段,其中前两种范式的代表分别是 20 世纪 60 年代至 80 年代的日本和 20 世纪 90 年代至 21 世纪初的北欧。技术政策范式政府作用的重点在于提供研发投入,创新体系范式要求政府提供框架性政策。创新生态系统的兴起体现了技术—经济范式转换的新动向,改变了人们对于创新驱动和经济发展内在机制的认识,并推动创新的系统范式从工程化、机械型走向生态化、有机型。创新生态系统基础是承认人类社会是一个生物系统,它具有多样性、自组织性、开放性和动态性。在生物学中,一个自然的生态系统是由一个群落的生物体相互作用及与环境的作用所构成,而创新生态系统则可以看作一个区间内各种创新群落之间及与创新环境之间,通过物质流、能量流、信息流的联结传导,形成共生竞合、动态演化的复杂系统。如果把传统的技术政策和创新体系范式比喻为致力于调整准确度、精密度和生产率的"工厂",那么可把创新生态系统比拟为把各类物种融合从而创造出全新且不可预料的动植物群的"雨林"。

　　创新生态系统的本质是追求卓越。知识创新的范围从封闭走向开放,创新创造价值的结论没有错,但"如何进行创新""创新的范围"都发生了变化。创新的挑战已经从内部走向外部,面对技术和市场的快速变化,主动进行开放式创新,通过合作伙伴之间的协同与互补实现创新。实际上,海尔、苹果、谷歌为用户创造的价值,不是仅由这些企业独自完成,而是实现了产业知识融合、扩展与创新。知识创新的行为从线性走向网络化。基础研究、应用研究、产品开发、工程化和商业化应用这样的一个创新活动过程,都是在线性思维下做出的界定。当前创新更多表现出非线性,极强的不确定性。网络化是应对这种不确定性的有效方式,培育创新生态系统即培育创新的环境,创造创新的机会和激情,尊重和激励创新,引致创新行为共生演进。

　　创新生态系统由多主体共同参与。创新生态系统由各种各样的生物物种(成员)组成,各成员间存在各种复杂的关系。生物物种主要包括企业个体及同质企业（相同的技术、供应商、用户等）所形成的种群，如消费者、供应商、市场中介、金融机构和投资者等。相互间的各种复杂关系既有垂直关系，如供应商、消费者、市场中介机构等之间的关系，又有水平关系，如竞争对手、其他产业的企业、政府部门、高校、科研机构、利益相关者等之间的关系。

创新生态系统以平台为中心。创新生态系统是由多种不同主体相互交织形成的开放的、多维的、共同演进的复杂网络结构。其中的每一个生态系统都是一个开放的、与社会有着全方位资源交换而且不断做内部调整的动态系统，因而具有自身所在系统未有的特性和功能。创新生态系统研究的对象逐渐从个体扩展到种群范围，最后扩展到种群之间的关系层次。

从硅谷到深圳、上海、杭州、南京，打造一个活跃的创新生态，是其内在的奥秘。同样，在知识创新生态系统的打造上，怎样体现开放性和包容性？打造一个有活力的知识创新生态系统，是抓好创新的重要保障。每个区域，都有自身独特的创新生态。开放性和包容性，无疑是在创新生态系统打造中必须牢牢抓住的最重要的特征。什么是开放性？就是要引得进、走得出。要有海纳百川的胸怀，敞开大门，汇聚区域、国家乃至全球的创新资源。以开放带创新，以创新促发展。什么是包容性？就是要融合好、留得住。历史文化、自然环境、服务配套、创新平台等都是吸引创新资源集聚的重要优势。同时，还要有包容创新的文化氛围，能够鼓励创新、宽容失败，使创新成为全社会共同的价值追求。

"创新浓度"理论由北大著名经济学家周其仁教授提出，是指在一个区域内，只有各类创新要素的聚合度超过某一阈值，才能产生化学反应，大量科技型企业才能持续涌现，对周边地区的辐射带动作用才会逐渐显现，是知识创新生态系统的极值模式。美国硅谷、以色列凯撒利亚和北京中关村的形成与发展均是该理论的佐证。中关村在科技成果转化和高成长性企业培育方面走在前列，独角兽企业异军突起，创新创业者人才辈出，新技术、新业态、新模式不断涌现，制度与政策创新成果层出不穷，形成了具有标杆意义的"中关村现象"。造成这一现象的本质原因，是中关村通过体制机制创新不断聚升区域"创新浓度"。"创新浓度"理论提示政府要在创新要素总量有限时，自觉地集聚资源引导或激发在某一区域，形成足够的"创新浓度"并超过临界值，促使各种创新现象、创新活动、创新成果不断涌现，并形成强大的溢出效应，进而辐射带动周边区域发展，最终提升该地区总体创新发展水平。相反，如果创新要素的分布过于分散，无法达到"创新浓度"的阈值，则难以形成区域的创新发展之势。

政府应该依托良好的区位优势，通过扁平化的层级设计和大部门制的管理模式，有效克服传统政府机关的一些问题，显著降低制度性交易成本。促使各类创新要素自发集聚，形成一定的"创新浓度"，为市场主体营造自由发展的氛围。"创新浓度"对软硬环境有更高的要求，借鉴中关村等先进区域的经验，针对未来科技和产业变革的趋势，对基础设施、配套环境、服务体系等做出系统性的再规划与再提升。搭建产学研互动的互联网平台，解决产学研中信息高度不对称的问题。以逆向思维改变科研院所科技成果难以产业化的现状，以问题导向推动产学研融合。鼓励高校和科研机构进行管理体制机制创新，同时利用互联网平台实现公共技术平台和大型仪器设备的共享。遵循市场规律构建创新生态圈,引导技术、人才、金融等创新要素自由流动,推动"创新浓度"的局部聚合。

　　每个产业生态要走出自己的路。目前,我国多地已经形成了创新核心区,如中关村等。创新生态"四处开花"固然是好事,但是生态除了一些固定的要素之外,还要考虑到任何创新系统都是在一个特定的地理空间、政治经济环境、社会文化环境下生成。不仅是国与国之间,地区之间的创新模式也不能简单套用。

主要参考文献

[美]巴顿.2002.知识与创新[M].孟庆国,等,译.北京:新华出版社.

陈菲琼,徐金发.2001.竞争与合作是企业知识联盟的最佳行为模式[J].科学学研究,19(4):37-41.

陈菲琼.2001.我国企业与跨国公司知识联盟的知识转移层次研究[J].科研管理,22(2):66-73.

陈劲,王如富.1999.知识经济与企业核心能力的培养[J].中国软科学,(3):77-79.

党兴华,刘华芳.2002.网络环境下企业技术创新过程有效组织研究[J].中国软科学,(12):71-75.

[美]德鲁克.1989.创新与企业家精神[M].《世界经济科技》周刊编辑室,译.北京:企业管理出版社.

傅家骥.1998.技术创新学[M].北京:清华大学出版社.

盖文启.2002.创新网络:区域经济发展新思维[M].北京:北京大学出版社.

胡汉辉,潘安成.2006.组织知识转移与学习能力的系统研究[J].管理科学学报,9(3):81-87.

[韩]金麟洙.1998.从模仿到创新[M].刘小梅,刘鸿基,译.北京:新华出版社.

刘洪涛.汪应洛,贾理群.1999.国家创新系统(NIS)理论与中国实践[M].西安:西安交通大学出版社.

[德]迈诺尔夫·迪尔克斯,等.2001.组织学习与知识创新[M].上海社会科学院知识与信息课题组,译.上海:上海人民出版社.

彭锐,刘冀生.2005.西方企业知识管理理论"丛林"中的学派[J].管理评论,17(8):58-62.

[美]钱德勒.2001.看得见的手[M].重武,译.北京:商务印书馆.

[日]青木昌彦.2001.比较制度分析[M].周黎安,译.上海:上海远东出版社.

申小莉.2011.创新网络中知识转移的影响因素研究[J].科学学研究,29(3):432-441.

田钢,张永安.2010.集群创新网络演化的动力模型及其仿真研究[J].科研管理,31(1):104-115.

汪丁丁.在经济学与哲学之间[M].北京:中国社会科学出版社.

汪建成,毛蕴诗,邱楠.2008.由OEM到ODM再到OBM的自主创新与国际化路径[J].管理世界,(6):148-155.

汪应洛,李勖. 2002. 知识的转移特性研究[J]. 系统工程理论与实践,22(10):8-11.

王辑慈,等. 2001. 创新的空间:企业集群与区域发展[M]. 北京:北京大学出版社.

王开明,万君康. 2000. 论知识的转移与扩散[J]. 外国经济与管理,(10):2-7.

吴隽,汪烈鑫,王铁男. 2003. 基于知识利用状况分析的知识管理策略选择[J]. 中国软科学, (8):79-83.

谢洪明,刘常勇,李晓彤. 2002. 知识管理战略、方法及其绩效研究[J]. 管理世界,(10): 85-92.

颜光华,李建伟. 2001. 知识管理绩效评价研究[J]. 南开管理评论,4(6):26-29.

赵曙明,沈群红. 2000. 知识企业与知识管理[M]. 南京:南京大学出版社.

左美云. 2004. 企业信息化主体间的六类知识转移[J]. 计算机系统应用,13(8):72-74.

Abebe M A, Angriawan A. 2014. Organizational and competitive influences of exploration and exploitation activities in small firms [J]. Journal of Business Research,67(3):339-345.

Adams M E, Day G S, Dougherty D. 1998. Enhancing new product development performance: an organizational learning perspective [J]. Journal of Production Innovation Management, 15(6):403-422.

Adner R, Kapoor R. 2010. Value creation in innovation ecosystems:how the structure of technological interdependence affects firm performance in new technology generations [J]. Strategic Management Journal, 31(3):306-333.

Alchian A A, Demsetz H. 1972. Production, information costs and economic organization [J]. The American Economic Review, 62(5):777-795.

Ancona D G, Caldwell D F. 1992. Bridging the boundary: external activity and performance in organizational teams [J]. Administrative Science Quarterly, 37: 634-665.

Andrea M, Bascavusoglu-Moreau E, Alan H. 2014. Open service innovation and the firm's search for external knowledge[J]. Research Policy, 43(5):853-866.

Ansoff H I. 1957. Strategies of diversification[J]. Harvard Business Review, 35(5): 113-124.

Argote L, Miron-Spektor E. 2011. Organizational learning:from experience to knowledge [J]. Organization Science, 22(5): 1123-1137.

Badaracco J. 1991. The knowledge link: how firms compete through strategic alliances [D]. Boston, Mass: Harvard Business School.

Baker W E, Sinkula J M. 1999. The synergistic effect of market orientation and learning orientation on organizational performance[J]. Journal of the Academy of Marketing Science, 27 (4):411-427.

Bechky B A, Okhuysen G A. 2011. Expecting the unexpected? How SWAT officers and film Crews handles surprises[J]. Academy of Management Journal, 54(2):239-261.

Bierly P, Chakrabarti A. 1996. Generic knowledge strategies in the US pharmaceutical industry[J]. Strategic Management Journal, 17(52):123-135.

Blumentritt R, Johnston R. 1999. Towards a strategy for knowledge management[J]. Technology Analysis and Strategic Management, 11(3):287-301.

Boso N, Story V M, Cadogan J W. 2013. Entrepreneurial orientation, market orientation, network ties, and performance: study of entrepreneurial firms in a developing economy[J]. Journal of Business Venturing, 28(6):708-727.

Brown J S, Duguid P. 1998. Organizing knowledge[J]. California Management Review, 40(3):90-111.

Chai S, Das S, Rao H R. 2011. Factors affecting bloggers' knowledge sharing: an investigation across gender[J]. Journal of Management Information Systems, 28(3): 309-342.

Chaminade C, Plechero M. 2015. Do regions make a difference? Regional innovation systems and global innovation networks in the ICT industry[J]. European Planning Studies, 23(2):215-237.

Chen M J, Lin H C, Michel J. 2010. Navigating in a hypercompetitive environment: the roles of action aggressiveness and TMT integration [J]. Strategic Management Journal, 31(13):1410-1430.

Coenen L, Benneworth P, Truffer B. 2012. Toward a spatial perspective on sustainability transitions[J]. Research Policy, 41(6):968-979.

Deshpande R, Grinstein A, Kim S H, et al. 2013. Achievement motivation, strategic orientations and business performance in entrepreneurial firms: How different are Japanese and American founders? [J]. International Marketing Review, 30 (3):231-252.

Drover W, Wood M S, Payne G T. 2013. The effects of perceived control on venture capitalist investment decisions: a configurational perspective[J]. Entrepreneurship Theory and Practice, 38(4):833-861.

Drucker P. 2000. The discipline of innovation[J]. Harvard Business Review, 80(8): 95-101.

Earl M J. 2001. Knowledge management strategies: toward a taxonomy[J]. Journal of Management Information Systems, 18(1):215-233.

Eisenman M. 2013. Understanding aesthetic innovation in the context of technological evolution[J]. Academy of Management Review, 38(3):332-351.

Fiss P C. 2007. A set-theoretic approach to organizational configurations[J]. Academy of Management Review, 32(4):1180-1198.

Fiss P C. 2011. Building better causal theories: a fuzzy set approach to typologies in organization research[J]. Academy of Management Journal, 54(2):393-420.

Gregory Tassey. 2014. Competing in advanced manufacturing: the need for improved growth models and policies[J]. Journal of Economic Perspectives, 28(1):27-48.

Grillitsch M, Tödtling F, Höglinger C. 2015. Variety in knowledge sourcing, geography and innovation: evidence from the ICT sector in Austria[J]. Papers in Regional Science, 94(1):25-43.

Hsieh H N, Chen C M, Wang J Y, et al. 2015. KIBS as knowledge intermediaries in industrial regions: a comparison of the Hsinchu and Tainan metropolitan areas[J]. European Planning Studies, 23(11):2253-2274.

Hsieh H N, Hu T S, Chia P C, et al. 2014. Knowledge patterns and spatial dynamics of industrial districts in knowledge cities: Hsinchu Taiwan[J]. Expert Systems with Applications, 41(12):5587-5596.

Hung S C, Tu M F. 2014. Is small actually big? The chaos of technological change[J]. Research Policy, 43(7):1227-1238.

Inkpen C. 1996. Creating knowledge through collaboration[J]. California Management Review, 39(1):123-140.

Ismail K M, David L Ford Jr. , Peng M W. 2013. Managerial ties, strategic initiatives, and firm performance in Central Asia and the Caucasus[J]. Asia Pacific Journal of Management, 30(2):433-446.

Joe C, Yoong P, Patel K. 2013. Knowledge loss when older experts leave knowledge-intensive organisations[J]. Journal of Knowledge Management, 17(6):913-927.

Jundt D K, Shoss M K, Huang J L. 2015. Individual adaptive performance in organizations: a review[J]. Journal of Organizational Behavior, 36(1):53-71.

Lee C K, Hung S C. 2014. Institutional entrepreneurship in the informal economy: China's shan-zhai mobile phones [J]. Strategic Entrepreneurship Journal, 8(1):16-36.

Lin H M, Shieh Y T, Lin P J, et al. 2013. Knowledge transfer among MNE's subsidiary: a conceptual framework for knowledge management[J]. International Journal of Organizational Innovation, 6(1):6-14.

Michelino F, Lamberti E, Cammarano A, et al. 2015. Open innovation in the pharmaceutical industry: an empirical analysis on context features, internal R & D and financial performances[J]. IEEE Transactions on Engineering Management, 62(3):421-435.

Nadler J, Thompson L, Boven L V. 2013. Learning negotiation skills: four models of knowledge creation and transfer[J]. Management Science, 49(4):529-537.

Nonaka I, von Krogh G. 2009. Perspective—tacit knowledge and knowledge conversion: controversy and advancement in organizational knowledge creation theory[J]. Organization Science, 20:635-652.

Pacheco D F, York J G, Dean T J, et al. 2010. The coevolution of institutional entrepreneurship: a tale of two theories[J]. Journal of Management, 36(4): 974-1010.

Parayitam, Satyanarayana, Kishor G. 2010. Economics of resource based and dynamic capabilities view: a contemporary framework[J]. Academy of Strategic Management Journal, 9(1):83-93.

Sandberg J, Tsoukas H. 2011. Grasping the logic of practice: theorizing through practical rationality[J]. Academy of Management Review, 36(2):338-360.

Schulz M. 2001. The uncertain relevance of newness: organizational learning and knowledge flows[J]. Academy of Management Journal, 44(4):661-681.

Shu L, Liu S, Li L. 2013. Study on business process knowledge creation and optimization in modern manufacturing enterprises[J]. Procedia Computer Science, 17(1): 1202-1208.

Sillince J A. 2005. A contingency theory of rhetorical congruence[J]. Academy of Management Review, 30(3):608-621.

Simon Collinson. 2001. Knowledge management capabilities in R & D: a UK-Japan company comparison[J]. R & D Management, 31(3):335-347.

Teece J, Gary P. 1998. Dynamic capabilities and strategic management[J]. Academy of Management Review, 23(4):660-679.

Uyarra E. 2010. What is evolutionary about regional systems of innovation? Implications for regional policy[J]. Journal of Evolutionary Economics, 20(1):115-137.

Vaara E, Whittington R. 2012. Strategy-as-practice: talking social practices seriously[J]. Academy of Management Annals, 6(1):285-336.

Wilden R, Gudergan S P, Bo B N, et al. 2013. Dynamic capabilities and performance: strategy, structure and environment[J]. Long Range Planning, 46(1-2):72-96.

Wilson C. 2012. The integrated propulsion strategy theory: a resources, capabilities and industrial organization[J]. Journal of Management Policy & Practice, 13(5): 159-171.

Zahra A, George G. 2002. Absorptive capacity: a review, reconceptualization, and extension[J]. Academy of Management Review, 27(2):185-203.

Zhou K Z, Li C B. 2012. How knowledge affects radical innovation: knowledge base, market knowledge acquisition, and internal knowledge sharing[J]. Strategic Management Journal, 33(9):1090-1102.